HILL'S

SWEDISH-ENGLISH

ENGLISH-SWEDISH

POCKET DICTIONARY

SVENSK-ENGELSK

ENGELSK-SVENSK

FICKORDBOK

SWEDISH-ENGLISH DICTIONARY

*

SVENSK-ENGELSK ORDBOK

Abbreviations		**Förkortningar**
a, adj.	= adjective	adjektiv
adv.	= adverb	adverb
bild.	= figuratively	bildlig
comm.	= commerce	handel
fig.	= figuratively	figurligt
gram.	= grammar	grammatik
itr.	= intransitive	intransitiv
leg.	= legal	laglig
mar.	= marine	marin
med.	= medicine	läkarvetenskap
mil.	= military	militär
mus.	= music	musik
ngn. ngns.	= someone (one's) a person, a person's	någon, någons
noun	= noun	substantiv
o.s.	= oneself	sig själv
o.'s	= one's	sin, sitt
pl. plur.	= plural	plural
pron.	= pronoun	pronomen
refl.	= reflexive	reflexiv
räkn.	= numeral	räkneord
s	= noun	substantiv
(S)	= slang	slang
tekn.	= technical	teknisk
tr.	= transitive	transitiv
v	= verb	verb
äv.	= also	även

KEY TO SWEDISH PRONUNCIATION

a	when	long	is pronounced as	"a" in "rather".
a	»	short	»	French "a" in "madame".
e	»	long	»	"eh" in German. "Kehle".
e	»	short	»	"e" in "met".
i	»	long	»	"ee" in "flee".
i	»	short	»	"i" in "flit".
o	»	long	»	"oo" in "fool".
o	»	short	»	"o" in "got".
u	»	long	»	between "u" in "true" and French "u" in "dur".
u	»	short	»	between "u" in "bull" and "u" in "but".

y	when long	is pronounced	as French "u" in "dû".
y	» short	»	French "u" in "punir".
å	» long	»	"aw" in "law".
å	» short	»	"o" in "got".
ä	» long	»	"a" in "care".
ä	» short	»	"e" in "met".
ö	» long	»	French "eu" in "peu" "peur".
ö	» short	»	German "Götter".

c	sounds as	"s" in "sit".
ch	»	"sh".
g	»	"g" in "go" before a, o, u, å, and consonants.
g	»	"y" in "yet" before e, i, y, ä and ö.
k	»	"k" in "king" before a, o, u, å and consonants.
k	»	"ch" in "chin" before e, i, y, ä and ö.
s	»	a sharp English "s" for example, "s" in "sit", "cease".
sj	»	"sh".
sk	»	"sk" before a, o, u, å and consonants.
sk	»	"sh" before e, i, y, ä and ö.
z	»	"s" in "sit".

ARTICLES AND NOUNS

Swedish has two grammatical genders: Common (= Masculine and Feminine) and Neuter. Genitive is formed by adding "s".

The indefinite article is:

Common, en. Neuter, ett.

The definite article is added to the end of a word. Common, -en, -n. Neuter, -et, -t. Plural, -na, -a, -en.

Should an adjective precede the noun, an independent article is used as well.

Common, den. Neuter, det. Plural, de.

The plural endings are -ar, -or, -er and -(e)n. A number of nouns are the same in the singular and the plural.

To assist the student, especially in cases where phonetical changes occur, the definite form singular and the plural have been given in the Dictionary.

ADJECTIVES

1. Agree in gender and number with the noun to which they belong.
2. When preceded by the definite article they invariably end in "a".
3. The genitive ending "s" is added only when they are used as nouns.
4. Degrees of comparison: —Positive, Comparative and Superlative. Comparative is formed by adding "are",

superlative by adding "ast" or "st" to the positive. Some adjectives form their comparative by placing mera (more) and their superlative by placing mest (most) before the positive. Some are compared irregularly, as: god (good), bättre (better), bäst (best); dålig (bad), sämre (worse), sämst (worst).

NUMERALS

1. Cardinal Numbers

0 naught	noll	16 sixteen	sexton
1 one	en, ett	17 seventeen	sjutton
2 two	två	18 eighteen	aderton
3 three	tre	19 nineteen	nitton
4 four	fyra	20 twenty	tjugu
5 five	fem	21 twenty-one	tjugu/en -ett
6 six	sex	22 twenty-two	tjugutvå
7 seven	sju	23 twenty-three	tjugutre
8 eight	åtta	30 thirty	tretti(o)
9 nine	nio	31 thirty-one	tretti/en -ett
10 ten	tio	40 forty	fyrti(o)
11 eleven	elva	50 fifty	femti(o)
12 twelve	tolv	60 sixty	sexti(o)
13 thirteen	tretton	70 seventy	sjutti(o)
14 fourteen	fjorton	80 eighty	åtti(o)
15 fifteen	femton	90 ninety	nitti(o)

100 a (one) hundred	hundra
101 one hundred and one	hundra/en -ett
100 one hundred and ten	hundratio
200 two hundred	tvåhundra
300 three hundred	trehundra
1,000 a (one) thousand	tusen
1,100 one thousand one hundred	ettusen etthundra
1,200 one thousand two hundred	ettusen tvåhundra
2,000 two thousand	tvåtusen
10,000 ten thousand	tiotusen
100,000 one hundred thousand	hundratusen
1,000,000 a (one) million (of)	en miljon

2. Ordinal Numbers

1st	the first	den första
2nd	» second	» andra
3rd	» third	» tredje
4th	» fourth	» fjärde
5th	» fifth	» femte
6th	» sixth	» sjätte
7th	» seventh	» sjunde
8th	» eight	» åttonde
9th	» ninth	» nionde
10th	» tenth	» tionde
11th	» eleventh	» elfte
12th	» twelfth	» tolfte
13th	» thirteenth	» trettonde
14th	» fourteenth	» fjortonde

15th	the fifteenth	den	femtonde
16th	» sixteenth	»	sextonde
17th	» seventeenth	»	sjuttonde
18th	» eighteenth	»	adertonde
19th	» nineteenth	»	nittonde
20th	» twentieth	»	tjugonde
21st	» twenty-first	»	tjuguförsta
22nd	» twenty-second	»	tjuguandra
30th	» thirtieth	»	trettionde
40th	» fortieth	»	fyrtionde
50th	» fiftieth	»	femtionde
60th	» sixtieth	»	sextionde
70th	» seventieth	»	sjuttionde
80th	» eightieth	»	åttionde
90th	» ninetieth	»	nittionde
100th	» hundredth	»	(ett)hundrade
101st	» hundred and first	»	(ett)hundraförsta
136th	» hundred and thirty-sixth	»	(ett)hundratretti(o)-sjätte
200th	» two hundreth	»	tvåhundrade
1,000th	» thousandth	»	ettusende
2,000th	» two thousandth	»	tvåtusende
1,000,000th	» millionth	»	miljonte (millionte)

3. Collective Numbers

ett par	a pair, a couple
ett dussin	a dozen
ett tjog	a score
ett gross	a gross
ett kvartal	a quarter
ett halvår	half a year
ett århundrade ett sekel	a century

4. Fractional Numbers

en halv	a half	en femtedel	a fifth
en tredjedel	a third	en sjättedel	a sixth
en fjärdedel	a fourth		

5. Proportional Numbers

dubbelt	double	tiodubbelt	tenfold
tredubbelt	treble	hundrafalt	a hundredfold
fyrdubbelt	fourfold	en gång	once
femdubbelt	fivefold	två gånger	twice
sexdubbelt	sixfold	tre gånger	three times

PRONOUNS

1. Personal Pronouns

First Person

Singular	Plural
jag, I	vi, we
mig, me	oss, us

Second Person

du, Ni you	Ni you
dig, Eder (Er) you	Eder (Er) you

Third Person

Masculine	Feminine	Common
han, he	hon, she	den, it
honom, him	henne, her	den, it

Neuter	Plural
det, it	de they
det, it	dem them

himself, herself, itself, themselves = sig

2. Possessive Adjectives

	Singular	Plural
my	min, mitt	mina
your	din, ditt	dina
his	hans	hans
her	hennes	hennes
its	dess	dess
our	vår, vårt	våra
your	er, ert	era
their	deras	deras

Possessive Pronouns

There are no Swedish equivalents to the English mine, yours, his, hers, ours, yours and theirs. The corresponding possessive adjectives are used instead.

The personal pronoun sig and the possessive pronouns sin, sitt, sina are used reflexively, that is to say, they refer to the near subject.

Han roade sig, he enjoyed himself
Han tappade sin nyckel, he lost his key.

The pronouns used when addressing people are Ni, Eder, Er. It is usual to address persons by their titles in polite society, and where there is no convenient title by their names, with herr (Mr.), fru (Mrs.), or fröken (Miss) prefixed.
Kommer herr X morgon—Are you coming to morrow?

3. Demonstrative Pronouns

Singular			Plural		
denne, denna, detta	=	this, that	dessa	=	these, those
den (det) här	=	this	de här	=	these
den (det) där	=	that	de där	=	those
sådan	=	such	sådana	=	such

4. Relative Pronouns

som, who, which, that
vilken, vilket, vilka, which, that
vad (som), what
vilkens, whose

The relative pronoun is often omitted, as in English.

5. Interrogative Pronouns

vem? who? whom?	Neuter: vad? what?
vilken? which?	Neuter: vilket?
vems? whose?	Plural: vilka?

6. Indefinite Pronouns

	Common
en	one
man	one, you, people
någon	someone, anyone
ingen	no one
envar	each, everyone
var	each, everyone
varje	each, every
all, hel	all
båda, bägge	both
varandra	each other, one another

Neuter	Plural
något, something, anything	några, some, any
intet, nothing	inga none
vart	
varje	
allt	alla
helt	—

ADVERBS

The neuter forms of adjectives are often used as adverbs.

1. Adverbs of Affirmation and Negation

ja, jo	yes	icke, inte, ej	not
visst	certainly	ingenting	nothing
nej	no		

2. Adverbs of Doubt

händelsevis	by chanse	kanske, kanhända	perhaps

3. Adverbs of Manner, Quality and Quantity

gott, väl	well	litet	little, a little
illa	badly	nog	enough
mycket	very	mera	more
för mycket	too much	mindre	less
sålunda	thus	så mycket som	as much as
stilla	silently	hur mycket	how much
starkt	strongly	hur	how
långsamt	slowly	mycket	much
högt	high, loud(ly)		
lågt	low		
så	so		

4. Adverbs of Time and Place

här	here	nedanför	below
där	there	förrän, innan	before
var	where	framför	in front of
nära	near	bakom	behind
långt, fjärran	far	uppåt	upwards
		nedåt	downwards
i går	yesterday	sent	late
i dag	to-day	tidigt	early
i morgon	to-morrow	snabbt, kvickt	quickly
då	then	alltid	always
nuförtiden	nowadays	aldrig	never
nu	now	redan	already
snart	soon	ännu	yet, still
inne	inside	strax	immediately
ute	outside		
ovan, ovanför	above		

PREPOSITIONS

till	to
före	before
med	with
mot, emot	against; towards
av	of, by
från	from
i	in
mellan, emellan	between
genom, igenom	through
om	about
bland	among
tills	until, till
för	for
enligt	according to
utan	without
på	on
efter	after
under	under; during

CONJUNCTIONS

när	when
eller	or
antingen...eller	either...or
varken...eller	neither...nor
också	also
emellertid	however
dock	yet
om } såvida }	if
än	than
ehuru	although
då, eftersom	as
ty	for
emedan	because
varför	why
därför	therefore
följaktligen	consequently
för att	in order to
så att	so that

INTERJECTIONS

Ah! ah!	Aj! oh dear!	Åh! oh!
Ack! alas!	O! oh!	Fy! fie!

Teckenförklaring	**Signexplanation**
~ ersätter hela föregående uppslagsord	~ replaces the entire foregoing reference word
- ersätter uppslagsord eller del därav om de skrivas i ett ord med den efterföljande delen: bud, -bärare; dat/era um	- replaces reference word or part thereof, if it is written in one word with the subsequent part: bud, -bärare; dat/era, -um
- - sammansatta ord som skrivas med bindestreck förses vid avstavning med - efter första delen och före andra delen: time- -table; sun- -blind	- - combined words, which are written with a hyphen are, if dividend, given - after the first part and before the other part: time- -table; sun- -blind
→ se	→ see

SWEDISH-ENGLISH LIST OF WORDS

*

SVENSK-ENGELSK ORDFÖRTECKNING

A

abbedissa abbess
abborre perch
abbot abbot
ABC-bok spelling-book
abdikera abdicate
abiturientexamen matriculation examination
abnorm abnormal
abonnemang subscription
abonnent subscriber
abonnera subscribe (to)
abort abortion
absolutist teetotaller
accent accent, stress
accentuera accentuate
accept acceptance
acceptera accept
accis excice
ackord agreement; chord
ackordera negotiate
ackumulator accumulator
addera add (up)
adel nobility
aderton eighteen
adjö good-bye
adl|a ennoble; **-ig** noble
administrera administrate
adoptera adopt
adress, -era address
adressat addressee
adresskalender directory
advokat lawyer, solicitor
affisch placard, poster
affär business; (butik) shop; *göra stor ~ av* make a great fuss of
affärsidkare tradesman
affärsman business man
affärsmässig businesslike
afton evening; *i ~* tonight
aga *s* flogging; *v* flog
agent agent; **-ur** agency
agera act, play
agg grudge, spite, rancour
aggregat aggregate; set
agitera agitate; canvass
agn husk; **-ar** chaff
agn (fisk) bait
ajournera adjourn
akademi academy
akademiker academician university don
akt act; ceremony; document; *ge ~ på* pay attention to
akta take care of; guard
aktad respected
akter stern
aktie share; **-bolag** limited company (Ltd.)
aktion action
aktiv active
aktivitet activity
aktning esteem, respect
aktris actress
aktsam careful
aktuell topical
aktör actor
akustik acoustics
akut acute
akvavit aqua vitae
al alder
alarm alarm; hubbub
aldrig never; *nästan ~* hardly ever; *ännu ~* never yet
alkohol alcohol
alkoholist habitual drunkard

all all
alla everybody, everyone
alldaglig everyday
alldeles quite, entirely
allé avenue
allehanda of all sorts
allena alone; **-st** only
allestädes everywhere
~ **närvarande** omnipresent
allians alliance
allierad allied (to)
allmakt omnipotence
allmoge country people
allmosa alms
allmän common, general
allmänhet *i* ~ in general
allmänheten the public
allra of all, most
alls at all; *ingenting* ~ nothing at all
allsidig all-round
allsmäktig almighty
allt all; *framför* ~ above all; ~ *utom* anything but
alltför too
alltid always; *för* ~ for ever
allting all, everything
alltjämt still, constantly
alltmer more and more
alltnog anyhow
alltsammans altogether
alltså thus, consequently
allvar earnest
allvarlig serious, grave
allvetande omniscient
alm elm
almanacka calendar
aln ell
alster product; produce
alstra produce, generate
alstring generation, production
alt contralto; alto
altan balcony
altare altar
alun alum
alternativ alternative
ambassad embassy
ambassadör ambassador
ambulans ambulance
amen amen
amerikansk American
Amerikas Förenta Stater the United States of America (U.S.A.)
amiral admiral
amma *s* (wet-) nurse; *v* nurse, feed, suckle
amortera amortize
amper bitter, sharp
amputera amputate
ana forebode; suspect; have a presentiment
analfabet illiterate
analys analysis
analysera analyse
ananas pine-apple
anarki anarchy
anarkistisk anarchical
anbefalla recommend
anblick sight, aspect
anbringa fix; apply; fit; introduce; put up
anbud offer, proposal
and wild duck
andakt devotion
andaktsfull devout
andas breathe
ande spirit; mind; breath; ghost
ande|drag, -dräkt breath, respiration
andel share, lot
andfådd out of breath
andlig spiritual; intellectual; religious
andr|a, -e second; jfr *annan*
anekdot anecdote
anfall attack; (sjukd.) fit
anfalla attack, assail
anfäkta harass, haunt
anföra command, lead; (säga) state; quote, cite
anförare commander
anförande speech
anförtro entrust, confide
anförvant relation
angelägen urgent, important; anxious
angelägenhet urgency importance; (ärende) affair, matter
angenäm agreeable
angiva state; inform against; **-re** informer
angivelse information, accusation, denunciation
anglosaxisk Anglo-Saxon

angrepp, angripa attack

angripare aggressor

angränsande adjacent

angå concern

angående regarding, concerning, as to

anhålla arrest; ask

anhållan request

anhängare adherent

anhörig relative

aning presentiment

anka duck

ankel ankle

ankare anchor

anklaga accuse, charge

anklagare accuser

anklagelse accusation

anklang approval

anknyta attach, connect

anknytning attachment, connection

ankomma arrive

ankomst arrival

anlag talent, disposition

anledning (skäl) reason; (tillfälle) occasion; *med ~ av* on account of

anlete face, countenance

anletsdrag features (pl)

anlägga construct, build; found; lay out; put on

anläggning foundation; construction; (byggnad) structure; (fabrik) works; park

anlända arrive (at)

anmoda, -n request

anmäla announce; enter one's name for; notify; (polis) report; apply

anmälan announcement, notice; report

anmärka observe, remark; find fault

anmärkning remark

anmärkningsvärd noteworthy; remarkable

annalkande approaching

annan other; *någon ~* someone else; *en ~ gång* another time; (olik) different

annars otherwise, else

annektera annex

annons advertisement; announcement

annonsera advertise; announce

annorlunda otherwise

annorstädes elsewhere

annullera annul, cancel

anonym anonymous

anor ancestry, pedigree

anordna arrange, order

anordning arrangement

anpassa adapt (to)

anpassa adaptation

anropa call; implore

anrätta prepare, cook

anrättning preparation; cooking; dish; meal

ans care

ansats start; run; effort

anse think, consider

ansedd respected, esteemed

anseende reputation

ansenlig considerable

ansikte face

ansiktsdrag feature

ansiktsfärg complexion

ansjovis anchovy

anskaffa procure, get

anskri cry, scream

anslag notice, placard; plot, design; (pengar) grant; (mus.) touch

ansluta connect (with); *~ sig till* join; adopt

anslå assign: grant

anspel|a allude (to); hint (at); **-ning** allusion

anspråk claim, demand; *ta i ~* take up

anspråksfull pretentious

anspråkslös unassuming

anstalt institution; (anordn.) preparation

anstifta cause; plot

anstrykning tinge; touch

anstränga strain; try

ansträngande hard, trying

ansträngning effort

anstå (passa) suit; (vänta) wait, be deferred

anstånd respite, grace

anställa make; bring about, (i tjänst) appoint

anställd employed

anställning appointment, employment, situation

anständig decent, proper

anständighet decency
anstöt offence; *väcka ~ (hos)* give offence (to)
anstötlig offensive
ansvar responsibility
ansvara be responsible
ansvarig responsible; liable
ansvarslös irresponsible
ansätta beset, attack
ansöka apply (for)
ansökan application
antaga take; accept; adopt; (förmoda) suppose
antagande acceptance; assumption; supposition
antaglig acceptable
antagligen probably, very likely, presumably
antal number, quantity
anteckna note, write down; *~ sig* put one's name down
anteckna note
antenn antenna
anti|kvariat second-hand bookshop; **-kvitetsaffär** curiosity-shop
antingen either; whether
antipati antipathy
anträda begin
anträffa meet with, find
antyda hint, suggest
antydan hint, suggestion
antåga approach
antända set fire to
antändbar inflammable
antändning ignition
anvisa show; allot
anvisning direction, instruction; allotment
använda use; employ; apply
användbar fit for use; useful; applicable
användning use; application; employment
apa monkey, ape
apatisk apathetic
apelsin orange
apostel apostle
apotek chemist's shop
apotekare chemist and druggist
apparat apparatus
appell call; appeal
applåd applause
applådera applaud; cheer
aprikos apricot
april April
apropå by the way
aptit appetite
Arabien Arabia
arbeta work; toil; labour *~ ut sig* wear o. s. out
arbetare workman; working man; (lant-) labourer
arbetarklassen the working classes
arbetarpartiet the Labour Party
arbete work, labour; job; employment; production
arbetsam hard-working; (mödosam) laborious
arbetsamhet industry
arbets|brist scarcity of work; **-duglig** capable of work; **-förtjänst** earnings (pl)
arbetsgivare employer
arbetslön wages (pl)
arbetslös unemployed
areal area; acreage
arg angry (with a p.)
argbigga shrew
argsint ill-tempered
argumentera argue
aria aria, air
ark sheet (of paper)
arkebusera shoot
arkeologi archaeology
arkitektur architecture
arkiv archives; records (pl)
arktisk arctic
arla early
arm arm; (fattig) poor
armatur armature; fittings
armband bracelet
armbandsur wrist-watch
armbåge elbow
ar|mé army; **-mera** arm
armod poverty
arom aroma
arrangemang arrangement
arrangera arrange

arrendator tenant (farmer)
arrendera lease; rent
arrest custody
arrestera arrest; imprison
art sort; manner; nature
arta sig shape; turn out
artig polite
artighet politeness
artigheter compliments
artikel article, clause
artikulera articulate
artilleri artillery
arv inheritance; legacy
arvinge heir; (fem.) heiress
arvlös disinherited
arvode fee
as carrion, carcass
asfalt asphalt
Asien Asia; *Mindre ~* Asia Minor
ask box, case; (träd) ash
aska ashes (pl)
asket, -isk ascetic
askkopp ash-tray
asp aspen
aspir|ant applicant, candidate; **-era på** aim at
assiett plate; dish
assimilera assimilate
assistent assistant
assistera assist
associera associate
assurans insurance
astronom astronomer
astronomi astronomy
ateism atheism
ateljé studio
Atlanten the Atlantic
atmosfär atmosphere
atom atom
att to; *konj.* that; *för ~* in order to
attack, -era attack
attentat attempt, outrage
attest certificate, attestation; **-era** attest
audiens audience
auditorium (åhörare) audience
augusti August
auktion auction, public sale
auktorisera authorize
auktoritet authority
autentisk authentic
automat automaton
automobil (motor-) car
av of; by; with; from
avancemang promotion
avancera advance
avart variety
avbalka partition off
avbeställa cancel
avbetala pay off; pay by instalment
avbetalning paying off; instalment; part payment
avbild copy; image
avbilda reproduce; draw
avbrott interruption; pause; stoppage; break
avbryta break off; interrupt
avbräck damage; loss
avböja avert; decline
avbön apology
avbörda unburden
avdel|a divide; **-ning** part; section; department; division; **-ningskontor** branch office
avdrag deduction; allowance; reduction
avdunsta evaporate
avdunstning evaporation
avel breed(ing); stock
avfall refuse; offal; (bildl.) desertion
avfalla fall away; turn deserter
avflytta move away, leave
avfolka depopulate
avfälling apostate
avfärd departure, start
avgift charge, fee, fare
avgiftsfri free of charge
avgjord settled, decided
avgjutning cast
avgrund abyss, chasm
avgud idol
avguda idolize, idolatrize
avguderi idolatry
avgå leave; be dispatched, retire, resign
avgång departure; retirement, resignation
avgöra decide, settle
avgörande decisive
avhandla discuss; treat
avhandling treatise; essay

avhjälpa remedy; repair
avhålla sig abstain (from)
avhållen beloved
avhållsam temperate, abstemious; **-het** temperance, abstinence
avhämta fetch, call for
avi advice, notice
avig inside out
avkast|a (inbringa) yield **-ning** yield, profit
avkläda undress; divest
avkomling, descendant
avkorta shorten, abridge
avkräva demand from
avkunna pronounce; deliver
avkyla cool, refrigerate
avla beget; conceive; (djur) breed
avlagd cast-off; old
avlasta unload, discharge
avleda turn off, divert
avlida die, expire
avliden deceased
avliva put to death, kill
avlocka elicit; extract
avlopp drain; outlet
avloppsrör exhaust pipe
avlyssna overhear
avlång oblong
avlägga (kläder) lay aside ~ **besök** pay a visit; pass (examination)
avlägsen distant, remote
avlägsna remove; ~ **sig** withdraw, go away
avlämna deliver; hand in
avlöna pay, remunerate
avlöning pay, salary, wages (pl)
avlöpa end; turn out
avlösa relieve; succeed
avmagra grow thin
avpassa fit; adjust
avreda (kok) thicken
avresa *v* depart, start
avresa *s* departure
avrunda round (off)
avrusta demobilize
avrustning disarmament
avråda från advise against
avräkna deduct
avrätta execute
avrättning execution
avsats offset; ledge; (i trappa) landing
avse concern; aim at, (mena) mean, intend
avsedd intended: designed
avseende *a* referring to; *s* respect; consideration
avsevärd considerable
avsides aside, apart
avsikt purpose, intention
avskaffa abolish, repeal
avsked discharge; resignation; (farväl) parting
avskicka send off
avskild retired, secluded
avskilja separate, detach
avskri|ft copy; **-va** copy; cancel
avskräcka frighten, deter
avskräckande deterrent
avskräde refuse, offal
avsky *s* disgust, loathing
avsky *v* detest, abhor
avskyvärd abominable
avslag refusal
avslappas slacken, relax
avslappning slackening
avsluta finish; complete
avslutning end: conclusion, breaking-up, finish
avslå refuse, decline
avslöja unveil, reveal
avsmak disgust, dislike
avsmalna narrow, taper
avsomna die, expire
avspegla reflect, mirror
avspegling reflection
avspänning relaxation
avspärra block, shut off
avstanna stop, cease
avsteg deviation; lapse
avstigning alighting
avstjälpa tip; tilt; dump
avstyra avert, ward off
avstyrka discountenance
avstå give up; relinquish
avstånd distance
avstänga close, bar; (kran) turn off; cut off
avsvalna cool; get cool
avsvimma faint, swoon
avsäga sig resign; give up
avsägelse renunciation
avsända send (off)
avsändare sender
avsätta remove; depose; (varor) sell, dispose of

avsättning removal; sale
avsöndra separate; **secrete**
avtaga take off; (minska) decrease; abate; **subside**
avtagbar removable
avtal agreement; contract
avtala agree, settle
avtappa drain; tap
avteckna draw; ~ *sig* stand out
avtjäna (straff) serve
avtorka wipe off
avtrubba blunt
avtryck impression; print
avtryckare (gevär) trigger
avträda retire; cede
avtvinga extort (from)
avund, avundas envy
avundsjuk envious, jealous
avundsvärd enviable
avvakta await, wait for
avvara spare
avveckla wind up; settle
avvika diverge; (fr. ämne) digress; (rymma) run away
avvisa turn away; dismiss; (förslag) reject
avvisande deprecatory
avväga weight, balance
avvända divert; avert
avvänja (barn) wean
avväpna disarm
avvärja ward off; avert
avyttra dispose of, sell
ax (bot.) ear, spike; (nyckel) bit, web
axel shoulder; (hjul) axle
axelbred broad-shouldered

B

babord larboard, port
bacill bacillus, germ
backa back
backe hill, slope
backig hilly
bad bath; **-a** bathe
badda bathe
baddräkt bathing costume
badhus baths, bath-house
badkar bath tub
badort seaside-resort, watering-place
bagage luggage
bagare baker
bagatell trifle
bagatellisera belittle
bageri bakery
baka bake
bakben hindleg
bakdel back, backside
bakelse pastry, cake, tart
bakgrund background
bakifrån from behind
baklänges backwards
bakom behind
baksida backside
bakslag reverse
bakterie bacterium, microbe
bakvänd reversed
bakåt backwards
bal ball, dance; bale
balans, -era balance
balett ballet
balja tub; (bot.) pod
balk beam
balkong balcony
ballong balloon
bambu bamboo
bana path, course
banal banal, commonplace
banan banana
band band, ribbon; (bok-) volume; (gäng) gang
bandage bandage
bandit bandit, brigand
baner banner, standard
bangård railway depot
bank bank; (jordvall) embankment
bankir banker
bankkonto bank account
banta bant
bar *s* bar; *a* bare, naked
bara only, but, merely
barbar barbarian
barberare barber
barfota barefoot
barhuvad bare-headed
bark bark

barm bosom
barmhärtig charitable; merciful; **-het** charity, mercy, pity
barn child
barnbarn grandchild
barndom childhood
barndop christening
barnkammare nursery
barnmorska midwife
barnsköterska nurse
barnslig childlike; childish
barnvagn perambulator, pram
baron baron; **-essa** baroness
barr needle
barrträd fir, pine
barsk stern, harsh
bas base; (mus.) bass
bassäng basin, pool
bastant substantial
batteri battery
be → bedja
beakta observe, notice
bearbeta work, prepare
bebo inhabit
bebygga build upon, settle, colonize
beck pitch
bedja ask, request, beg; (relig.) pray
bedjande imploring
bedraga deceive, cheat; ~ *sig* be mistaken
bedragare imposter, cheat
bedrift exploit, feat
bedriva carry on
bedrägeri fraud, deceit
bedräglig (pers.) deceitful, false, (sak) deceptive
bedröva distress, grieve
bedrövelse distress, grief
bedyra assert, vow
bedårande adorable
bedöma judge, estimate
bedöva stun; (läk.) anaesthetize
bedövning anaesthesia; **-smedel** anaesthetic
befalla order, command
befallning, order, command
befara (frukta) fear, dread
befatta sig med concern oneself with
befattning post, appointment
befinna sig be
befintlig existing
befogad justifiable
befogenhet authority, right
befolkning population
befordra (sända) send, forward; (främja) promote
befordran forwarding; promotion
befria liberate; exempt
befrielse deliverance; exemption; release
befrukta fertilize
befrämja further, promote
befäl command
befälhavare commander
befästa fortify
befästning fortification
begagna use; wear
begiva sig go, start (for)
begiven på addicted to
begrava bury
begravning funeral
begrepp conception, idea
begripa understand
begriplig intelligible
begränsa limit, border
begränsning limitation, restriction
begynna begin
begynnelse beginning
begynnelsebokstav initial
begå commit, do
begåvad talented, clever
begåvning talent, ability
begär desire
begära ask, demand
begäran request, demand
begärlig sought after, *(för* by), (lysten) covetous *(efter* of)
behag pleasure; charm
behaga (tillfredsställa) please, (önska) like
behaglig pleasant, agreeable
behandla treat; discuss
behandling treatment; discussion

behov need, want, necessity
behålla keep, retain
behållning remainder, balance, profit
behäftad med suffering from
behärsk|a rule, control; master; **-ning** control
behöva need, want
bejaka affirm, consent
bekant acquainted (with), known (to)
bekantskap acquaintance; knowledge
beklaga be sorry for, regret; ~ *sig* complain
beklaglig unfortunate
beklämd oppressed, anxious
beklämmande disheartening
beklämning oppression, anxiety
bekosta pay for
bekostnad cost, expense
bekräfta confirm, certify
bekräftelse confirmation
bekväm comfortable, (läglig) convenient; (maklig) indolent
bekvämlighet comfort, ease
bekymmer care, trouble, anxiety
bekymmerslös light-hearted
bekymra sig trouble (about)
bekymrad anxious
bekämpa fight against, combat, struggle with
bekänna confess
bekännelse confession
belamra encumber
belastning load; affliction
belevad well-bred, polite
Belgien Belgium
belgier, belgisk Belgian
belopp amount, sum
belysa illuminate; illustrate
belysning lighting, light
belåna pawn; mortgage
belåten satisfied, pleased
belåtenhet satisfaction
belägen situated
belägr|a besiege; **-ing** siege
beläst well-read
belöna recompense, reward
belöning reward
belöpa sig till amount to
bemanna man, equip
bemyndiga authorize
bemäktiga sig seize, take possession of
bemärkelse sense, meaning
bemärkt noted; prominent
bemästra master
bemöda sig endeavour
bemödande effort, exertion
bemöta treat; (svara) answer
bemötande treatment; reply
ben (i kroppen) bone; (lem m.m.) leg
benbrott fracture
benig bony
bensin benzine; (bil) petrol
benstomme skeleton
benåda pardon
benägen inclined; (böjd) kind; **-het** disposition; tendency
benämn|a call, name; **-ing** name; denomination
beordra order, direct
beprövad well-tried
bereda prepare; make
beredd prepared; ready
beredvillig ready, willing
berest travelled
berg mountain, hill, rock
bergig mountainous, hilly
bergkristall rock-crystal
bergsbruk mining
bergsingenjör mining engineer
bergstopp mountain peak
bergverk mine
beriktiga correct, rectify
bero på depend on
beroende *s* dependence; *a* dependent
berså arbour, bower

berusa sig get drunk, intoxicate oneself
berusning intoxication
beryktad notorious; **illa** ~ disreputable
beräkna calculate
beräkning calculation
berätta tell, relate
berättelse tale, story; report, account
berättiga entitle
berättigande authorization, justification
beröm praise
berömd famous, celebrated
berömdhet celebrity
berömma praise, commend
berömma sig själv boast
berömvärd praiseworthy
beröra touch; (bildl.) affect
beröring contact, touch
beröva deprive of
besanna verify
besatt mad, possessed
bese see, look at, visit
besegla seal; ratify
besegra conquer, beat; (hinder) overcome; **-re** conqueror, victor
besinna consider
besitta possess, occupy
besittning possession
besjäla inspire, animate
besk bitter
beskaffad conditioned, constituted, disposed
beskaffenhet nature, kind, condition, quality
beskatta tax
beskattning taxation, assessment
besked answer, information, instructions
beskedlig kind, good-natured
beskickning embassy
beskjuta fire at, bombard
beskjutning firing, cannonade
beskriva describe
beskrivning description
beskydd protection, shelter
beskydda protect, shelter
beskyddare protector
beskylla accuse (of)
beskyllning accusation
beskåda look at, view
beskäftig busy
beslag confiscation; *lägga ~ på* seize, secure
beslut resolution, decision, determination
besluta decide; resolve, determine
beslutsam resolute
beslutsamhet resolution, decision
beslå med lögn catch a p. lying
besläktad related; akin
beslöja veil
besmitta infect; (bildl.) contaminate
besparing(ar) saving(s)
best beast, brute
bestick set of instruments
bestiga mount, ascend
bestjäla rob
bestraffa punish
bestraffning punishment
bestrida (förneka) deny, contradict; (utgift) defray
bestråla irradiate
bestycka arm
bestyr task, duty, work
bestyrka confirm, certify
bestå (prov) stand; (fortvara)exist, continue; ~ *av* consist of
bestående existing; ~ *värde* lasting value
bestånd existence, duration, permanence
beståndsdel ingredient, constituent (part)
beställa, beställning order
bestämd fixed, definite
bestämma fix, settle; appoint, determine
bestämmelse regulation, prescription, destination; (öde) destiny
beständig perpetual; constant, steady
bestört dismayed, amazed
bestörtning dismay, consternation, amazement

besvara answer, reply to
besvikelse disappointment
besviken disappointed
besvär trouble, pains
besvära trouble
besvärlig troublesome, difficult, laborious
besynnerlig strange, curious, peculiar, queer
besätta occupy
besättning garrison; crew
besök visit, call
besöka visit, call on
besökande visitor
beta *v* graze, pasture
beta *s* (bot.) beet
betacka sig decline, refuse
betagen i charmed by
betala pay, settle
betalning payment
bete (boskap) pasturage; (fisk) bait; (tand) tusk
bete sig behave
beteckna indicate, mark
beteckning indication
beteende behaviour, conduct
betesmark pasture
betjäna serve
betjäning service; attendance
betjänt footman, servant
betona stress, accentuate
betong concrete
betoning stress, accent
betrakta observe, look at
betryckt oppressed
betrygga secure
beträda set foot on
beträffande concerning
betsa stain
bets|el, -la bridle
bett bite, sting
bettla beg
betvinga subdue, compel
betvivla doubt
betyda signify, mean
betydande important, con siderable
betydelse sense, meaning
betydelsefull important
betydelselös insignificant unimportant
betydlig considerable
betyg certificate; (skol-) mark; report
betänka consider, reflect
betänklig doubtful, precarious, suspicious
betänksam deliberate; hesitant
beundra admire
beundran admiration
beundransvärd admirable
beundrare admirer
bevaka guard, watch
bevakning guard
bevara preserve, maintain
bevattna irrigate; water
beveka move, affect
bevekelsegrund motive
bevilja grant
bevingad winged
bevis proof, evidence
bevisa prove, demonstrate
bevista attend
bevittna witness; testify
bevuxen overgrown (with)
beväpna arm
beväpning armament
bevärdiga (med) condescend to give
bi bee
biavsikt ulterior purpose
bibehålla keep (up), maintain, preserve
bibliotek library
biblisk biblical
bibringa impart, convey
bida bide, wait for
bidrag contribution
bidraga contribute
bifall assent; approval
bifalla approve
biffstek beefsteak
biflod affluent
bifoga attach, adjoin, add
bikt confession
bikta confess
bikupa beehive
bil (motor-) car
bilaga appendix, supplement; enclosure
bild picture, image
bilda form, shape; (fostra) educate

bildad cultivated, educated
bildhuggare sculptor
bildning education, culture
bilist motorist
biljett *ticket*; note
billig cheap
bilring (motor-car) tyre
bilstation taxi-cab stand
bilägga make up, settle
binda bind, tie
biograf cinema; *gå på bio* go to the pictures
biografi biography
biolog biologist
biologi biology
biroll subordinate part
bisak secondary matter
bisam musquash (fur)
bisarr odd, fantastic
bisats subordinate clause
biskop bishop
biskopsdöme diocese
bismak after-taste
bister grim, stern
bistå assist, help
bistånd assistance, help
bit piece, lump
bita bite
biträde assistant
bitter bitter, acrid
bittida early; *i morgon* ~ tomorrow morning
biväg by-road, by-way
bjuda invite; (erbjuda) offer
bjudning party; (inv-) invitation
bjälke beam
bjärt gaudy, glaring
björk birch
björn bear
blad leaf; (kniv) blade
bladrik leafy
blamage disgrace
bland among
blanda mix, mingle
blandning mixture
blank bright, shiny; (oskriven) blank
blanka polish
blankett form
bleckburk tin
bleckplåt sheet-iron, tin
blek pale, pallid
bleka bleach, fade
blekna turn pale; fade
bli → **bliva**
blick look, glance; **-a** look
blid mild, soft, gentle
blidka appease, conciliate
blind blind
blindtarm appendix; **-sinflammation** appendicitis
blink|a twinkle, blink; **-ning** blinking, twinkling
bliva be; (utveckling) become, get, grow; (förbliva) remain, stay
blivande future
blixt lighting
blixtljus flash-light
blixtlås zip fastener
block block
blockera blockade, block
blod blood
blodig bloody
blodkropp blood-corpuscle
blodkärl blood-vessel
blodsprängd bloodshot
blodsutgjutelse bloodshed
blodsänka sedimentation rate
blodtryck blood pressure
blodåder vein
blom blossom
blomblad petal
blomkruka flower-pot
blomkål cauliflower
blomma flower
blommig flowery
blomsterhandlare florist
blomstra blossom
blomstrande flourishing
blond fair
bloss torch; (pip-) puff
blossa (bli röd) flush, blush; (flamma) flare
blott only, but, merely
blotta uncover, bare
blottställd exposed
blunda shut one's eyes
blus blouse
bly lead
blyertspenna pencil
blyg shy, bashful
blygas be ashamed
blyghet shyness

blygsam modest
blygsamhet modesty
blygsel shame
blå blue
blåbär bilberry
blåklint cornflower
blåklocka harebell
blåmärke bruise
blåsa *s* bladder; blister; (bubbla) bubble; *v* blow
blåsippa blue anemone
blåst wind
bläck ink
bläckfisk cuttlefish
bläckflaska ink-bottle
bläckig inky
bläckplump blot
bläddra turn over the leaves
blända blind, dazzle
bländare (foto) stop
blänga glare at
blänka shine, glisten
blöda bleed
blödning bleeding
blöja diaper
blöt wet; watery
blöta soak
bo *v* live, reside, dwel
bo *s* nest; lair, den
bock (djur) buck; (fel) fault; (tecken) tick; (bugning) bow; **-a** bow (to)
bod shop
bofink chaffinch
bog shoulder; (fartyg) bow
bogsera tow
bohag household goods
boja fetter
bojkott, -a boycott
bok book; (träd) beech
bokföring bookkeeping
bokförlag publishing house
bokförläggare publisher
bokhandel bookshop
bokhandlare bookseller
bokhylla book|case, -shelves (pl.)
bokstav letter
bokstavligen literally
boktryckare printer
bolag company
boll ball
bom bar, bolt
bomb bomb
bombardemang bombardment
bombardera bombard
bomma igen bar up
bomma miss the mark
bomull cotton; **-sspinneri** cotton-mill
bonde peasant, farmer; (schack) pawn
bondgård farm
boning habitation, dwelling
bord table
bordduk tablecloth
bordlägga postpone
bordsilver plate
borg castle
borgare citizen
borgen bail, security
borgenär creditor
borr borer; **-a** bore; drill
borst bristle
borsta brush; (skor) clean
borste brush
bort away, off
borta away, absent
bortom beyond
bortre further
bortrest gone away
bortse från pass by; ignore
bortskämd spoilt
boskap cattle
boskapsskötsel stock raising
boskillnad separation of property
bostad dwelling, house; (våning) flat
bosätta sig settle down
bosättning setting up, house-furnishing
bota (läka) cure; (avhjälpa) remedy
botanik botany
botaniker botanist
botemedel remedy, cure
botfärdig penitent
botgörelse penance
botten bottom, ground floor
bottensats sediment, dregs
bottenvåning ground floor
bouppteckning inventory

bov villain, rascal, rogue
bovaktig villainous
boxare boxer; **boxas** box
bra good, all right; well; *se ~ ut* be good-looking
bragd feat, exploit
brak, -a crash, crack
brand fire
brandbil fire-engine
brandbomb incendiary bomb
brandförsäkring fire insurance
brandskada fire-damage
brandsoldat fireman
brandstege fire-escape
bransch branch
brant *a* steep, precipitous; *s* precipice
brasa fire
Brasilien Brazil
braxen bream
bred broad, wide
breda ut spread
bredd breadth, width
bredvid beside, by; next to
brev letter
brevbärare postman
brevkort postcard
brevlåda letter-box
brevpapper note-paper
brevväxla correspond
brevväxling correspondence
bricka tray
bringa *v* bring; drive
brinna burn
brinnande (bildl.) ardent
bris breeze
brist want, need, lack
brista break; burst
bristfällig defective
bro bridge
brock (läk.) rupture
brodd (bot.) germ, sprout
broder brother
brodera embroider
broderi embroidery
broderlig brotherly
brokig motley, gaudy
broms (zool.) gadfly
broms, -a brake
brons bronze
bror brother
brorsdotter niece
brorson nephew
brosch brooch
broschyr pamphlet
brosk cartilage
brott breaking, rupture (jur.) crime
brottas wrestle
brottmål criminal case
brottslig criminal, guilty
brottsling culprit
brud bride
brudgum bridegroom
brudpar bridal couple
brudtärna bridesmaid
bruk use, usage; (sed) custom, pratice; (jord-) agriculture; (fabrik) works
bruka use; (odla) cultivate
brukbar useful; cultivable
bruklig usual, customary
brumma growl, grumble
brun brown
brunn well; spring
brusa roar, sough
brutal brutal
bruten broken
brutto gross
bry sig om care for; mind
brydd puzzled
bryderi embarrassment
brygga (bro) bridge
brygg|a brew; **-eri** brewery
bryna brown; fry
bryta break; ~ *sönder* break to pieces
brytning breaking; (i uttal) (foreign) accent; (bildl.) breach
bråddjup *s* precipice
brådmogen precocious
brådska hurry, haste
brådskande hasty; urgent
bråk (oljud) noise; (besvär) trouble; (mat.) fraction
bråka be noisy; bother; make difficulties
bråkig noisy; troublesome
brås på take after, resemble
bråttom *ha* ~ be in a hurry
bräcklig fragile; frail

brädd edge, brim
bräde board
brädgård timber yard
bränna burn; scorch
brännbar combustible
brännhet scorching
bränningar breakers
brännmärka brand
brännskada, -sår burn
brännvin (corn-) brandy
bränsle fuel
brätte brim
bröd bread; (bulle) bun
bröllop wedding
bröllopsresa wedding-trip
bröst breast; chest
bubbla bubble
bud order; message; (kort) call; **-bärare** messenger
budskap message
buffel buffalo
buga sig, bugning bow (to)
bukett bouquet, nosegay
bukt (vik) bay, gulf
bukta sig bend, wind
buljong clear soup, bouillon
bulle bun, roll
buller noise
bullra make a noise
bulna fester
bult bolt
bulta pound, beat; knock
bundsförvant ally
bunt packet, bundle
bur cage
burdus abrupt; blunt
burk pot; jar; tin
buske bush, shrub
buss (omni-) bus
butelj bottle
butik shop
by (vind) gust
by (samhälle) village
bygd country, district
bygga build, construct
bygge, byggnad building
byggmästare building contractor
byggnadsarbetare builder
byrå chest of drawers; (kontor) office; department
byrålåda drawer
byst bust
byta change; exchange
byte exchange; (rov) spoil
byxor trousers; (dam-) knickers
båd|a both, the two; **-e** both
båge curve, bow, arch
bål (kropp) body, trunk; (skål) bowl; (eld) bonfire
bår barrow, litter
bård border
bårhus mortuary
bås stall, crib
båt boat
båtbrygga landing-stage
bäck brook
bädd bed
bädda make the bed
bägare cup; mug
bägge = båda
bälg bellows
bälte belt; girdle
bända prize open
bänk seat, bench
bär berry
bära carry; ~ *hit* bring; ~ *bort* take; (kläder) wear; (bildl.) bear
bärga (rädda) save; (skörd) harvest, get in
bärnsten amber
bäst best
bättra improve
bättre better, preferable
bättring improvement; (tillfriskn.) recovery
bäva tremble, shake
bäver beaver
böckling bloater
bödel executioner
böja bend, bow, incline
böjd (hågad) inclined
böjelse inclination, liking
böjlig flexible, pliant
böld boil
bölja billow, wave
bön (relig.) prayer; (begäran) request
böna *s* bean
böra ought to
börd birth
börda burden, load
bördig (fruktbar) fertile

börja begin, commence, start
början beginning start
börs purse; (fond-) exchange
bössa gun
böta pay a fine
böter, bötfälla fine

C

ceder cedar
celeber distinguished
celebritet celebrity
cellulosa cellulose
cement, -era cement
censur censor|ing, -ship
censurera censor
center centre
central central
centralisera centralize
centralvärme central heating
centrum centre
ceremoni ceremony
certifikat certificate
champinjon common mushroom
charm charm
charmant charming
chaufför chauffeur
check cheque
chef head, manager, director; employer, boss
chiff|er; -rera cipher
chock charge; (bild.) shock; **-era** shock
choklad chocolate; (dryck av) cacoa
chockladkaka slab (cake) of chocolate
ciceron guide
cigarr cigar
cigarrett cigarette
cigarrstump cigar-end
cirka about, circa
cirkel circle; (passare) (pair of) compasses
cirkelrund circular
cirkulera circulate
cirkulär circular
cisel|era, -ör chase, **-r**
citat quotation
citationstecken quotation marks
citera quote
citron lemon
civil civil, civilian
civilisation civilization
civilisera civilize
cykel (bi)cycle; (serie) cycle
cykl|a, -ist cycl|e, -ist
cyklon cyclone
cylinder cylinder
cylinderhatt top-hat
cyniker cynic
cypress cypress

D

dadel date
dag day; *härom ~en* the other day; *i ~* to-day; *god ~ !* how do you do!
dagas dawn
dagbok diary, journal
dagdrivare idler
dagdriveri idleness
dager light, ray of light
dagg dew
daggmask earth-worm
daggryning dawn, daybreak
dagjämning equinox
daglig daily
dagligen daily, every day
dagsljus daylight
dal valley
dala decline, dip, sink
dallra tremble, vibrate
dam lady; (kort) queen
damasker gaiters
damast damask
damfrisering ladies' hairdresser
damm (vatten) pond; (vall) dam; dike
damm, -a dust
dammsugare vacuum cleaner
dana form, shape, fashion
dank *slå ~* idle
Danmark Denmark
dans, -a dance

dansk Danish
dansö|r, -s dancer
darra tremble
dat|era, -um date
de *best. art.* the; *pron.* they, ~ *här* these, ~ *där* those
debarkera disembark
debatt debate, discussion
debet debit
debut début
debutera make one's début
december December
decennium decade
dechiffrera decipher
decimal decimal
defekt *a* defective; deficiency
definiera define
deg dough, **-ig** doughy
degel crucible
degradera degrade
dekanus dean
deklamation recitation
deklamera recite
deklaration declaration
deklarera declare
deklination declension
deklinera decline
dekoration decoration, ornament
dekorera decorate
del part, portion, share; (bok) volume
dela divide, share
delaktig participant (in)
delbar divisible
delegation delegation
delegerad delegated
delfin dolphin
delgiva inform
delikat delic|ate; -ious
delikatess delicacy
delning division
dels partly
deltaga take part (in); join in; (närvara) attend; (i känsla) share
deltagare participator, sharer; (mötes) attender
delvis partially, partly
delägare partner
dem them
dementera contradict, deny
demokrat democrat
demokrati democracy
demon demon, fiend
demonstrera demonstrate
den *best. art.* the; *pron.* it, ~ *här* this; ~ *där* that
denna this; that
densamme the same
depesch dispatch
depeschbyrå news-office
deponera deposit
deportera deport
depression depression
deprimerad depressed
deputation deputation
deputerad deputy
depå depot
deras their; theirs
desertera desert
despot despot
despotisk despotic
dess its
dessa these; those
dessert dessert
dessförinnan before then
dessutom besides
destillera distil
destination destination
desto bättre all the better
det *best. art.* the; *pron.* it; ~ *finns* there is (are)
detalj detail, particular
detektiv detective
detta this; that
di; *ge* ~ suckle
diagnos diagnosis
dialekt dialect
dialog dialogue
diamant diamond
diarré diarrhoea
dibarn sucking-child
diet diet
difteri diphtheria
dig you; (poet, bibl.) thee
digna sink down, succumb
dik|a, -e ditch
dikt poem; **-er** poetry
dikta write poetry, compose; (hitta på) invent
diktare poet
diktator dictator
diktatur dictatorship

diktera dictate
dill dill
dimma mist, fog
din your; yours; (poet. bibl.) thy; thine
dingla dangle, swing
diplom diploma
diplomat diplomat
diplomati diplomacy
direkt *a* direct, straight; *adv* directly, immediately
direktör manager, director
dirigent conductor
dirigera direct, conduct
disciplin discipline
disharmoni disharmony
disk (bod-) counter; (servis) dishes
diska wash up
diskant treble
diskussion discussion
diskutera discuss; argue
diskret discreet
dispens exemption
disponent manager
disponera dispose
disposition disposal
disputera, dispyt dispyte
dissikera dissect
distans distance
distingerad distinguished
distrahera distract
distraherad confused
distrikt district
disträ absent-minded
dit there
dittills till then
divan couch
diverse various, sundry
dividera divide
djungel jungle
djup *a* deep, profound; *s* depth
djur animal, beast
djärv bold, brave
djärvhet audacity
djävul devil
djävulskap devilry
dock yet, still; nevertheless; however
docka doll; (tråd-) skein; (skepps-) dock
doft scent, fragrance
dofta smell sweet
dok veil
doktor doctor
dokument document
dold hidden, concealed
dolk dagger
dom (jur.) judgment, sentence
domare justice, judge; (sport) umpire
dominera dominate
domkyrka cathedral
domna grow numb
domstol court (of law)
dop baptism; (barn-) christening
dopnamn Christian name
doppa dip, plunge
dosa box
dosis dose
dotter daughter; **-dotter** granddaughter
dov dull; hollow
drabant satellite
drabba hit; happen to
drag pull; draught; (schack o.d.) move; (ansikts-) feature; (karaktärs-) trait
draga draw, pull, drag
dragg, -a grapnel; drag
dragig draughty
dragspel accordion
drake dragon; (pappers-) kite
drama drama
draper|a drape, **-i** -ry
dressera train
dricka drink; ~ *te* have (take) tea
drickspengar tip
drift drifting; instinct; urge, *av egen* ~ of one's own accord; (yrkes-) pursuit; (skötsel) management; (gång) running; driving power
drill, -a (mus.) trill; (fågel-) warble; (milit.) drill; (borra) drill
drinkare drunkard
drista sig dare, venture
driva drive (be~) carry on, run; ~ *med ngn* poke fun at a p.
drivbänk hot-bed
dropp|a, -e drop
droskbil taxi(cab)
drottning queen

drucken drunk, tipsy
drum|mel lout; **-lig** clumsy
drunkna be (get) drowned
druva grape
dryck drink, beverage
dryckenskap drunkenness
dryg compact; (varaktig) lasting; ample; big; *en ~ timme* a good (full) hour; hard; (högmodig) overbearing, stuck-up
drypa drip, trickle, drop
dråp manslaughter
dräglig tolerable
dräkt dress, costume
dränera drain
dräng farm-worker
dränka drown
dräpa slay, kill
drätsel finance
dröja loiter; stop; stay be late; wait; hesitate
dröjsmål delay
dröm, -ma dream
du you; (poet.) thou
dubba dub
dubb|el, -lera double
duell duel
duett duet
duga do, bi fit for; *det duger* it will do
duggregn drizzle
duglig capable; competent
duk cloth; (mål.) canvas
duka lay (spread) the cloth; lay the table
duktig able, clever; strong, sturdy; large; (frisk) well
dum stupid, silly
dumbom fool, dunce
dumdristig foolhardy, rash
dumhet stupidity, folly
dun down
dund|er, -ra thunder
dunge grove; clump
dunka thud, thump; throb
dunkel *a* dark; gloomy; obscure; vague; *s* dusk, gloom, obscurity
duns, -a thump, bump, thud
dunsta evaporate
duplicera duplicate
dur (mus.) major
dusch shower-bath douche
dussin dozen
dust tussle, grapple
duva dove, pigeon
dvala doze; coma; apathy
dvärg dwarf
dy mud, (bildl.) mire
dygd virtue; chastity
dygdig virtuous
dygn day (and night)
dyka dive; *~ upp* emerge
dykare diver
dylik such, similar
dyn dune
dyna cushion
dynga dung, muck
dynamit dynamite
dyning swell
dyr expensive, dear
dyrbar precious, costly
dyrka adore, worship
dyrka upp (lås) pick
dyster dismal, dreary
då *adv.* then; at that time; *konj.* when; as; since
dåd deed, feat, act
dålig bad, wicked, base; poor; (sjuk) unwell, ill
dån noise, roar, boom
dåna roar, thunder; (svimma) faint, swoon
dåraktig foolish
dåre fool; lunatic
dårskap folly, madness
dås|a doze; **-ig** drowsy
dåvarande of that time
däck deck; (bil) tyre
däggdjur mammal
dämpa moderate; subdue; muffle
dänga wallop, beat
där there; (varest) where
däremot on the contrary
därför therefore, so; *~ att* because
dö die
död *a* dead; *s* death
döda kill, slay
dödlig mortal, deadly
dödlighet mortality
dödsfall death

dölja conceal, hide
döma judge, (jur.) sentence, condemn
döpa baptize; (barn) christen
dörr door
döv deaf
dövhet deafness

E

ebb ebb; ~ *och flod* ebb and flow, tide
ebenholts ebony
ed oath; *gå* ~ *på* swear to
eder you; your, yours
edlig sworn
effekt effect; **-er** goods
efter after, behind; (enligt) according to; (om tid) after, afterwards
efterbliven backward
efterfrågan demand
efterfölja follow; succeed; (efterlikna) imitate; **-re** follower; successor
eftergift concession
eftergiven compliant, indulgent; **-het** compliance
efterhängsen importunate
efterkommande *a* succeeding *s* descendants
efterkrav collect on delivery
efterlåten indulgent
eftermiddag afternoon
efternamn surname
efterräkning aftermath
efterrätt sweet (dish)
efterse look after
efterskänka remit; give up
eftersom as, since
efterspana search for
efterspel sequel
eftersträva aim at, aspire
eftersända send for; (sända vidare) forward
eftersökt sought for
eftertanke reflection
eftertryck emphasis
efterträda succeed
efterträdare successor
eftervärld posterity
efteråt afterwards
egen own, proper; (säregen) strange, queer, odd
egendom property; (gods) estate
egendomlig strange
egendomlighet peculiarity
egenhet singularity
egenkär conceited
egenkärlek self-conceit
egennamn proper name
egennytta self-interest
egennyttig selfish
egensinnig obstinate
egenskap quality; property
egentlig proper; real
egentligen properly; really
egenvilja self-will
egg edge
egga incite, stimulate
eggelse incitement
egoism egoism, egotism
egoistisk egoistical
Egypten Egypt
ehuru although
ej not; ~ *heller* nor; ~ *längre* no longer
ejder eider
ek oak
eka *v* echo; (båt) skiff, punt
eker spoke
ekipage carriage
ekipera equip; fit out
eklärera illuminate
eko echo
ekonomi economy; financial position
ekonomisk economic(al
ekorre squirrel
eksem eczema
elak evil, wicked, bad
elakhet wickedness
eld fire; *fatta* ~ catch fire
elva eleven
eländig miserable

emalj enamel
emballera pack up
emedan because, since
emellan between
emellanåt sometimes
emellertid however
emigrant emigrant
emigrera emigrate
emot against; (riktn.) towards; *mitt* ~ opposite
en (ett) *räkn.* one; *obest art.* a, an
en (träd) juniper
ena unite, unify
enahanda monotonous
enas agree
enastående unique
enda only, single, sole
endast only
endera either, one of the two
endräkt concord, unanimity
energi energy
energisk energetic
enervera make nervous
enfald (dumhet) silliness
enfaldig (dum) silly
enformig monotonous
engelsk English
engelska Englishwoman; (språk) English
engelsman Englishman
England England
enhet unity, unit
enhetlig uniform, unitary
enhällig unanimous
enig united; agreed
enighet unity, oneness
enkel simple; (ej flera) single
enkelhet simplicity
enkom especially, purposely
enligt according (to)
enorm enormous
enrum *i* ~ in private
ens *ej* ~ not even
ensak *min* ~ my affair
ensam alone, lonely
ensamhet solitude
ense *vara* ~ agree
ensidig one-sided
enskild private, personal, individual
enskildhet privacy
enslig solitary, lonely
enstaka separate, exceptional
enstavig monosyllabic
entlediga dismiss
entré entrance; (avgift) admission fee
enträgen pressing, urgent
entusiasm enthusiasm
envar everybody
envis obstinate, stubborn
envishet obstinacy
envälde despotism
enär as, since
epidemi epidemic
episod episode
epok epoch
erbjuda, -nde offer
eremit hermit
erfara learn, experience
erfarenhet experience
erforderlig requisite
erfordra require, demand
erhålla obtain, receive
erinra remind; ~ *sig* remember
erinran recollection
erkänna acknowledge, admit
erkännande acknowledgement
erlägga pay
ernå attain, obtain
ersätta compensate; (utbyta) replace
ersättning compensation
ertappa catch, surprise
erövra conquer, capture
erövrare conqueror
erövring conquest
essens essence
estetisk aesthetic
Estland Esthonia
estrad platform, stage
etablera etablish
eter ether
etik ethics
etikett (lapp) label; (bruk) etiquette
etisk ethical, moral
etsa etch
ett → **en**
Europa Europe
europé European
evakuera evacuate
evangelium gospel
evenemang event

eventuell possible
evig eternal; *för -t* for ever
evighet eternity
evinnerlig eternal
examen examination
examinera examine
excellens excellency
exempel example; *till ~* for instance
exemplar copy; (naturv.) specimen
exemplarisk exemplary
exercera drill, train
exercis training
existens existence, living
existera exist; live
exklusiv exclusive
exklusive excluding
expediera send off; (kund) attend to
expedit shop-assistant
experiment, -era experiment
extas ecstasy
explodera explode
extremitet extremity

F

fabel fable; story
fabelaktig fabulous
fabricera manufacture
fabrik factory
fabrikant manufacturer
fabriksmärke trade-mark
fack partition; (linje, gren) department; line
fackförening trade union
fackla torch
fadd flat; insipid
fadder sponsor; godfather, godmother
fader father
fadervår the Lord's Prayer
fager fair; good-looking
faktisk actual, real
faktum fact
faktur|a, -era invoice
falk falcon
fall fall; (händelse) case, event
falla fall
fallen (för) inclined (to) **-het** talent, disposition
fallskärm parachute
falsk false
falskhet falseness
familj family
familjär familiar
famla (efter) grope for
famn arms; *ta i ~* embrace
fana banner, standard
fantasi imagination
fantasifull imaginative
far father
fara *s* danger, peril, risk
fara *v* go, travel
farbror uncle
farfar grandfather
farföräldrar grandparents
farhåga apprehension, fear
farled course, passage
farlig dangerous
farmor grandmother
farsot epidemic
fart speed
fartyg vessel, ship
farvatten waters; channel
farväl goodbye, farewell
fasa horror, terror
fasad front
fasan pheasant
fasansfull terrible
fason shape; (skick) manners (pl.)
fast firm; solid; fixed; (-tagen) caught
fasta fast
faster aunt
fasthet solidity, firmness
fastighet house-property
fastna stick; get stuck
fastställa fix; establish
fasttaga seize, catch
fastän although
fat dish; basin
fatt *hur är det ~?* What's the matter?
fatta catch, grasp, seize; (förstå) understand
fattas be lacking, wantin
fattig poor; **-dom** povert
fattighus work-house
fattigvård poor relief

favorisera favour
favorit favourite
fe fairy
feber fever
feberaktig feverish
februari February
feg coward(ly)
feghet cowardice
fel *s* mistake; fault; defect; *ta* ~ make a mistake; *a* wrong
fela err, fail; (moraliskt) sin
felaktig wrong
felfri faultless
felsteg false step
fem, femte five, fifth
femtio, -nde fift|y, -ieth
femton, -de fifteen, -th
fena fin
ferier holidays, vacation
fernissa *s v* varnish
fest festival; party
fet fat
fetlagd stout
fetma fatness, corpulence
fett fat, grease
fiber fibre
ficka pocket
ficktjuv pickpocket
fickur watch
fiende enemy (of)
fiendskap enmity
fientlig hostile
figur figure
fika (efter) hanker (after)
fikon fig
fil, -a file
filé fillet
filial branch
filosof philosopher
filosofi philosophy
filt (säng) blanket
filthatt felt hat
fin fine; delicate; thin
finger finger
fingerborg thimble
finkänslig delicate
finna find
finnas be; *det finns* there is (are)
finne (folk) Finn; (utslag) pimple
finsk Finnish
fiol violin, fiddle
fira celebrate
firma firm, company
fisk, -a fish
fiskare fisherman
fixstjärna fixed star
fjol *i* ~ last year
fjorton fourteen; **-de** -th
fjun down, fluff
fjäder feather; (mek.) spring
fjäll (berg) mountain; (fisk) scale
fjärde fourth
fjäril butterfly
fjärran distant, far away
fjärrvärme long-distance heating
fjäsk hurry; fuss
fjäska make a fuss
fjät footstep
fjättra fetter
flack flat, level, open
flacka ramble, rove about
fladdra flutter
flagga flag
flamma *s v* flame, blaze
flaska bottle, flask
flera (mer) more; (utan jämför.) several, many
flesta most
flicka girl
flik flap; fringe; patch
flin, -a giggle, grin
flinga flake
flink quick; nimble
flintskallig bald
flisa chip; splinter
flit diligence, industry
flitig diligent
flock flock
flod river; (bildl.) flood; (i havet) tide
flor veil
florett foil
flott grease; dripping; *a* stylish
flotta *s* fleet, navy
fluga fly
flundra flounder
fly flee; fly
flyga fly
flygare aviator
flygel wing; (mus.) grand piano
flygfält aerodrome
flygplan aeroplane
flykt escape, flight

flyktig fleeting, passing, hasty; volatile; (person) fickle
flykting refugee, fugitive
flyta float; (rinna) flow
flytta move, remove
flyttbar movable, portable
flyttfågel bird of passage
flyttning removal; moving
flå flay, skin
flåsa puff, pant
fläck spot, stain, blot
fläcka stain
fläckig stained, spotted
fläder elder
flädermus bat
fläkt breath (of air); (tekn.) fan
fläkta stir; blow; fan
flämta pant, gasp; (fladdra) flicker
flärd vanity, frivolity
flärdfri unaffected
flärdfull vain, frivolous
fläsk pork, bacon
fläta *s v* plait
flöda flow, pour
flöde flow, torrent
flöjt flute
flöte float
fnissa, fnittra giggle
fnysa sniff, snort
fock foresail
foder lining; (**kreaturs-**) fodder, food
fodra line; fodder
fodral case, casing, box
foga join
foga sig submit (to)
foglig compliant
folk people; nation
folkmängd population
folksamling crowd
folkskola elementary school
folkvisa ballad, folk-song
fond (bakgrund) background; (kapital) fund
fondbörs stock exchange
fondemission bonus issue
fontän fountain
fordom formerly
fordon vehicle
fordra, -n demand, claim
forell trout
form form, shape
forma mould
formalitet formality
format size; format
formligen regularly; literally
formulär form; blank; formula
fornforskare antiquarian
forntiden antiquity
forntida ancient
fors rapid; stream
forsa rush; gush; stream
forska search; investigate
forskare investigator
forskning investigation; research
forsla convey, transport
fort fast; quickly
fortfara continue, go on
fortfarande still
fortplantning propagation
fortskaffningsmedel means of communication
fortsätta continue
fortsättning continuation
foster foetus; (fig.) product
fosterbarn foster-child
fosterland native country
fot foot
fotfolk infantry
fotogen paraffin-oil; kerosene
fotografera photograph
frack evening dress
fradga *s v* froth, foam
frakt freight
fram forward, on(wards)
framben foreleg
frambringa produce, create
framdeles later on, henceforth
framför before, in front of; ~ *allt* above everything
framföra (köra) drive; present; convey; (säga) deliver; state; (utföra) execute
framgång success
framgångsrik successful
framhålla point out

framhärda persist
framkalla evoke; arouse; cause; bring about; (fotogr.) develop
framlänges forwards
framsida front
framsteg progress
framställa represent
framställning description
framtid future
framtill in front
framträda appear
framträdande *s* appearance; *a* prominent, outstanding
framtvinga extort
framåt forwards
frankera stamp
franko post-paid
Frankrike France
frans fringe
fransk French
fransman Frenchman
fras phrase, expression
fred peace; **-a** protect
fredag Friday
fredlig peaceful; gentle
fredlös outlawed
fredsbrott breach of peace
fredsvillkor peace terms
fregatt frigate
frenetisk frenzied
fresta tempt
frestelse temptation
fri free; *bli ~ från* get rid of
fria propose; (be-) set free
friare suitor
frid peace
fridfull peaceful
frieri proposal
frihet freedom, liberty
frikostig liberal, generous
frikänna acquit
frimodig frank, bold
frimurare Freemason
frimärke stamp
frisera dress a p.'s hair
frisersalong hairdresser's
frisinnad liberal-minded
frisk fresh; (sund) sound, healthy, (ej sjuk) well
frist respite
fristad refuge
frisör hairdresser
fritaga från liberate from
fritid leisure
frivillig voluntary
frodas thrive
from pious
fromhet piety
front front; face
frossa *s* ague *v* gorge
frost frost
frottera rub, chafe
fru lady; married woman; wife; (titel) Mrs.
frukost breakfast
frukt fruit
frukta fear, dread
fruktan fear, terror
fruktansvärd terrible
fruktbar fertile
fruktlös fruitless
fruntimmer woman, female
frusen frozen, cold
frysa freeze, feel cold
fråga *s* question
fråga *v* ask, inquire
frågetecken mark of interrogation
frågvis inquisitive
från from of
frånsida reverse
frånskild detached; divorced
frånvarande absent
frånvaro absence; lack
fräck impudent, insolent
fräkne freckle
frälsa save, deliver
frälsare saviour
frälsning salvation
främja further, promote
främling stranger
främmande *a* strange; *s* guest, visitor
främre anterior fore; near, front
främst foremost; first
fräsa hiss; fizz; (katt) spit; (kok.) fry
fräta corrode; (bildl.) fret, gnaw
frö seed
fröjd joy, delight
fröjda sig rejoice (at)
fröken young lady; teacher; Miss

fuffens trick(s)
fukt damp, moisture
fuktig moist, damp
ful ugly; (om väder) bad
full full; complete; (drucken) drunk
fullborda fulfil, accomplish; complete; perform
fullkomlig perfect; complete
fullmakt power of attorney
fullsatt crowded
fullständig complete
fullvuxen full-grown; adult
fullända complete
fundera consider, ponder
fura fir, pine
furste prince
furstendöme principality
furstinna princess
fusk cheating; scamping
fuska cheat; scamp
futtig paltry, mean
fylla fill; stuff
fyllbult boozer
fylleri drunkenness
fyllig plump; full; mellow; full-flavoured
fynd find, discovery
fyndig inventive
fyndighet (geol.) deposit
fyr lighthouse
fyra four
fyrfotadjur quadruped
fyrkant, -ig square
fyrtio forty
fyrverkeri fireworks
fysik physics; (kroppens) constitution, physique
få *pron.* few; *några* ~ a few
få *v* (erhålla) get, receive; (tillåtelse) be allowed; (tvång) must, have to
fåfäng vain; futile, idle
fåfänga vanity
fågel bird
fågelbo nest
fåll hem
fånga catch, capture
fånge prisoner
fångenskap captivity
fånig idiotic; silly
fåordig taciturn; laconic
får sheep; **-kött** mutton
fåra *s* furrow
fåtal *ett* ~ a few
fåtölj easy chair, armchair
fä beast, cattle
fäderneslaand native country
fäkta fence; fight
fälla *s* trap
fälla *v* fell; (ankar) drop; (tårar, blod) shed
fält field; plain
fältherre general
fältläkare army surgeon
fälttåg campaign
fängelse prison, gaol
fängelsestraff imprisonment
fängsla imprison; captivate
fänrik ensign (armén) second lieutenant
färd journey, trip
färdig ready; finished
färg colour
färga colour; (tyg) dye
färja ferry
färre fewer
färsk fresh, new, recent
fäst vid attached to
fästa fasten, fix
fästman fiancé
fästmö fiancée
fästning fortress, fort
föda *s* food, nourishment
föda *v* bear, give birth to; breed; (ge ~ åt) feed
född born
födelse birth
födelsedag birthday
födelseort birthplace
föga little
föl colt, foal
följa follow; accompany
följaktligen consequently
följd succession; consequence, result
följeslagare companion
fönster window
fönsterruta (window-) pane

för for; too; from; (framför) before; ~ *en månad sedan* a month ago
för (på fartyg) stem, prow
föra convey; carry; (leda) lead; (köra) drive; ~ *med sig* bring
förakt contempt
förakta despise
föraktfull contemptuous
föranleda cause
föranstalta arrange (for)
förare guide; (bil) driver
förarga annoy, provoke
förargelse annoyance
förband bandage
förbanna curse
förbarma sig have pity
förbehåll reserve
förbereda prepare
förberedelse preparation
förbi past, by; *i -gående* by the way
förbinda bandage
förbindelse connection
förbindlig obliging
förbise overlook
förbiseende oversight
förbittring rage, fury
förbjuda forbid, prohibit
förbli(va) remain
förblinda dazzle, blind
förbluffa stupefy, amaze
förblöda bleed to death
förborgad hidden
förbruka consume; spend
förbrukning consumption
förbrylla confuse, perplex
förbrytare criminal
förbrytelse crime
förbränna burn
förbud prohibition
förbund alliance
förbunden connected (tacksam) obliged
förbättra improve
förbön intercession
fördel advantage; profit
fördela distribute
fördelaktig advantageous
fördenskull therefore
fördjupad absorbed
fördom prejudice
fördrag treaty; patience
fördriva expel, drive away
fördröja delay
fördubbla double
fördunkla obscure
fördärv ruin, corruption
fördärva ruin, destroy
fördärvlig injurious
fördöma condemn
fördömelse condemnation
före before
förebild pattern; type
förebrå reproach (for)
förebråelse reproach
förebud omen, presage
förebygga prevent
föredrag lecture (on)
föredraga prefer (to); (redogöra) deliver; report; read; render
föredöme example, model
förefalla seem; appear
förefinnas exist; be found
föregiva feign; pretend
föregående previous, preceding
förehavande doing
förekomma anticipate; (förebygga) prevent; (hända) occur
föreläsning lecture
föremål object; subject
förena unite; join
förening union; society
förenkla simplify
förenlig consistent
föresats purpose
föreskrift direction; instruction; order
föreskriva prescribe
föreslå propose
förespegla hold out the prospect; promise
förespråkare advocate
förespå prophesy, predict
förestå be in charge of; manage; (vara förestående) be at hand
föreståndare manager
föreställa represent; (presentera) introduce
föreställning performance; (begrepp) conception

föresätta sig make up o.'s mind; set oneself
företag enterprise
företagsam enterprising
företal preface
förete show up; present
företeelse phenomenon
företrädare predecessor
företräde (audiens) audience; (förmånsrätt) preference; (fördel) advantage
förevisning exhibition
förevändning excuse
förfall decay, decline; (hinder) excuse
förfalla decay; expire
förfallodag date of payment
förfalska falsify; adulterate; forge
förfalskare falsifier; forger, coiner
förfalskning falsification
författa write
författare author
författarinna authoress
författarskap authorship
författning (stats-) constitution; (tillstånd) condition, state
förfela miss, fail
förfina refine
förfining refinement
förflyta pass
förfogande disposal
förfriskning refreshment
förfrågan inquiry
förfäder ancestors
förfäkta defend
förfära terrify; dismay
förfärdiga manufacture make
förfärlig terrible
förfölja pursue; persecute
förföljelse pursuit; persecution
förföra seduce
förförelse seduction
förförisk seductive
förgifta poison
förgiftning poisoning
förgrund foreground
förgylla gild
förgå pass, vanish
förgås be lost, perish
förgängelse decay, corruption
förgäta forget
förgäves in vain
förhand (kort) lead; *på* ~ beforehand
förhandla negotiate
förhasta sig be rash
förhastad rash, hasty
förhatlig hateful
förhistorisk prehistoric
förhoppning hope; expectation
förhålla sig behave; (vara) keep, remain
förhållande behaviour; relations, connection; ratio; circumstances
förhänge curtain
förhärdad obdurate
förhärliga glorify
förhärskande predominant
förhäva sig boast
förhäxa bewitch
förhör examination
förhöra examine, question
förinta annihilate
förjaga drive away
förkasta reject
förklara explain; declare
förklaring explanation; declaration
förkläd|a, -nad disguise
förkläde apron
förkomma get lost
förkorta shorten
förkovra sig improve
förkunna announce
förkyla sig catch cold
förkylning cold
förkärlek predilection
förköp advance-booking
förlag (bok-) publishing-house
förlama paralyze
förleda mislead; seduce
förliden last; past
förlika reconcile
förlisa be wrecked
förlita sig (på) trust (in)
förlopp lapse; course
förlora lose

förlossning (med.) delivery
förlova sig become engaged
förlovning engagement
förlust loss
förlustelse amusement
förlåt! (I am) sorry
förlåta forgive, excuse
förlåtelse forgiveness
förlägen embarrassed
förlägenhet embarrassment
förlägga mislay
förläggare publisher
förlänga prolong; lengthen
förlöjliga ridicule
förmak drawing-room
förman superior, foreman
förmana exhort, warn
förmedla bring about; effect; supply
förmedling mediation
förmiddag forenoon
förminska diminish, reduce
förminskning reduction
förmoda suppose
förmodan supposition
förmodligen presumably, probably
förmultna decay, moulder
förmyndare guardian
förmå be able to; (föranleda) induce
förmåga power; capacity; ability
förmån advantage, benefit
förmögen wealthy
förmögenhet fortune
förmörka darken, obscure
förnamn Christian name
förnedra humble; degrade
förnedring humiliation; debasement
förneka deny; disown
förnimma perceive; notice
förnimmelse perception
förnuft reason
förnuftig reasonable, sensible
förnya renew; repeat
förnyelse renewal
förnäm distinguished; dignified; noble
förnämst foremost, first
förnärma offend, affront
förnärmelse offence, insult
förnöjd contented
förnöjsamhet contentedness
förolämpa offend, insult
förolämpning insult, offence, affront
förord preface
förordning edict
förorena pollute
förorsaka cause
förort suburb
förorätta injure
förpliktelse obligation
förpläga treat; feast
förpost outpost
förr before; formerly; sooner; (heller) rather
förra former
förrgår the day before yesterday
förruttnelse putrefaction
förråd store, stock
förråda betray; reveal
förrädare traitor
förräderi treachery, treason
förrän before; *icke* ~ not until; *knappt* ~ no sooner . . . than
förrätta perform, execute
försagd timid, bashful
försaka resign; deny o. s.
försakelse privation; selfdenial
församling meeting; assembly; congregation; (socken) parish
förse furnish, supply
försegla seal
försenad *vara* ~ be late
försiktig careful
försiktighet care, caution **-smått** precaution
försilvra silver
förskansning entrenchment

förskingra embezzle
förskingring embezzlement
förskjuta (rubba) displace; (visa ifrån sig) reject, cast off
förskott *i* ~ in advance
förskräckelse fright
förskräcklig dreadful
försköna embellish
förslag proposal
förslå suffice
försmak foretaste
försmå despise, disdain
försmädlig disdainful
försmäkta pine away
försnilla embezzle
försona reconcile
försoning reconciliation
försova sig oversleep
förspel prelude
försprång start, lead
först, första first; (i början) at first
förstad suburb
försteg precedence; advantage
förstklassig first-class
förstoppning constipation
förstora enlarge
förströelse diversion
förstuga hall
förstå understand
förstånd understanding; intellect; intelligence; reason
förställa sig dissimulate
förstärka fortify, reinforce
förstäv stem; bows; prow
förstöra destroy, spoil
förstörelse destruction
försumma neglect
försvar defence
försvara defend
försvarstal apology
försvinna disappear; vanish
försvåra aggravate
försyn providence
försynt considerate
försåt ambush, snare
försäkra assure; (liv) insure
försäkran assurance
försäkring insurance
försök attempt; effort
försöka try, attempt
försörja support, provide for
förtal slander
förteckning list
förtjusande charming, delightful, lovely
förtjäna earn; (vara värd) deserve, merit
förtjänst earnings, wages; profit; merit; credit
förtro confide
förtroende confidence
förtrogen, förtrolig intimate; confidential; familiar
förtrollning enchantment
förtryck oppression
förträfflig excellent
förtvivla, -n despair
förtälja tell, relate
förtära eat, consume
förtöja moor, make fast
förtörna provoke; offend
förundra sig wonder (at)
förut before, ahead
förutom besides, beyond
förutse foresee, anticipate
förutsätta presuppose
förvalta managa, administer; discharge
förvaltning administration, management
förvandla transform
förvar custody, charge
förvara keep, protect
förverkliga realize
förvilla mislead, confuse
förvirra confuse
förvisa banish, exile
förvissa sig om make sure of
förvissad certain
förvränga distort
förvåna surprise, astonish
förvåning surprise
förväg *i* ~ in advance
förvälla parboil
förväntan expectation
förvärra make worse

förvärva aquire, gain
förväxla confound
föräldrar parents
förälska sig fall in love
förälskad in love (with)
föränderlig changeable
förödmjuka humiliate
förödmjukelse humiliation
föröka increase, multiply
förörva commit

G

gadd sting
gaffel fork
gagn benefit
gagna be of use; serve
gala crow
galaklädd in full dress
galen mad; crazy; *bli ~* go mad
galenskap madness
galet wrong
galge gallows
galla gall; bile
galler lattice; grating
galler gallery
gallra thin; sort over
gallsjuk bilious
gallskrika yell, howl
galning madman
galon stripe; lace
galopp, -era gallop
galt boar, hog
galär galley
gam vulture
gammal old, ancient
gammalmodig old-fashioned
ganska rather, pretty, very
gap mouth, gap; opening
gapa gape, stare; yawn
gapskratt loud laughter
garantera, garanti guarantee, warrant
garde guards
garderob wardrobe
gardin curtain; blind
garn yarn; (ylle-) wool
garantera trim, garnish
garnering trimming
garnison garrison
garnityr garniture; set
garva tan
gas gas; (tyg) gauze
gasbinda gauze bandage
gasförgiftad gassed
gassa sig bask (in sun)
gast seaman; (spöke) ghost
gata street
gatläggning pavement
gavel gable
ge → **giva**
gedigen solid, genuine
gehör ear (for music)
gelé jelly
gemen base, low, mean
gemensam common; mutual
gemen|samhet, -skap community; fellowship
gemytlig genial, nice, cosy, comfortable
gemål consort
genant embarrassing
genast at once, immediately
genera trouble, inconvenience
general general
gengälda give in return
geni genius
genial, -isk brilliant
genljud, -a echo
genmäla retort, reply
genom through, by
genomdriva carry out
genomfart passage
genomgå pass through
genomläsa read through
genomskinlig transparent
genomsnitt average
genomtränga penetrate
genomvävd interwoven
gensträvig refractory
genväg short-cut
gest gesture
gestalt shape, figure; person(age); form
gesäll journeyman
get goat
geting wasp
gevär firearm, gun, rifle
gift *s* poison, venom

gift *a* married (to)
gifta sig marry; get married
giftermål marriage
giftig poisonous
gikt gout
gilla approve (of)
gillande approbation; approval; approving
giltig valid
giltighet validity
gips gypsum, plaster of Paris
gipsa (med.) put into plaster of Paris
girig greedy, avaricious
girigbuk miser
girighet avarice, greed
gissa guess, conjecture
giss|el, -la scourge
gisslan hostage
gissning guess
giva, give, grant; (kort) deal; (räcka) pass; (teat.) play, perform
giva efter yield
giva upp give up
givare giver, donor
givetvis of course
givmild open-handed, generous
gjuta cast
gjuteri foundry
glad cheerful, happy, delighted, pleased, glad
gladlynt cheerful
glans lustre, splendour
glas glass
glasmästare glazier
glass ice (cream)
glasögon glasses, spectacles
glatt *a* smooth; (glänsande) glossy; slippery
gles thin; open; sparse
glida glide, slide
glimma glimmer, gleam
glimt gleam; glint
glirlng gibe; sneer
glitter glitter, tinsel
glo stare, gaze
glob globe
gloria halo, aureole
glosa word; (spe~) gibe
glugg hole, opening
glupsk voracious
glädje give pleasure
glädja sig, glädjas rejoice (at)
glädje joy
gläfs, -a yap, bark
glänsa shine, glitter
glänt *på* ~ ajar
glättig cheerful, gay
glöd, glöda glow
glödlampa incandescent lamp; bulb; glow-lamp
glömma forget
glömska forgetfulness; oblivion
gnabb bickering(s)
gnaga gnaw; **-re** rodent
gnat nagging
gnida rub
gnissla creak; squeak
gnista spark
gnistra spark, sparkle
gnola hum
gnugga (ögonen) rub (one's eyes)
gnägga neigh, whinny
gnälla whine, whimper
god good, kind, nice
godhet goodness
godhjärtad kind-hearted
godkänna approve; (i examen) pass; allow; admit
godmodig good-natured
gods property; estate; (varor) goods
godsägare land-owner
godtaga accept
godtrogen credulous, confiding
godtycklig arbitrary
godvilligt voluntarily
golfbana golf-links
golv floor
gom palate
gosse boy, lad
gott om plenty of
gott *adv.* well, good
gotter sweets
grad degree
gradera grade, graduate
grammatik grammar
grammofonskiva (gramophone) record
gran spruce
granat (mil.) shell
grand mote; atom
granit granite
grann gaudy, gay

granne neighbour
grannlaga tactful, considerate; delicate
grannskap neighbourhood
granska examine
granskning examination
gratis free of charge
gratulation congratulation
gratulera congratulate
grav grave, tomb
gravera engrave
grekisk Greek
Grekland Greece
gren branch
grensle astride
grepp grasp; grip
greve count
grevinna countess
grift grave, tomb
grimas grimace
grimma halter
grin, -a grin, leer
grind gate
gripa seize, catch
gripen seized; (rörd) touched, moved, affected
gris pig; (-kött) pork
gro grow, germinate
groda frog; (bildl.) blunder
grodd, germ, sprout
grop pit; hollow; dimple
grossess *i* ~ pregnant
grosshandel wholesale trade
grotta cave, cavern
grov coarse; rough; crude; heavy; gross
grovarbetare unskilled labourer
grubbla brood, ponder
grumlig muddy; obscure
grund *a* shallow; *s* shoal; ground; foundation; reason, cause, motive; *på ~ av* owing to
grunda found, establish
grundlig thorough
grundläggande fundamental
grundämne element
grupp group
grus gravel
gruva mine
gry *v* dawn
grym cruel (to); fierce
grymhet cruelty
grymta grunt
gryn grain
gryning dawn, daybreak
gryta pot, pan
grå grey
gråta cry, weep
gråverk miniver
grädda bake, fry
grädde cream
gräl quarrel; scolding
gräla quarrel; scold
gräma sig över grieve at
gränd lane, alley
gräns frontier, boundary, limit, bounds; border
gränsa till border on
gräs grass
gräslig awful, atrocious
gräslök chive
gräsmatta lawn
gräva dig
grävling badger
gröda crops, harvest
grön green
grönsaker vegetables
grönska *s* verdure; *ge* breen
gröt porridge
gubbe old man
gud god
gudbarn godchild
gudinna goddess
gudomlig divine
gudstjänst divine service
gul yellow
gula yolk
guldsmed goldsmith
gullviva cowslip
gulsot jaundice
gumma old woman
gummi rubber; (flytande) gum
gumse ram
gunga *v* swing, rock
gunst favour
gurgla gargle
gurka cucumber
gyckla joke, jest
gyllene golden

gymnasium college
gymnastik gymnastics
gynna favour **-re** patron
gynnsam favourable
gyttja mud
gå walk; go; run
gång walk, gait; going; run|ning; time; *en* ~ once, *två -er* twice; *tre -er* three times
gången gone by, past
gångjärn hinge
går *i* ~ yesterday
gård yard; (lant-) farm; estate
gås goose
gåta riddle, enigma
gåtfull enigmatic
gåva gift, present
gäckas med make fun of
gädda pike
gäl gill
gäldenär debtor
gäll shrill
gälla be valid; hold good
gäng gang, set
gänglig slim, slender
gängse current, prevalent
gärde field
gärdsgård fence
gärna willingly, gladly
gärning action; deed; achievement; work; act
gäspa, gäspning yawn
gäst guest; visitor; (restaur.) customer
gästfri hospitable
gästfrihet hospitality
göda fatten; feed up
gödsel manure, dung
gök cuckoo
göl pool
gömma hide, conceal
gömställe hiding-place
göra do; make; cause; act; vad skall ni ~? what are you going to do?
gördel girdle
göromål business; work
gös pike-perch

H

ha *v* have
Haag the Hague
hacka *s* pick (axe); chopper; *v* chop; peck; hack
hackspett woodpecker
hafs hurry-scurry
hage pasture; paddock; grove; (baby) play-pen
hagel hail; (gevärs-) shot
hagla hail
hagtorn hawthorn
haj shark
haka *s* chin
hak|a *v* hook; **-e** hook
hal slippery
hala haul
halka *v* slip
hall hall
hallon raspberry
hallå hallo!
hallåman announcer
halm straw
halmtak thatched roof
hals neck; throat
halsband necklace
halsbränna heartburn
halsduk scarf; (slips) tie
halshugga behead
halst|er; -ra grill
halt *a* lame; **-a** limp
halv half; **-era** halve
halvklot hemisphere
halvsula (half) sole
halvtimm|a, -e half-hour
halvton semitone
halvö peninsula
hammare hammer
hamn harbour; port
hamna land; settle down
hampa hemp
hamra hammer; beat
han he
hand hand; **-arbete** handwork; needlework
handbok handbook; manual
handduk towel
handel commerce; trade
handelsresande commercial traveller
handfat basin
handgjord hand-made

handha manage; handle
handklaver accordion
handla trade; deal; buy; act; treat of, be about
handlande merchant, shopkeeper; dealer; tradesman
handled wrist
handleda guide
handling action; document
handlingssätt line of conduct; behaviour
handlöst headlong
hands *till* ~ at hand
handskas med handle, treat
handstil hand(writing)
handtag handle, grip
handvändning *i en* ~ in a trice
hane male
hans his
hantera handle; manage
hantverk trade; craft
hantverkare artisan
hare hare
harkla sig clear o'. s throat; hawk
harm indignation
harmas get annoyed
harmsen indignant
harpa harp
harpun harpoon
harts resin
harv, -a harrow
hassel hazel
hast, -a hurry, hasten
hastig quick, hasty
hastighet speed
hat hatred; **-a** hate
hatt hat
hav sea
hava → **ha**
havande pregnant
havandeskap pregnancy
haverera be wrecked
haveri shipwreck; (flygv.) crash
havre oats
hebreisk Hebrew
hed moor, heath
hedendom heathendom; paganism
heder honour; credit
hederlig honest
hedning heathen
hednisk heathen, pagan
hedra honour
hejda stop, check
hekto hectogramme
hel whole; entire; *på det -a taget* on the whole
helg festival; holiday(s)
helga consecrate, hallow
helgd sanctity
helgedom sanctuary
helgeflundra halibut
helgerån sacrilege
helgon saint
helhet completeness
helig holy; sacred
heller either; *ej* ~ nor, neither
hellre rather
helst preferably; especially; *hur som* ~ anyhow; *vem som* ~ anybody
helt wholy quite
helvete hell
hem home
hembiträde maid
hembygd native place
hemgift dowry
hemkomst return home
hemlig secret; **-het** secrecy
hemlängtan homesickness
hemma at home
hemman farm, homestead
hemsk ghastly
hemtrevlig cosy
hemtrevnad domestic comfort
hemvist abode
hemåt homewards
henne her; **-s** her; hers
herde shepherd
herdinna shepherdess
hermelin ermine
herr (titel) Mr. (Mister)
herravälde dominion
herre gentleman; lord
hertig duke
hertiginna duchess
hes hoarse
het hot; ardent

heta be called; *vad heter ni?* what is your name
hetsa bait; incite
hetta heat
hicka *s. v* hiccup
himmel heaven, sky
hinder obstacle
hindra hinder; prevent
hingst stallion
hink bucket: pail
hinna *v* reach; attain; catch; get; manage; *s* membrane
hisna turn giddy
hiss lift
hissa hoist
historia history; story
historiker historian
historisk historical
hit here; hither
hitta find; discover
hittebarn foundling
hittills hitherto; until now; up to now; till now
hitåt this way
hjord herd; flock
hjort deer
hjortron cloudberry
hjul wheel
hjulbent bandy-legged
hjälm helmet
hjälp help, assistance; aid
hjälpa help; assist; aid
hjälpsam helpful
hjälte hero
hjältinna heroine
hjärna brain(s)
hjärnhinneinflammation meningitis
hjärnskakning concussion of the brain
hjärta heart; **-er** hearts
hjärtfel heart disease
hjärtlig hearty; kind
hjärtslag (heart) stroke
hjässa crown; top of the head
holländsk Dutch
holme islet; holm
hon she
hona female
honnör salute
honom him
honorar fee
honorera remunerate
honung honey
hop heap; crowd
hopp hope (of)
hopp, -a jump; hop; skip
hoppas hope
horisont horizon
horn horn
hos with, at, in
hospital lunatic asylum
hosta *s. v* cough
hot threat; **-a** threaten
hotell hotel
hotelse threat, menace
hotfull threatening
hov (häst) hoof
hov court
hovmästare head waiter
hud skin; hide
hugg, -a cut
huggorm viper, adder
hull flesh
huller om buller pellmell
hulling barb
humbug humbug
humla bumble-bee
humle hop(s)
hummer lobster
humor humour
humoristisk humorous
humör temper, mood
hund dog; hound
hundra hundred
hunger hunger
hungersnöd famine
hungra hunger; starve
hungrig hungry
hurra *v* cheer
hurra! hurrah!
hurtig brisk, smart
hur how
huruvida whether
hus house
husa housemaid
husar hussar
husbonde master
husera carry on, run riot
hushåll household; family
hushålla keep house; economize
hushållerska housekeeper
husmoder housewife

hustru wife
husvill homeless
huttra shiver (with)
huv hood, cap
huva hood; bonnet
huvud head
huvudbok ledger
huvudbonad headgear
huvudbry puzzle (o.'s head)
huvudkudde pillow
huvudperson chief person
huvudroll leading part
huvudsak main point
huvudsaklig principal
huvudstad capital
huvudstupa headlong
huvudvärk headache
hy complexion
hyckla feign, simulate
hycklare hypocrite
hyckleri hypocrisy
hydda hut, cottage
hyfsad well-behaved
hygglig kind; (om sak) decent; (moderat) fair
hylla *s* shelf
hylla *v* honour
hyllning homage
hylsa case; socket
hypnos hypnosis
hypnotisera hypnotize
hypotek mortgage; security
hyra *s, v* rent, hire
hyra ut let
hyresgäst tenant
hyreshus tenement house
hyreskontrakt lease
hyresvärd landlord
hysa house; take in; (bildl.) entertain
hyska eye, loop
hysterisk hysterical
hytt cabin
hyv|el, -la plane
hyvelspån shaving(s)
håg mind; inclination
hågad inclined; disposed
håglös listless
hål hole
håla cave, cavern; den
hålfot arch of the foot
håll distance; direction; stitch (in one's side)
hålla hold, keep; last; ~ *av* be fond of
hållbar lasting; durable; tenable, valid
hållning carriage; attitude
hållplats stopping-place
hån scorn; sneer
håna scorn; deride; sneer
hånfull scornful; sneering
hånskratt derisive laughter; sneering laugh
hår hair; **-nål** hairpin
hård hard; severe; stern
hårdhet hardness; severity
hårdhänt rough
hårdna harden, get hard
hårdsmält indigestible
hårfrisörska hairdresser
hårstrå hair
håv hoop-net; (kyrk-) collection-bag
häck hedge
häcklöpning hurdle-race
häda blaspheme
hädanefter henceforth
hädelse blasphemy
häfta fasten, fix
häfte booklet; copybook
häftig vehement; violent
häftighet vehemence
häftstift drawing-pin
hägg bird cherry
hägring mirage
häkta arrest
häl heel
hälft half
hälla *v* pour
hällregn downpour
hälsa *s* health; *v* greet; ~ *till honom* give him my kindest regards; ~ *på* visit; go and see
hälsning greeting; bow; *hjärtliga -ar* kindest regards
hälsosam wholesome; healthy
hämma check; stop

hämnas avenge; revenge
hämnd revenge; vengeance
hämndgirig vindictive
hämta fetch; ~ *sig* recover
hända happen
händelse incident, event
händelsevis by chance; accidentally
händig handy
hänförelse rapture
hänga hang; suspend
hängiven devoted
hänglås padlock
hängmatta hammock
hängslen braces
hänryckning rapture
hänseende respect
hänsyfta på hint at
hänsyn consideration
hänsynsfull considerate
hänsynslös inconsiderate
hänvisa direct
häpen astonished; amazed
häpenhet amazement
häpnadsväckande amazing
här *s* army; *adv* here
härad district
härbärgera lodge
härda sig harden
härdad hardened, hardy
härja ravage
härkomst extraction; origin
härleda deduce; derive
härlig glorious; splendid
härma imitate; (förlöjliga) mimic
härnäst next
häromdagen the other day
härska rule; prevail
härskare ruler
härsklysten domineering
härstamma descend (from)
härva skein; tangle
häst horse
hästkraft horse power
hätsk spiteful; bitter
häva heave
hävda vindicate
hävstång lever
häxa witch; hag
hö hay
höbärgning haymaking
höft hip
hög *s* heap; *a* high; tall; laud (voice)
högaktning esteem; *H—sfullt* Yours sincere'y
höger right; *till* ~ to the right; ~*n* the Conservative Party
högfärd pride; **-ig** proud
högljudd loud; noisy
högmod pride; arrogance
högmässa morning service
högskola university college; high-school
Högsta domstolen the Supreme Court
högtalare loud speaker
högtid feast; festival
högtidlig solemn; grand
högväxt tall
höja raise
höjd *s* height; top; *på sin* ~ at the utmost
hök hawk
hölja cover; (bildl.) veil
höna hen
höns hens; poultry
höra hear; ~ *på* listen
hörbar audible
hörn(a) corner
hörsamma obey
hörsel hearing
höst autumn; *i* ~ this autumn; *i* ~*as* last autumn
höstack hayrick
hövding chief
hövlig civil, polite
hövlighet civility; politeness

I

i in; at; ~ *dag* to-day
iakttaga observe; notice
ibland sometimes; (bland) among
icke not, no
idé idea; notion
ideal ideal
idealisera idealize
ideell idealistic
idel pure; sheer; mere
ideligen continually
identifiera identify
identisk identical
idiot idiot; **-i** idiocy
idissla ruminate
idka carry on; practise; go in for; devote o.s. to
idog industrious
idrott athletics; sports
ifall if, in case
ifrån from
igel leech; **-kott** hedgehog
igen again; back
igenkänna recognize
igenom through
ihjäl to death; *slå* ~ kill
ihop together
ihåg *komma* ~ remember
ihålig hollow
ihållande continuous
ihärdig persevering
ikläda sig (ansvar) take upon o.s.
ila hurry
ilbud urgent message
ilgods express parcels
illa badly; ill; *må* ~ feel unwell; **-sinnad** ill-disposed
illmarig cunning
illuminera illuminate
illusorisk illusory
illustrera illustrate
illvilja spitefulness
ilsamtal express call
ilska anger, fury, rage
ilsken furious; ferocious
imitera imitate
imma vapour, mist
imperium empire
imponera make an impression
imponerad impressed
imponerande impressive
impopulär unpopular
import, -era import
impregnera waterproof; impregnate
impuls impulse
in in; into; inside
inackordering board and lodging; **-sställe** boarding-house
inalles in all; altogether
inandas inhale
inbegripa comprise; include
inbilla make a p. believe
inbilla sig imagine
inbillning imagination
inbillningskraft power of imagination
inbilsk conceited
inbjuda invite
inbjud|an, -ning invitation
inblandad mixed up
inblick insight; (bildl.) glimpse
inbringa yield
inbringande profitable
inbrott (stöld) burglary
inbrottstjuv burglar
inbunden bound; (pers.) reserved
inbördes mutual; **-krig** civil war
indela divide; classify
indelning division
indian (Red) Indian
Indien India
indirekt indirect
indisk Indian
indiskret indiscreet
indisponerad indisposed
individ, -uell individual
indriva collect
industri industry
industriell industrial
infall invasion; (idé) whim, fancy
infanteri infantry
infektera infect
infinna sig appear

inflammation inflammation
influensa influenza
inflytande influence
inflytelserik influential
infoga put in; insert
informator private tutor
informera inform (of)
infria redeem
infånga catch
infödd, inföding native
införa put in; introduce
införliva incorporate
ingalunda by no means
ingefära ginger
ingen no, no one, nobody
ingendera neither
ingenjör engineer
ingenstans nowhere
ingenting nothing; ~ *alls* nothing at all
ingivelse inspiration
ingrediens ingredient
ingripa intervene; interfere; intrude
ingrodd inveterate
ingå enter into
ingång entrance
inhemsk native; *-a producter* home products
inhysa lodge
inhämta gather
inifrån from within
initierad initiated
inkalla summon; call up
inkassera collect; cash
inklusive includ|ed, -ing
inkokning preserving
inkomst income
inkonsekvens inconsistency
inkräkta encroach, intrude
inkvartera billet
inköp purchase
inleda introduce
inledning introduction
inlåta sig på enter into
inlämning cloak room
innan before
innanför within; inside
in natura in kind
inne, in, inside; indoors
innebyggare inhabitant
innebära mean, imply
innebörd signification
inneha possess; hold
innehavare owner; holder
innehåll contents
innehålla contain
innerlig intimate; hearty
innerst innermost, inmost
innesluta enclose
innevarande present
inom within; **-hus** indoors
inprägla impress; engrave
inpränta impress
inrama frame
inre inner; interior
inreda fit up; furnish
inredning fittings
inregistrera register
inrikes inland; home
inrikta sig på concentrate upon; aim at
inrotad inveterate
inrådan suggestion
inrätta establish; found
inrättning institution
insamla collect
insamling collection
insats (i spel) stake; (abstr.) contribution achievement; share
insatt i initiated in
inse see; realize
insekt insect
insida inner side
insikt insight; knowledge
insinuera insinuate
insjukna fall ill (with)
insjunken sunken
insjö lake
inskeppa ship; embark
inskrift inscription
inskränka limit; (skära ned) reduce
inskränkning limitation; restriction; reduction
inskärpa inculcate
insomna fall asleep
inspektera inspect
inspektör inspector, superintendent
inspirera inspire
inspärra shut up
installera install

insteg *få* ~ gain influence
instifta institute
instruera teach, instruct
instrument instrument
instundande coming; next
inställa (avpassa) adjust; (inhibera) cancel; ~ *sig* appear
inställning adjustment; attitude
inställsam insinuating
instämma agree
insvepa wrap up
intaga take, occupy
intagande attractive
inte not
inteckn|a, -ing mortgage
intellektuell intellectual
intelligens intelligence
intensitet intensity
interiör interior
internat|ionell international; **-skola** boarding school
internera confine, intern
interpunktion punctuation
interurban trunk-call, long distance
intervju, -a interview
intet no, nothing
intetsägande meaningless
intill near to; until
intim intimate
intimitet intimacy
intrasslad entangled
intressant interesting
intress|e interest; **-ent** interested party
intressera interest
intresserad interested (in)
intrig plot, intrigue
intryck impression
intrång intrusion
inträda enter
inträde entrance; entry; **-savgift** entrance fee
inträffa happen
intyg certificate, testimonial; **-a** certify
inunder underneath
inuti within; inside
invecklad intricate; complicated ~ *i* involved in
inventering stocktaking
inverkan influence
invid close by; by
inviga (helga) consecrate, inaugurate; (sätta ngn in i) initiate
invitera invite
invånare inhabitant
invända object
invändning objection
invänta wait for
invärtes internal; inward
inympa inoculate
inåt inwards
inälvor bowels; (djur) viscera
inöva exercise, train
Irland Ireland; Eire
irländsk Irish
ironi irony; **-sk** ironical
irra go astray
irritera irritate; annoy
is ice; **-ande** icy
isberg iceberg
isbjörn polar bear
ischias sciatica
Island Iceland
isländsk Icelandic
isoler|a isolate; (tekn.) insulate; **-ing** isolation
israelit Israelite
istapp icicle
ister lard
istid glacial period
isär apart from
Italien Italy
italiensk Italian
itu in two; in half
iver ardour, eagerness
ivrig eager; (angelägen) anxious; (brinnande) ardent

J

ja yes
jacka jacket
jag I; *det är* ~ it is me

jaga hunt
jagare destroyer
jaka say 'yes'; consent
jakande affirmative
jakt hunting; shoot; (båt) yacht
jakthund hunting-dog
jama mew
januari January
Japan Japan
japan, -sk Japanese
jo yes; well; why
jobb, -a work, job
jockey jockey
jod iodine
joll|er, -ra babble
jonglera juggle
jord earth; soil; ground
jordbruk agriculture
jordbrukare farmer
jordbävning earthquake
jordfästa bury; inter
jordfästning funeral
jordgubbe strawberry
jordisk earthly; terrestrial
jordmån soil
jordägare landowner
jordärtskocka artichoke
jourhavande in charge on duty) for the day
journalfilm newsreel
journalist journalist
ju . . . desto the . . . the ~ *förr* ~ *bättre* the sooner, the better
jubel enthusiasm
jubileum jubilee
jubla shout with joy
jud|e Jew; **-innan** Jewess
judisk Jewish
jul Christmas; *god* ~! a merry Christmas
julafton Christmas Eve
juldagen Christmas Day
julgran Christmas-tree
juli July
julklapp Christmas present
jultomte Father Christmas, Santa Claus
jungfru virgin; (hembiträde) maid
juni June
juridik jurisprudence; law
jurist lawyer, barrister
just just, exactly
justera adjust
juvel jewel, gem
juvelerare jeweller
jägare hunter
jäkt, -a hurry
jämbredd *i* ~ *med* side by side with
jämföra compare
jämförande comparative
jämförbar comparable
jämförelse comparison
jämförelsevis comparatively
jämka adjust
jämlike equal
jämmer (kvidan) groaning; lamentation
jämmerlig mournful
jämn even; level; smooth
jämnmod equanimity
jämra sig wail; (klaga) complain
jämsides side by side
jämt always, for ever
jämte together with
jämvikt balance
jämväl likewise
järn iron
järnbruk ironworks
järnväg railway
järnåldern the Iron Age
järpe hazel-hen
jäsa ferment
jäst yeast
jätte giant
jättelik gigantic
jättinna giantess
jökel glacier

K

kabel cable
kabinett cabinet
kabyss caboose; galley
kackerlacka cockroach
kackla cackle
kadaver carcass
kadett cadet
kafé café, coffee-house
kaffe coffee
kaj quay

kaja jackdaw
kajuta cabin
kaka cake
kakao cocoa
kakel glazed tile
kakelugn stove
kal bare; (hjässa) bald
kalas banquet, party
kalender calendar
kaliber calibre
Kalifornien California
kalk lime; (bägare) chalice
kalkon turkey
kalkyl calculation
kalkylera calculate
kall *s* vocation; *a* cold
kalla call, name; (till möte) summon
kallelse calling; summons
kallna get cold; cool
kalsonger pants
kalv calf; (kött) veal
kam comb; *skära alla över en* ~ treat all alike
kamel camel
kamera camera
kamfer camphor
kamin (iron) stove
kamma comb
kammare (polit.) chamber
kamp fight, struggle
kampanj campaign
kamrat comrade; (skol-) schoolfellow; (kollega) colleague
kamrer accountant
kanal channel; (grävd) canal
kanalje blackguard
kanariefågel canary
kandidat candidate; (univ.) bachelor
kanel cinnamon
kanhända perhaps; maybe
kanin rabbit
kanna can; jug; (kaffe el. te) pot
kannibal cannibal
kanon cannon; gun
kanot canoe
kanske perhaps; maybe
kansler chancellor
kansli chancellery
kant, -a edge; border
kantarell chanterelle
kantig angular; (sätt) rugged, abrupt
kantra capsize; turn over
kaos chaos
kap cape; (byte) capture
kapell chapel; (mus.) band; orchestra
kapital capital; fund
kapitel chapter
kapitulera capitulate
kapp *hinna i* ~ catch up
kappa cloak; coat
kappas vie, compete with
kapplöpning racing; race
kappsäck suit-case; bag
kapsel capsule
kapten captain
kar (large) tub
karaff decanter
karakterisera characterize
karaktär character; **-sdrag** trait of character; **-sfast** firm in character; **-slös** lacking in character
karamell sweet
karat carat
kardemumma cardamom
kardinal cardinal
karg chary; (jord) barren
karik|atyr, -era caricature
karl man; fellow; chap
karm back; arm; frame
karmstol arm-chair
karneval carnival
karosseri body
karott vegetable-dish
karriär career
kart green (unripe) fruit
karta map
kartong cardboard (box)
karusell merry-go-round
kasern barracks
kask helmet
kasper Punch

kassa cash
kassaskåp safe
kassera reject; (kasta bort) discard
kassör, -ska cashier
kast throw
kasta throw, cast, fling
kastanje chestnut
kastrull saucepan
kasus case
katalog, -isera catalogue
katarr catarrh
katastrof catastrophe; disaster; **-al** disastrous
kateder master's desk; platform; (univ.) chair
katedral cathedral
katekes catechism
katolicism Catholicism
katol|ik, -sk Catholic
katt cat; **-a** she-cat
kattunge kitten
kautschuk caoutchouc; (India) rubber
kavaj jacket; coat
kavajkostym lounge suit
kavaljer cavalier; partner
kavalleri cavalry
kedja *s, v* chain
kejsardöme empire
kejsare emperor
kejsarinna empress
kejserlig imperial
kemi chemistry
kemisk chemical
keramik ceramics
kex biscuit
kika peep
kikare telescope; field-glass
kikhosta whooping-cough
kil wedge
Kina China
kina (med.) quinine
kind cheek
kines Chinaman
kinesisk Chinese
kinkig petulant; difficult
kippa (efter andan) gasp for breath
kirurg surgeon
kirurgi surgery
kirurgisk surgical
kiselsten pebble
kisse pussy
kista chest; (lik-) coffin
kitslig censorious; teasing
kitt cement; putty
kittla tickle
kiv strife; quarrel
kivas contend; quarrel
kjol skirt
klack heel
kladd rough copy
klaff flap; (bords-) leaf
klaga complain; lament
klagomål complaint
klammer bracket
kland|er, -ra blame
klang ring
klangfull sonorous
klanglös flat
klapp tap; pat
klappa tap; pat; clap
klar clear; bright; (färdig) ready
klargöra make clear
klarna (become) clear
klarsynt perspicacious
klarvaken wide-awake
klase bunch; cluster
klass class; **-föreståndare** class superintendent
klassisk classical; classic
klasskillnad class-distinction
klen feeble
klenod gem; jewel
klia itch; ~ *sig* scratch oneself
klibbig sticky; gluey
klicka misfire
klient client
klimat climate
klimp lump
klinga ring, sound
klinik clinic
klippa *s* rock
klippa *v* cut; pare
klipsk cunning; shrewd
klister paste
kliva stride, stalk
klo claw
kloak sewer
klocka (vägg-) clock; (fickur) watch; (ring-bell

klockare sexton
klok wise, prudent
klor chlorine
klosett closet; lavatory
kloster convent, monastery
klot ball
klots block
klottra scrawl
klubb, -a club
klump lump
klumpig clumsy
klunk draught
klyfta ravine, gorge
klyva split
klåda itching, itch
klåpare bungler
kläcka hatch
kläda clothe; dress; (möbler) cover; (passa) suit; ~ *på sig* dress; ~ *av sig* undress
kläder clothes
klädesborste clothes-brush
klädsam becoming (to)
klämma *v* press, squeeze
klämta toll, chime
klänga climb; cling
klänning dress; frock; suit
klättra climb
klösa scratch
klöv hoof
klöver clover; (kort.) clubs
knacka knock; tap
knagglig rough; uneven
knaka creak, crack
knall report; **-a** crack
knapp *s* button
knapp *a* scanty, short
knappa in reduce
knappast scarcely, hardly
knapphål button-hole
knappnål pin
knekt soldier; (kort.) jack, knave
knep trick; **-ig** cunning
knipa *v* pinch
knipp|a, -e bunch; bundle
kniv knife; **-blad** blade
knog, -a toil, labour
knoge knuckle
knop knot
knopp, -as bud
knota murmur
knubbig plump
knuff, -a push
knut knot; (bild.) point
knyck, -a jerk
knyta tie; ~ *näven* clench o.'s fist
knyte bundle
knytnäve fist
knä knee; **-böja** kneel
knäck, -a crack
knäckebröd hard rye-bread
knäppa button
knäppe clasp
knöl bump; (pers.) cad
ko cow
kobbe islet
kobent knock-kneed
kock cook
koffert trunk
kofta jacket
koger quiver
koj bunk; berth
koja hut, cabin
koka boil; (mat) cook
kokerska cook
kokett coquettish
kokning boiling
koks coke
kokvrå kitchenette
kol (sten-) coal; (trä-) charcoal; (kem.) carbon
kola caramel
kolgruva coal-mine
kolhydrat carbohydrate
kolja haddock
kollationera collate
kollega colleague
kolli package
kollision collision
kolon colon
koloni colony
kolonn column
koloss colossus
kolt frock
kolumn column
kombinera combine
komedi comedy
komisk comical; funny
komma (interp.) comma
komma *v* come
kommando command
kommatera punctuate

kommendera command, order
kommentar commentary
kommersiell commercial
komminister perpetual curate
kommitté committee
kommun commune; parish
kommunikation communication; **-stabell** time-table
kommunism Communism
kompani company
kompanjon partner
komparera compare
kompass compass
kompensera compensate
kompetens competency
kompetent competent; qualified
komplettera complete
komplicera complicate
komplimang compliment
komplott plot; conspiracy
komponera (musik) compose; create
kompositör composer
kompromettera compromise
kompromiss compromise
koncentration concentration
koncentrera concentrate
koncept (rough) draft
koncis concise
kondensera condense
kondition condition
konditori confectionery
kondoleans condolence
kondolera condole with
konduktör (buss, spårvagn) conductor; (järnväg) guard
konfekt candy, sweets
konfektion ready-made clothing
konferens conference
konferera confer
konfirmation confirmation
konfirmera confirm
konfiskera confiscate
konflikt conflict
konfrontera confront
konjak cognac; brandy
konkret concrete
konkurrens competition
konkurrent competitor
konkurrera compete
konkurs bankruptcy
konsekvens consequence, consistency
konsekvent consistent
konselj cabinet meeting
konsert concert
konserv(er) tinned provisions
konservativ conservative
konservburk preserve-tin
konservera preserve; conserve; (i burk) can
konsistens consistency
konsonant consonant
konspirera plot; conspire
konst art
konstapel constable
konstatera establish; state; certify; (påpeka) point out
konstgjord artificial
konstig strange; curious
konstlad affected
konstnär artist
konstnärlig artistic
konstruera construct
konstsilke artificial silk
konsul consul
konsulat consulate
konsultera consult
konsument consumer
konsumera consume
konsumtion consumption
kontakt contact
kontant cash
kontanter ready money
kontinent continent
konto account
kontor office
kontorist clerk
kontrakt contract
kontramärke check
kontrast, -era contrast

kontroll control
kontrollant controller
kontrollera control; check
kontur outline; contour
konung king
konungarike kingdom
konvenans propriety, etiquette
konventionell conventional
konversera converse
Kooperativa Förbundet the Co-operative Society
kopi|a, -era copy
kopp cup
koppar copper
koppla couple; connect
kor choir
korall coral
korg basket
korint currant
kork cork; *~a igen* cork up
korkskruv corkscrew
korn (säd) barley; (frö) grain
korp raven
korpral corporal
korpulent corpulent, stout
korrekt correct; prim
korrektur proof (sheet)
korrespond|ens correspondence; **-era** correspond
korridor corridor; passage
korrigera correct
kors cross; **-a** cross
korsband wrapper
korsdrag draught
korsett corset; stays
korsfästa crucify
korståg crusade
kort s card; a short; brief
kortbyxor shorts
kortlek pack of cards
kortslutning short circuit
kortsynt short-sighted
korttänkt thoughtless
kortvarig of short duration; brief; short
kortvåg short-wave
korv sausage
kos *gå sin ~* go away
kosa way, course
kosmetik cosmetic
kosmopolitisk cosmopolitan
kost food, fare; board
kosta cost; *vad ~r det?* how much is it?
kost|bar, -sam costly dear
kostnad cost; charge; expense
kostnadsfri free of charge
kostym suit; costume
kota vertebra
kotlett cutlet; chop
kotte cone
krabba crab
kraft force; strength; power; **-ig** vigorous
kraftledning powerline
kraftlös powerless
krage collar
krake weakling
krama squeeze; embrace
kramp cramp
krampaktig spasmodic
kran tap, cock; (lyft-) crane
kranium cranium; skull
krans wreath; garland
kras *gå i ~* go to pieces
krasch crash
kratta *s, v* rake
krav claim; demand
kravatt (neck-) tie
kravbrev dunning letter
kravla crawl
kreatur animal; cattle
kredit credit
kreditiv letter of credit
kretong cretonne
krets, -a circle
kretslopp circulation
krevad explosion
krevera explode
krig war
krigare soldier; warrior
krigförande belligerent
krigföring waging war, warfare
krigisk warlike; martial
krigsbyte war-trophy
krigsfartyg warship

krigsflotta navy
krigsförklaring declaration of war
krigstillstånd state of war
kriminalitet criminality
kriminell criminal
kring round; about
kringgå get round
kringliggande surrounding
kris crisis
kristall crystal
kristen Christian
kristendom Christianity; divinity
kristenhet Christendom
kristid crisis period
kristlig Christian
Kristus Christ
krita chalk; crayon
kritik criticism; review
kritiker critic
kritisera criticize
kritisk critical
krog public-house; pub
krok hook, crook
krokig crooked; bent
krokodil crocodile
krokväg roundabout way
krona crown
kronblad petal
kronisk chronic
kronprins crown prince
kronärtskocka artichoke
kropp body
kropps|arbetare labourer
-arbete physical labour
-byggnad physique
krossa crush
krubba crib
kruka pot; jar
krumelur flourish
krus (kanna) jar; jug
krusa curl; crisp; ripple; stand on ceremony
krusbär gooseberry
krusig curly
krut gunpowder
kry well, brisk
krya på sig recover
krycka crutch
krydda *s* spice; seasoning
krydda *s* season; flavour
krympa shrink
krympling cripple
krypa creep; crawl
kryphål loophole
kryss cross; cruise
kryssa cruise; beat
kryssare cruiser
kråka crow
kråma sig prance (about)
krångla trouble, bother
krånglig troublesome
kräfta crayfish; (med.) cancer
kräkas be sick; vomit
kräla crawl
kräldjur reptile
kräm cream
krämpa ailment
kränga cant; lurch
kränka violate; infringe
kränkande insulting
kränkning violation
kräsen fastidious
kräva demand, claim
krök bend; **-a** bend; curve
krön crest; top; **-a** crown
krönika chronicle
kröning coronation
kub cube
kubikmått cubic measure
kudde cushion; (i bädd) pillow
kugga reject; pluck
kugge cog
kugghjul cogwheel
kujon coward
kula ball, bullet; den
kulen bleak; raw
kuliss coulisse
kull litter; hatch
kulle hillock; hill; (hatt-) crown
kullerbytta somersault
kullersten cobblestone
kullkasta upset
kulspruta machine-gun
kult cult
kultiverad cultivated
kultur culture; civilization; **-ell** cultural
kulör colour
kund customer
kung king
kunglig royal
kungöra make known
kungörelse notification
kunna be able to; can; (veta) know

kunnig proficient; skilful; well-informed
kunskap knowledge
kupa (lamp) shade
kupé compartment
kuperad hilly
kupig convex
kuplett revue song
kupol cupola
kupong coupon
kupp coup
kur course of treatment
kurage courage
kurera cure
kurre fellow; chap
kurs course; (läro-) curriculum; (hand.) rate of exchange
kursiv italics
kurtis flirtation
kurtisera make love to
kurva curve; bend
kusin cousin
kusk coachman
kuslig dismal; gloomy
kust coast; shore
kuttra coo
kuva subdue
kuvert envelope
kvacksalvare quack
kvadrat square
kval pain; agony; torment
kvalificera quality
kvalitet quality
kvalmig stifling; close
kvantitet quantity
kvar left; remaining
kvarleva remnant
kvarn mill
kvarsittare pupil remaining a second year in his class
kvarstå remain
kvart quarter; **-al** quarter
kvarter block, quarter
kvarts quartz
kvartslampa ultra-violet-ray lamp
kvast broom
kvav close, sultry
kvick quick; swift; witty
kvickhet (bildl.) wit
kvinna woman
kvinnlig female; womanly; feminine
kvinnlighet womanliness
kvissla pimple
kvist twig
kvitt *bli* ~ get rid of
kvitt|era, -o receipt
kvittra chirp
kväka croak
kväkare Quaker
kvälja feel sick
kväljningar sickness
kväll evening; *i* ~ tonight; this evening
kväsa quell; suppress
kväva suffocate; choke
kväve nitrogen
kyckling chicken
kyffe hovel, hut
kyla *s* cold; chill
kyla *v* cool, chill
kylig chilly
kylskåp refrigerator
kypare waiter
kyrka church
kyrkklocka (church) bell; (ur) (church) clock
kyrklig church; ecclesiastical
kyrkogård cemetery; churchyard
kyrkoherde rector
kysk chaste
kyss kiss; **-a** kiss
kåda resin
kål cabbage
kålrot Swedish turnip
kåpa frock; gown
kår corps; body
kåre breeze
kåseri causerie
käbbel bickering
käbbla wrangle, squabble
käck brave; dashing; bold
käft jaws; chops
kägla cone; ninepin
käke jaw
kälke sledge; bob-sleigh
källa spring; well; source
källare cellar
källar|mästare restaurantkeeper; **-våning** basement
kämpa fight, struggle
kämpe combatant
känd known; famous
känga boot
känna feel; know

kännbar perceptible; noticeable; severe
kännedom knowledge
kännetecken mark; characteristic
känneteckna characterize
känning touch; feeling
känsel feeling
känsla feeling; sense; sentiment; emotion
känslig sensitive
känslolös unfeeling
känslosam sentimental
käpp stick; cane
kär dear, beloved; *~ i* in lowe with
kärande plaintiff
käresta darling sweetheart
käring old woman
kärkommen welcome
kärl vessel
kärlek love; affection
kärleksfull loving; tender
kärlekslös uncharitable
kärna *s* kernel, stone
kärna *v* (smör) churn
kärr marsh, swamp
kärra cart; barrow
kärv harsh; strident
kärve sheaf
kättare heretic
kätteri heresy
kätting chain (-cable)
käxa tease, nag
kö queue
kök kitchen
köl keel
köld cold; frost
kön sex
köp purchase
köpa buy, purchase
Köpenhamn Copenhagen
köping small town
köpman business man, merchant
köpslå bargain
kör choir; chorus
kör *i ett ~* at a stretch
köra drive; *~ ut* turn out *~ över* run over
körbana roadway
körkort driving licence
körsbär cherry
körsnär furrier
körsång choir-singing
körtel gland
körvisare indicator
kött flesh; meat
köttaffär meat-shop
köttfärs forcemeat
köttig fleshy; meaty
köttkvarn mincing-machine
kötträtt meat course
köttslig carnal, fleshly

L

laboratorium laboratory
labyrint labyrinth
lack sealing-wax; varnish
lacka seal
lackera lacquer; varnish
lackering lacquering
lada barn
ladda load, charge
ladugård cow-house
lag (jur.) law; (sport) team; company, set
laga (mat) cook; prepare; (reparera) mend repair
lager (träd) laurel; (förråd) stock; (varv) layer, stratum; warehouse
laglig legal, lawful
laglydig law-abiding
laglös lawless
lagning mending; repairing
lagom *just enough*
lagra store; stratify
lagstiftning legislation
lagsöka sue
lakan sheet
lakej footman
lakrits liquorice
lam lame; paralyzed
lamm lamb
lampa lamp
lampskärm lamp-shade
lamslå paralyze
land land; country
landa land
landgång gangway
landsbygd country

landsflykt exile

landsförvisa banish, exile

landsförvisning banishment

landshövding governor

landskap province; landscape; scenery

landsman compatriot

landstiga land

landsting county council

landstrykare tramp

landsväg highroad

landsätta land

lans lance

lantbruk agriculture

lantegendom estate

lanterna lantern

lantlig rural; rustic

lantmätare surveyor

lapp slip; patch; piece

lappa patch

lappri trifle

lapsus lapse, slip

larm alarm; noise, din

larma clamour

larv larva, caterpillar

lasarett hospital

lass load; **-a** load

last cargo; burden; charge; (synd) vice

lasta load

lastbar vicious

lastbil lorry; truck

lat lazy; idle

lav lichen; **-a** lava

lavemang enema

lavendel lavender

lavin avalanche

lax salmon

laxera take an aperient

le smile

led *s* joint; (rad) rank; (länk) link

led *a* (elak) evil; wicked; ~ *på* tired of

leda *s* loathing; disgust

leda *v* lead; guide; manage

ledamot member

ledare leader; guide; manager; head

ledas feel bored

ledig free; unoccupied; vacant; easy

ledning guidance; lead; management; (elektr.) circuit, line

ledsaga accompany

ledsam tiresome; tedious

ledsen sorry; sad

ledsna get tired of

leende *s* smile; *a* smiling

legitim legitimate

legitimera sig establish one's identity

leja hire

lejon lion

lek game, play

leka play

lekamen body

lekamlig bodily

lekfull playful

lekkamrat playmate, playfellow

lekman layman

leksak toy

lektion lesson

lektor senior assistant master; lector

lektyr reading; literature

lem limb

lemlästa mutilate, maim

len soft

lera clay

lergods earthenware

lerkruka crock

lerkärl earthenware vessel

leta search

Lettland Latvia

leva live; exist

levande living; alive

levebröd living

lever liver

leverans delivery

leverantör contractor; supplier, deliverer

leverera deliver; supply

leverne life; ways

levnad life

lexikon dictionary

liberal liberal

licens licence

licentiat licentiate

lida suffer (from)

lidande suffering

lidelse passion

lidelsefull passionate

lie scythe

liga league, gang

ligga lie; be situated

lik *s* corpse

lik *a* like; similar
lika *a* equal; the same; *adv* in the same way
likadan of the same kind
likaså also
likaväl just as well
like equal
likformig uniform
likgiltig indifferent
likgiltighet indifference
likhet resemblance
likhetstecken sign of equality
likkista coffin
likna resemble, be like
liknande similar
liknelse parable; simile
liksom like; as well as; ~ *om* as if
liktorn corn, bunion
liktydig synonymous
likvagn hearse
likvid payment
likvidera liquidate
likväl nevertheless; however
likör liqueur
lila lilac
lilja lily
liljekonvalj lily of the valley
lilla small, little
lim glue
limpa loaf
lin flax
lina rope; line
lind lime
linda *v* bandage; swaddle; wind, wrap up
lindra mitigate; alleviate; relieve; appease
lindrig slight; light
lingon cowberry
linjal ruler
linje line; **-ra** rule
linne linen; chemise
linning band
lins lens
list cunning; artifice; (kant) border
lista *s* list
listig cunning, sly
lita på trust (in); have confidence in; rely (on)
Litauen Lithuania
liten little, small
liter litre
litet a little
litteratur literature
litterär literary
liv life
livegenskap serfdom
livförsäkring life insurance
livlig lively, animated
livlös lifeless
livmoder uterus
livnära sig support o.s.
livräddning life-saving
livränta annuity
livsfara danger of life
livslevande life-like
livsmedel provisions
livstid lifetime
livsåskådning conception of life
livvakt body-guard
ljud sound
ljuda sound, resound
ljudlig loud, resounding
ljuga lie; tell lies
ljum tepid
ljumske groin
ljung heather, ling
ljunga flash
ljungeld flash of lighting
ljus *s* light; candle
ljus *a* light; fair, bright
ljusblå pale blue
ljusstake candlestick
ljuta döden suffer death
ljuv sweet, delicious
lo lynx
lock lid; cover; (hår-) lock, curl
locka (fresta) entice, allure
lockelse enticement
lod weight; **-a** sound
lodrät vertical; perpendicular
loge (teat.) box
logera lodge
logi lodging
log|ik logic; **-isk** logical
lojal loyal; **-i|tet** loyalty
lokal *s* hall; place; *a* local
lokomotiv locomotive; engine; **-förare** enginedriver
lomhörd hard of hearing
lopp course; running; race
loppa flea

loss loose
lossa loosen; unload
lossna get loose; loosen
lots pilot; **-a** pilot
lott lot; share; (**-sedel**) lottery-ticket
lotta draw lots; ~ *bort* dispose of by lottery
lotteri lottery
lov leave, permission; (beröm) praise
lova promise
lovdag holiday
lovprisa praise
lucka shutter; door; (tomrum) hole; blank
ludd fluff; flue
luffare tramp; vagrant
luft air, **-a** air
luftig airy
luftstrupe windpipe
luftström air-current
lufttryck air-pressure
lufttät air-tight
luftvärn air-defence
luftväxling ventilation
lugg (hår) fringe
lugga pull a p.'s hair
luggsliten threadbare
lugn *s* calm; quiet
lugn *a* calm; tranquil
lugna sig calm oneself
lukt smell; odour
lukta smell
luktlös scentless
lummig leafy
lumpen paltry, mean
lumpor rags
lumpsamlare ragman
lund grove; copse
lung|a lung; **-inflammation** pneumonia
lungsjuk consumptive
lungsot consumption
lungtuberkulos pulmonary tuberculosis
lur horn; (sömn) nap
lura cheat; *bli lurad* be taken in
lurvig rough; shaggy
lus louse (pl. lice)
lust inclination; fancy
lustig amusing, funny
lustspel comedy
lut lye
luta *s* lute
luta sig lean
luteran, lutersk Lutheran
lutning inclination; slope
luva cap
luxuös luxurious
lya lair, den
lycka fortune; chance; happiness
lyckad successful
lyckas succeed
lycklig happy, fortunate
lyckligtvis fortunately
lyckönska congratulate
lyckönskan congratulation
lyda obey; follow
lydelse wording; tenor
lydig obedient; docile
lydnad obedience
lyfta lift; raise; elevate
lykta lantern
lyktstolpe lamp-post
lymmel backguard; rascal
lynne temper; humour
lyra lyre
lyri|k lyrics; **-sk** lyrical
lysa shine
lyse light
lysning banns (pl.); **-spresent** wedding-present
lyssna listen
lystra pay attention (to)
lyte defect
lytt maimed; crippled
lyx luxury
låda case; box; drawer
låg low; mean
låga *s* flame
lån loan
låna ~ (av) borrow (from); ~ *ut* (åt) lend (to)
lång long; (pers.) tall
långbyxor trousers
långfinger middle finger
långfredag Good Friday
långsam slow, tardy
långsamhet slowness
långsynt long-sighted
långsökt far-fetched
långt (borta) far
låntagare borrower
lår (låda) box; chest
lår (ben) thigh
lås lock; (på spänne) clasp

låsa lock; ~ *upp* unlock
låta sound; *hjälpv.* let; allow; (tillåta) permit
låtsas pretend; feign
lä lee
läcka *s, v* leak
läcker dainty
läckerhet daintiness
läder leather
läge situation, position
läger camp
lägga put; lay; place; ~ *till* add; ~ *sig* go to bed; ~ *sig i* interfere
läggning disposition
läglig suitable; opportune
lägre lower
läka heal; (bota) cure
läkare doctor
läkemedel medicine; remedy
läktare gallery; platform
lämna leave; give up
lämpa adapt; adjust
lämplig suitable; fit
län province
lända till serve as
längd length (pers.) height; *i ~en* in the end
längdmått measure of length
länge long; a long time
länge sedan long ago
längre longer; (pers.) taller; farther; further
längs along
längst longest; farthest
längta long (for)
längtan longing
länk link; chain
länstol easy-chair; armchair
läpp lip; **-ja** sip
lära *s* doctrine; faith
lära *v* (undervisa) teach; ~ *sig* learn
läraktig apt, docile
lärare teacher
lärarinna lady teacher
lärd learned
lärdom learning; knowledge
lärft linen
lärjunge pupil
lärka lark
lärling apprentice
lärobok text-book
lärorik instructive
läroverk secondary school
läsa read; **-re** reader
läsbar readable
läsebok reader
läskedryck cooling drink
läskpapper blotting-paper
läslig legible
läsning reading
läsp|a lisp; **-ning** lisp
läst (sko) last
läte sound; call; cry
lätt light; slight; easy
lätta ease; get lighter
lättfärdig frivolous
lätthet lightness; ease
lätting idler
lättja idleness
lättnad relief
lättsinnig fickle, wanton
lättrogen credulous
lättsmält digestible
lättstött (bildl.) touchy
läxa lesson
löda solder
lödder lather; foam
löddra sig lather
löfte promise
lögn lie; **-aktig** lying; deceitful
lögnare liar
löjlig ridiculous; funny
löjtnant lieutenant
lök onion; (blom-) bulb
lömsk insidious; sly
lön salary, wages; reward
löna reward; (avlöna) pay
lönande profitable
löneförhöjning rise in salary
lönlös futile; useless
lönn maple
lönnmord assassination
lönnmörda assassinate
lönnmördare assassin
löntagare salaried person
löpa run; **-re** runner
löpgrav sap; trench
löpning race; running; run

löpsedel placard; bill
lördag Saturday
lös loose; movable
lösa unloose; untie; loose; (problem) solve
lösdrivare vagabond
lösen (avgift) stamp-fee; (-ord) password
lösgiva set free
lösgöra set free; detach
löstagbar detachable
löstand false tooth
lösöre personal estate
löv leaf; **-rik** leafy
lövträd leafy tree
lövverk foliage; leafage

M

madrass mattress
madrassera pad
magasin storehouse; (tidskr.) magazine
magasinera store (up)
mage stomach
mager thin; lean; meagre
magi magic
magister schoolmaster; *filosofie ~* master of arts (M. A.)
magistrat (body of) magistrates
magkatarr gastric catarrh
magnat magnate; grandee
magnetisk magnetic
magnifik magnificent
magplågor stomach pains
magra grow thin
magsår gastric ulcer
mahogny mahogany
maj May
majestät majesty
majestätisk majestic
majs maize
majsena corn-flour
majsflingor corn-flakes
mak easy; *i sakta ~* leisurely
maka *s* wife
maka sig move o. s.
makalös incomparable
make husband; match
maklig easy-going
makrill mackerel
makt power; **-lysten** greedy for power
makulatur waste paper
mal moth; **-a** grind
malaj Malayan
malm ore
malt malt
mamma mother
man (häst) mane
man *s* man; husband
man pron. one, you, we, they, people; *~ har sagt mig* I have been told *~ kan inte så noga veta* one never knows
mana exhort, urge
mandat mandate; seat
mandel almond
mandom manhood; virility
maner manner
manet jelly-fish
mang|el, -la mangle
mangrant to a man
mani mania
manikyr, -era manicure
maning exhortation
mankön male sex
manlig manly, virile; male
manlighet manliness; virility
mannagryn semolina
mannamån favouring
mannaålder age of manhood
mannekäng mannequin; model
manschett cuff
manskap troop; men; crew
manspillan loss of men
mansålder generation
mantalsskriva register
mantel mantle; cloak
manufakturvaror drapery
manuskript manuscript
manöv|er manoeuvre; exercise; **-rera** manœvre; manage
mapp file, folder
mara nightmare

marginal margin
marin *s* navy, *a* marine
mark ground; soil; field
markera mark
markering marking
marketenteri canteen
markis marquess
markis (fönster-) sun-blind
marknad market; fair
marmelad marmalade
marmor marble
mars March
marsch, -era march
marsipan marzipan
marskalk (bröllop) best man; (mil.) marshal
martyr martyr
maräng meringue
mask worm; **-a** *s* mesh
maskera mask
maskerad *s* masquerade
maskin machine; engine
maskinell mechanical
maskinist operator
maskinskriverska typist
maskinskrivning typing
maskros dandelion
maskulin, -um masculine
massa mass; pulp
mass|age, -era massage
massak|er, -rera massacre
massiv solid
mast mast
mat food; **-a** feed
matematik mathematics
matematiker mathematician
matematisk mathematical
materia matter
materiell material
matgäst table-boarder
matlagning cooking
matlust appetite
matmor mistress
matros sailor, seaman
maträtt dish
matsal dining-room
matsked table-spoon
matsmältning digestion
matsäck provisions; food
matt weak; faint; mat; dull
matta *s* carpet; *v* weaken
matvaror provisions
med *prep.* with; *adv.* too, also; ~ *mindre* unless
medalj medal
medan while, whilst
medarbeta collaborate
medarbetare collaborator; contributor
medborgare citizen
medborgerlig civic
medbrottsling accomplice
meddela communicate; inform
meddelande communication
medel means
Medelhavet the Mediterranean
medelklassen the middle classes
medellängd medium length
medellös without means
medelmåtta average; mediocrity
medelmåttig medium; average; middling
medelpunkt centre
medelst by means of
medeltal average
medeltiden the Middle Ages
medelålder middle age; average age
medelålders middle-aged
medfödd innate; inborn
medfölja accompany
medföra bring with one; result in
medgiva admit; grant
medgång prosperity
medgörlig amenable; accommodating
medhjälpare assistant
medhåll support
medicin medicine
medicinare medical student
medicine doktor doctor of medicine
medicinsk medical
medkänsla sympathy
medla mediate
medlare mediator
medlem member

medlemskap membership
medlidande compassion, pity
medling mediation
medmänniska fellowman
medryckande inspiring
medräkna include
medspelare partner
medverka co-operate; contribute
medverkan co-operation; assistance
medvetande consciousness
medveten conscious; ~ *om* aware of
medvetslös unconscious
meja mow
mejeri dairy
mejs|el, -la chisel
mekanik mechanics
mekaniker mechanic
mekanisk mechanical
melankoli, -sk melancholy
mellan between; among
mellanakt interval
mellangärde diaphragm
mellanhand middleman
mellanhavande account
mellanmål snack
mellerst middle
melodi melody
melodisk melodious
melon melon
memoarer memoirs
men but
mena consider; think; suppose; mean
mened perjury
menig private
menighet community
mening sense; opinion; purpose; (gramm.) sentence
meningslös senseless; futile; meaningless
menlig detrimental
menlös innocent; harmless
mentalitet mentality
menuett minuet
mer (a) more; ~ *eller mindre* more or less
merendels generally
merit merit; qualification
meritera (sig) qualify (o. s.)
merkantil commercial
mes (zool.) titmouse
mesost whey-cheese
mest most; **-adels** mostly
meta angle, fish
metall metal
meteorologi meteorology
meter metre
metersystem metric system
metod method
metodisk methodical
metodist Methodist
metrev fishing-line
metspö fishing-rod
middag noon; dinner
midja waist
midnatt midnight
midsommar midsummer
mig me; (refl.) myself
mil (Swedish) mile — 10 kms
mild mild; gentle; soft
mildhet mildness; clemency
mildra mitigate
militär military man; **-isk** military
miljard milliard
miljon million
miljonär millionaire
miljö milieu
milstolpe mile-post
min *pron.* my; mine
min *s* air; expression; look; countenance
mina mine
mindervärdig inferior; **-hetskomplex** inferiority complex
minderårig under age
mindre smaller; less
minera mine
mineral mineral
miniatyr miniature
minister minister
ministär ministry
minnas remember
minne memory
minnesmärke memorial
minnevärd memorable
minsann indeed!

minska reduce; diminish
minskning reduction
minspel play of features
minst smallest; least
minut minute
minutiös meticulous
miserabel wretched
miss miss; **-a** miss
missaktning disrespect
missbelåten discontented
missbruk abuse; **-a** misuse
missdådare malefactor
missfall miscarriage
missförstå misunderstand
missförstånd misunderstanding
missgärning evil deed
misshandel ill-treatment
misshandla ill-treat
mission mission
missklädsam unbecoming
missleda mislead
misslyckande failure
misslyckas fail
misslynt out of humour
missmodig down-hearted
missnöjd dissatisfied
missnöje displeasure
missriktad misapplied
missräkning disappointment
misstag mistake; error
misstaga sig make a mistake, be mistaken
misstanke suspicion
misstro *s*, *v* distrust
misströsta, -n despair
misstänka suspect
misstänksam suspicious; **-het** suspiciousness
missunna grudge
missuppfatta misunderstand
missöde mishap; misadventure
mist|a lose; **-e** wrong
mitt middle; *i* ~en in the middle; ~ *emot* opposite to
mjugg *i* ~ on the sly
mjuk soft; **-na** soften
mjäll dandruff
mjälte spleen
mjöd mead
mjöl flour
mjölk milk **-a** milk
mjölnare miller
mobilisera mobilize
mod courage; (stil) fashion; style
modeaffär millinery shop
modell model; pattern
moder mother
moder|at, -era moderate
moderlig motherly; maternal
modern modern; fashionable
modernisera modernize
moderskap motherhood
modfälld discouraged
modifiera modify
modig brave; courageous
modlös down-hearted
mog|en, -na ripe; mature
moll minor
moln cloud
monark monarch
monarki monarchy
mongolisk Mongolian
monopol monopoly
monoton monotonous
monter show-case
montera put up; fix
montör electrical fitter
mops pug
mor mother
moral morality; morals
moras morass; marsh
morbror uncle
mord murder
mordisk murderous
morfar grandfather
morfin morphia
morgon morning *på -en* in the morning; *i* ~ to-morrow; **-dag** morrow
morgonrock dressing-gown
mormor grandmother
morot carrot
morra growl
morse *i* ~ this morning
morsk bold; brave
mortel mortar
mos pulp, mash

mosaik mosaic
mosaisk Mosaic
Moskva Moscow
moss|a moss; **-e** bog
moster aunt
mot towards; against
mota check
motarbeta work against
motbjudande disgusting
motbok pass-book
motgift antidote
motgång adversity
motion exercise
motiv motive; reason
motivering justification
motor motor; engine
motpart counterpart
motpol antipole, antipode
motsats contrast; *~en* the contrary, the opposite
motsatt contrary, opposite
motse look forward to
motspelare adversary
motspänstig refractory
motstå resist
motstånd resistance; **-are** opponent; adversary
motsvara correspond to
motsvarande equivalent
motsäga contradict
motsägelse contradiction
motsätta sig oppose
motsättning opposition
mottaga receive
mottagande reception
mottagare receiver; addressee
mottaglig susceptible
mottagning reception
motverka counteract
motvilja dislike
motvillig reluctant
motvärn resistance
muddra dredge
mugg mug
Muhammed Mahomet
muhammedan Mohammedan
mulatt mulatto
mule muzzle
mulen cloudy
mull mould, earth
mullra rumble, roll
mullvad mole
mulna become overcast
multiplicera multiply
multna moulder, rot
mulåsna mule
mumie mummy
mum|la, -mel mumble; mutter
mumsa munch; nibble
mun mouth
munk monk
munkkloster monastery
munsbit morsel, mouthful
munter cheerful; merry
muntlig verbal; oral
muntligen orally; verbally
muntra upp cheer up
mur wall
murare bricklayer, mason
murbruk mortar
murgröna ivy
murkna decay
mus mouse (pl. mice)
museum museum
musicera play music
musik music
musikalisk musical
musiker musician
muskel muscle
muskot nutmeg
muskulös muscular
mussla mussel
must must; juice
mustasch moustache
mustig juicy
mut|a bribe; **-or** bribes
mutter screw-nut
muttra mutter
myckenhet multitude
mycket *pron.* much; a lot of; *adv* very; much
mygga gnat, midge
mylla mould
myllra swarm
myndig of age
myndigheterna the authorities
myndling ward
mynning mouth; (gevär) muzzle
mynt coin; **-verk** mint
myr|a ant; **-stack** ant-hill
myrten myrtle

mysterium mystery
mystifiera mystify
mystik mysticism
mystiker mystic
mystisk mysterious
myteri mutiny
må *hjälpv.* may; *~ bra* feel well; *hur mår ni?* how are you?
måfå *på ~* at random
måg son-in-law
mål (jur) case; (syfte) aim; (sport) winning--post; goal; (måltid) meal
måla paint
målande graphic
målare painter
måleri painting
mållös speechless
målmedveten purposeful
målning painting; picture
målsman guardian
måltid meal
mån *i ngn ~* to some extent; *~ om* anxious about; careful of
månad month
måndag Monday
måne moon
många many
mångfaldig manifold
månggifte polygamy
mångordig verbose
månljus moonlight
månne do you think?
månsken moonlight
mård marten
mås gull
måste must, have to
mått measure
måtta *s* moderation
måtta *v* aim (at)
måttband measuring-tape
måtte *hjälpv.* may
måttlig moderate, temperate
mäklare broker
mäktig powerful; mighty
mängd multitude
människa man; human being; person
människokärlek love of humanity
människoliv human life
människosläkte mankind
mänsklig human
mänsklighet mankind; humanity
märg marrow
märka mark; perceive; notice
märkbar perceptible
märke mark; trace; (medlems-) badge
märklig notable
märkvärdig remarkable; strange; curious
mässa (relig.) mass; (hand.) fair; exhibition
mässing brass
mässling measles
mästare master; (sport) champion
mästerskap championship
mästerverk masterpiece
mäta measure; **-re** meter
mätt satisfied; **-a** satisfy
mö maiden
möbel piece of furniture
möbler furniture
möblera furnish
möda pains, trouble, toil
mödosam laborious, toilsome
mög|el mould; **-lig** mouldy
möjlig possible
möjligen possibly
möjlighet possibility
mönster pattern, model
mönstrad (tyg) patterned
mör tender
mörda murder; **-re** murderer
mörk dark; **-er** darkness
mörkläggning black-out
mörkna darken, get dark
mört roach
mössa cap
möta, mötas meet
möte meeting; appointment

N

nackdel disadvantage
nacke back of the head, neck
nagel nail
naiv naive, simple
naken naked; bare
nalkas approach
namn name; **-ge** name
namnkunnig renowned
namnsdag name-day
napp teat; (fiske) bite
nappa åt sig catch; snatch
narkos narcosis
narr fool; **-a** deceive
narraktig ridiculous
narras tell a fib
narri *på* ~ in jest
nation nation
nationalitet nationality
nationell national
nativitet nativity
natt night; *i* ~ to-night; last night; **-lig** nocturnal
nattvard communion
natur nature
natura *i* ~ in kind
naturlig natural
naturligtvis of course
navigera navigate
nazist Nazi
ned down; *upp och* ~ upside down
nedanför below
nederlag defeat
Nederländerna the Netherlands
nederst at the bottom
nedför down; downwards
nedlåta sig condescend
nedlägga lay down
nedre lower
nedrig infamous; mean; base
nedsatt reduced
nedslagen low-spirited
nedsättande humiliating
nedåt down
neger negro
nej no
nejlika carnation
neka deny, refuse
nere down
nerv nerve
nervositet nervousness
nervsjuk neurotic
nervös nervous
neuros neurosis
neutral neutral
neutralitet neutrality
neutrum neuter
ni you
nick nod; **-a** nod
nidingsdåd outrage
niga curtsy (to)
Nilen the Nile
nio nine; **-nde** ninth
nit zeal; **-isk** zealous
nita rivet
nitlott blank
nittio nine|ty; **-nde** -tieth
nitton nineteen; **-de** -th
nivå level; *på samma* ~ *som* on a level with
njure kidney
njuta (av) enjoy
njutning enjoyment
nog enough; sufficiently
noga exact, accurate
noggrann careful; particular; close
noll, -a naught; zero
nord north; **-isk** northern
nordlig northern
nordpolen the North Pole
Norge Norway
norm norm; standard; rule
normal normal
normandisk Norman
norr north
norrman, norsk Norwegian
nos nose; snout, muzzle
nosig cheeky
not note; **-a** bill; list
notarie clerk; registrar
notera note
notis notice; item; paragraph; *ta* ~ *om* pay attention to
novell (short) story
november November
nu now
nubb tack; nail; **-e** dram
nu för tiden nowadays
nummer number; figure; size; copy; issue

numrera mark with numbers
nunna nun
nunnekloster convent
nutid present times
nuvarande present
ny new; fresh
nyans shade; nuance
nybyggare settler
nybygge settlement
nybörjare beginner
nyck whim; caprice
nykel key; **-hål** keyhole
nyckelknippa bunch of keys
nyckelpiga ladybird
nyckfull capricious
nyemission "rights" issue
nyfiken *curious* (about), inquisitive
nyfikenhet curiosity
nyfödd new-born
nygift newly married
nyhet news; novelty
nykomling new-comer
nykter sober; temperate
nykterhet sobriety
nykterist teetotaller
nyligen lately, recently
nypa pinch
nypon hip
nyponbuske dog-rose (bush)
nysa sneeze
nysilver electro-plate
nysning sneezing
nyss just now
nysta wind; **-n** ball
nytt *på* ~ anew; afresh
nytta use; good; utility; advantage
nyttig useful; good; profitable
nyttja make use of
nyår new year; **-safton** New Year's Eve; **-dagen** New Year's Day
nå *interj.* well!
nå *v* reach; attain
nåd grace; favour
nådig gracious; merciful
någon some; somebody; someone; any; anybody; anyone
någondera one or the other
någonsin ever
någonstans somewhere; anywhere
någonting, något something; anything
någorlunda fairly; pretty
några some; ~ *få* a few
nål needle; pin
nålstygn stitch
näbb bill, beak
näbbig pert, cheeky
Näcken the Watersprite
näckros water-lily
näktergal nightingale
nämligen namely
nämna name; mention
nämnd board; committee
nämndeman juryman
nämnvärd worth mentioning
nännas have the heart to
näpen engaging; pretty
näpsa chastise
när when? at what time? ~ *som helst* at any time
nära *a* near; close; *adv.* nearly; ~ *att* on the point of
närande nourishing
näring nourishment; (yrke) industry, trade
närma sig approach
närmare nearer
närmast nearest, next (to)
närsynt short-sighted
närvarande present; *för* ~ at present
närvaro presence
näs isthmus
näsa nose
näsborre nostril
näsduk handkerchief
nässla nettle
näst, -a next
nästa *s* neighbour
nästan almost
näste nest; (bildl.) den
näsvis impertinent
nät net
nätt neat; (söt) pretty; nice; ~ *och jämnt* only just barely
näve fist
näver birch-bark
nöd need; want; necessity
nödfall emergency

nödlidande distressed
nödlögn white lie
nödsakad compelled (to)
nödtorftig bare, scanty
nödtvång constraint
nödvändig necessary
nödvändighet necessity
nöja sig be content (with)
nöjaktig satisfactory
nöjd content
nöje pleasure
nöt nut
nöta wear
nötkött beef
nötning wear, use
nött worn

O

oaktat notwithstanding
oangenäm disagreeable
oansenlig inconsiderable
oanständig indecent
oanvänd unused
oanvändbar useless
oartig discourteous; impolite
oas oasis
avbruten uninterrupted
oavgjord unsettled; (spel) drawn
oavhängig independent
oavlåtlig incessant
obalanserad unbalanced
obanad untrodden
obarmhärtig unmerciful; pitiless
obducera dissect
obebodd uninhabited
obeboelig uninhabitable
obefintlig non-existent
obefogad unjustified
obegagnad unused; unworn
obegriplig incomprehensible
obegränsad unlimited
obehag trouble; discomfort
obehaglig unpleasant; disagreeable; awkward
obehindrat without hindrance; freely
obehärskad uncontrolled
obehörig unauthorized; *-a äga ej tillträde* no admittance
obekant *a* unknown; unacquainted *s* stranger
obekväm uncomfortable; inconvenient
obekymrad unconcerned
obelevad ill-bred, ill-mannered
obemedlad without means
obemärkt unobserved
obenägen disinclined; unwilling
oberoende *a* independent *s* independence
oberäknelig incalculable
oberörd untouched; unmoved
obesatt unoccupied; vacant
obeskrivlig inexpressible
obeslutsam irresolute
obestridd uncontested
obestämd undetermined; indefinite
obeständig inconstant
obesvärad untroubled; easy
obetydlig inconsiderable
obetänksam inconsiderate; rash
obevakad unguarded
obeveklig inexorable
obeväpnad unarmed
obildad uneducated
objekt object
objuden ~ *gäst* intruder
oblat wafer
obligatorisk obligatory
obotlig incurable
obrukbar unusable
observera observe; notice
oböjlig inflexible; indeclinable
ocean ocean
och and
ociviliserad uncivilized
ock(så) also; too
ocker usury
odelad undivided
odjur monster
odla cultivate; develop
oduglig incapable; useless

odygd mischief; **-ig** mischievous, naughty
odåga good-for-nothing
odödlig immortal
oegennytta disinterestedness
oegentlig improper
oemotståndlig irresistible
oemotsäglig indisputable
oenighet discord; disunity
oense *vara ~ med* disagree with
oerfaren inexperienced
oerhörd unheard of
oersättlig irreparable
ofantlig enormous
ofarlig safe, harmless
ofattlig inconceivable
ofelbar infallible
offentlig public
offentlighet publicity
offer sacrifice; (**gåva**) offering; *~ för* victim to
offerera, offert offer
officer officer
officiell official
offra sacrifice
ofog mischief
oformlig shapeless
ofreda disturb
ofrivillig involuntary
ofruktbar barren; unfertile
ofrånkomlig inevitable
ofta often
ofullbordad unfinished
ofullkomlig imperfect
ofullständig incomplete
ofärd ruin, destruction
ofärdig lame; crippled
ofärgad uncoloured
oförarglig inoffensive
oförberedd unprepared
ofördelaktig disadvantageous
ofördragsam intolerant
ofördröjligen immediately
oförfalskad genuine
oförgänglig imperishable
oförgätlig never-to-be-forgotten
oförklarlig inexplicable
oförliknelig incomparable
oförlåtlig unpardonable
oförmodad unexpected
oförmåga incapacity
oförmögen unable; incapable
oförrätt injustice; injury
oförsiktig imprudent
oförskräckt intrepid
oförskämd insolent; impudent; **-het** insolence
oförsonlig implacable
oförstånd imprudence; folly
oförtjänt undeserved
oförvitlig irreproachable
oförvägen daring
oföränderlig unchangeable
oförändrad unchanged
ogenerad free and easy
ogenomtränglig impenetrable
ogift unmarried, single
ogilla disapprove (of)
ogiltig invalid, void
ogranniaga indelicate
ogrundad groundless
ogräs weed
ogudaktig wicked, impious
ogynnsam unfavourable
ogärna unwillingly
ogärning illdeed, evildeed
ogörlig impracticable
ohederlig dishonest
ohjälplig irretrievable
ohyfsad unpolished; rude
ohygglig appalling, horrible
ohyra vermin
ohämmad unchecked
ohövlig uncivil, impolite
ointaglig impregnable
ojämförlig incomparable
ojämn uneven, rough; unequal
ok yoke
oklar obscure; unclear
oklok unwise, imprudent
okonstlad artless
oktober October
okunnig ignorant
okunnighet ignorance
okynne mischief
okänd unknown
okänslig insensible

olag *i* ~ out of order, wrong
olaglig illegal
olik different (from); unlike
oliv olive
olj|a oil; **-ig** oily
oljud noise
ollon acorn
ologisk illogical
olovlig unlawful, illicit
olustig ill at ease
olycka misfortune; bad luck; mischance; disaster; accident
olycklig unfortunate; unlucky; unhappy; miserable
olyckligtvis unfortunately
olyckshändelse accident: disaster
olydig disobedient
olydnad disobedience
olåt noise
olägenhet inconvenience
oläglig inconvenient
oläklig incurable
olämplig unsuitable; unfit
oländig rugged, rough
olärd illiterate
oläslig illegible
om round; ~ *igen* over again; ~ *en vecka* in a week, ~ *söndag* next Sunday; *tre gånger* ~ *dagen* three times a day; (huruvida) if, whether
omak trouble
omarbeta (bok) revise
ombord on board
ombud representative
ombytlig variable
omdöme judgment; opinion
omedelbar immediate
omedveten unconscious
omfamn|a; -ing embrace
omfatta embrace, include
omfång volume; size
omgift remarried
omgiva surround
omgivning environment
omgivningar surroundings
omgående by return
omgång round, turn; (kläder) set
omhulda cherish
omintetgöra frustrate
omkastning change
omkomma perish
omkostnad charge; expense
omkrets circumference
omkring round; (cirka) about, approximately
omkull down
omlopp circulation
omnämna mention
omodern unfashionable
omoralisk immoral
omringa surround; encircle
område district, territory
omröstning vote; voting; ballot
omsider at last, at length
omskärelse circumcision
omslag cover; wrapper; (läk.) compress; **-spapper** wrapping paper
omsorg care
omstridd disputed
omständighet circumstance
omständlig circumstantial
omstörtning overthrow
omsättning turnover, sale
omtala speak of, mention
omtanke solicitude; consideration
omtvistad contested, disputed
omtyckt popular
omtänksam considerate
omutlig incorruptible
omväg roundabout way
omvälvning revolution
omvända convert
omvändelse conversion
omväxla alternate
omväxling alternation, change; variation
omyndig under age

omåttlig immoderate; excessive
omänsklig inhuman; barbarous
omärklig imperceptible
omätlig immense, boundless
omättlig insatiable
omöjlig impossible
omöjlighet impossibility
onaturlig unnatural
ond evil; bad; *bli ~ på* get angry with
ondska malignity, spite
onekligen undeniably
onkel uncle
onsdag Wednesday
ont evil; harm; (smärta) pain; *det gör ~* it is painful, it hurts me; *ha ~ i huvudet* have a headache; *det gör mig ~ om* I feel sorry for; *ha ~ om* be short of
onyttig useless, of no use
onåd disgrace
onödig unnecessary
oordning disorder; confusion; *i ~* out of order
opartisk impartial
opassande improper; unbecoming
opasslig indisposed
operera perform an operation
operett light opera
opersonlig impersonal
opponera oppose; object to
opraktisk unpractical
opålitlig unreliable
orakad unshaven
orakel oracle
ord word
ordagrann literal
ordalag terms
ordalydelse wording
orden order, decoration
ordentlig careful; tidy; orderly; regular
order order; command
ordföljd word-order
ordförande chairman; president
ordförråd vocabulary
ordinarie ordinary; (tjänst) permanent
ordinera prescribe
ordinär ordinary; common
ordklass part of speech
ordlek pun, quibble
ordna arrange; (put in) order; adjust; sort
ordning order; *hålla ~* keep order; *i ~* in order; (färdig) ready
ordonnans orderly
ordspråk proverb
oreda confusion, disorder
oregelbunden irregular
oregerlig unruly
oren dirty; (bildl.) impure
organ organ
organisera organize
orgel organ
Orienten the Orient
orientalisk oriental
originalitet originality
originell original
oriktig incorrect
orimlig absurd
orka be able to; *jag -r inte mer* I cannot do any more
orkan hurricane
orkeslös infirm
orkester orchestra, band
orkidé orchid
orm snake; serpent
ormbunke fern
oro agitation, disturbance; anxiety
oroa disturb; trouble; *~ sig för* worry about
orolig anxious; uneasy
oroväckande alarming
orsak cause, reason
ort place; locality
orubblig firm, unshakable
orygglig irrevocable
oråd *ana ~* take alarm
orädd fearless, intrepid
oräknelig innumerable
orätt wrong
orättfärdig unjust
orättvis unjust, unfair
orättvisa injustice; wrong

orör|d intact; **-lig** immobile; motionless
os, osa smell
osams *vara* ~ disagree
osann untrue, false
osanning untruth, falsehood
osannolik unlikely
osedlig immoral
osedvanlig unusual
oskadd unhurt
oskadlig harmless
oskattbar inestimable
oskicklig clumsy, awkward
oskiljaktig inseparable
oskrymtad sincere, unfeigned
oskuld innocence
oskyldig innocent
osmaklig unsavoury; distasteful, disgusting
osnygg dirty
oss us; ourselves
ost cheese; (väderstreck) East
ostadig unsteady, unstable
Ostindien the East Indies
ostraffad unpunished
ostron oyster
ostyrig unruly; rowdy
ostädad untidy, in disorder
ostämd out of tune
ostörd undisturbed
osund unwholesome
osviklig unfailing; infallible (remedy)
osynlig invisible
osäker unsafe; uncertain
otacksam ungrateful (to)
otacksamhet ingratitude
otakt *i* ~ out of time
otalig innumerable
otid *i* ~ at the wrong moment
otillbörlig undue; improper
otillräcklig insufficient
otillräknelig irresponsible
otrevlig disagreeable
otro want of faith
otrogen unfaithful
otrolig incredible
otröstlig inconsolable
otvivelaktigt undoubtedly
otvungen free and easy
otydlig indistinct; vague, obscure
otyglad unrestrained
otålig impatient
otäck nasty, ugly
oumbärlig indispensable
oundviklig inevitable
oupphörlig incessant; continuous, perpetual
ouppmärksam inattentive
outhärdlig intolerable
outsäglig unspeakable
outtröttlig indefatigable
ovan *a* unaccustomed
ovan, ovanför above
ovanlig unusual, singular
ovannämnd above-mentioned
ovanpå on, upon; on the top of
ovarsam careless
overklig unreal
ovett abuse, invective
ovettig abusive
ovilja aversion
ovillig unwilling
oviss uncertain
ovårdad neglected; untidy
oväder storm
ovän enemy
ovänlig unkind
oväntad unexpected
ovärderlig invaluable
ovärdig unworthy
oväsen noise
oväsentlig unessential
oxe ox (pl. oxen)
oxeltand grinder, molar
oxkött beef
oåterkallelig irrevocable
oäkta fictitious; spurious
oändlig infinite, endless
oärlig dishonest
oäven *inte* ~ not amiss
oöverlagd unpremeditated
oöverstiglig insurmountable
oöverträffad unsurpassed
oövervinnelig invincible

P

pack rabble, mob
packa pack
packe pack, bundle
packning packing
padda toad
paj pie
paket parcel; packet
palats palace
pall (foot-) stool
palsternacka parsnip
paltor rags
panik, panisk panic
panna forehead; (kastrull) pan
pannkaka pancake
pansar armour, cuirass; **-skjorta** coat of mail
pant pawn, pledge
pantbank pawnbroker
panter panther
pantlånare pawnbroker
pantsätta pawn, pledge
papegoja parrot
papp pasteboard; cardboard
pappa papa; daddy
papper paper; **-skorg** wastepaper basket; **-slapp** scrap of paper
par pair; couple
parad parade
paradis paradise
paragraf paragraph
paraply umbrella
parentes *inom* ~ in a parenthesis, in brackets
parera parry; fend off
parfym, -era perfume, scent
paris|are, -isk Parisian
park, -era park
parkett (teat.) stalls
parkettgolv parquet floor
parlament parliament
parning pairing, copulation
part part; (jur.) party
parti part, section; (bok) passage; (spel) game; (handel) parcel, consignment; (polit.) party; (giftermål) match; **-handel** wholesale trade
partisk partial
pass passage; (res-) passport
passa fit, suit, adapt; (vakta) look after; (kort.) pass; ~ *upp* wait; *när det* **-r** when convenient
passagerare passenger
passande fit, suitable; (svar) proper
passera compasses
passera pass
passion passion
passionerad passionate
past|a paste; **-ej** pie
pastell pastel, crayon
pastor pastor, parson; ~ *N.* the Reverend N.
pastorat parish
patent patent
patron squire, master; (gevärs-) cartridge
patrull patrol, guard
paus pause, stop; interval
pejla sound
pek|a point (at); **-finger** forefinger; index
pelare pillar; column
pelargång colonnade
pendel pendulum
pengar money (sing.); *förtjäna* ~ make money
penna pen; (blyerts) pencil
penning piece of money, coin; **-ar** money
pensé pansy
pensel brush, pencil
pension pension; (skola) boarding-school
pensionat boarding-house
pensionera pension (off)
pensionerad retired
pensionär pensioner; (inackorder.) boarder
peppar pepper
pepparrot horse-radish
perforera perforate
pergament parchment
permission permission, leave of absence

persedel article, thing
perser, persisk Persian
persian Persian lamb
Persien Persia
persika peach
persilja parsley
person person; individual
personal staff, employees
personifiera personify
personlig personal; individual
personlighet personality
peruk wig
pest plague, pest
peta poke; pick
petig finical, finicking
pietet piety, reverence
pigg *s* spike, point; *a* spirited, brisk
pigga upp stimulate
piggvar turbot
pik pike; (bildl.) dig, gibe; (sly) hit
pil arrow; (träd) willow
pilbåge bow
pilgrimsfärd pilgrimage
piller pill
pina *s* agony, torment, pain
pina *v* torment, torture
pingst Whitsuntide; **-afton** Whitsun Eve; **-dag** Whitsunday; **-rörelse** Pentecostal revival
pinne peg, stick
pionjär pioneer
pip (ljud) peep; cheep; (mynn.) spout, lip, beak
pipa *s* pipe; *v* peep; cheep
pipig whining; squeaky
piska *s* whip; lash
piska *v* whip, lash, beat
pittoresk picturesque
pjoskig squeamish
pjäs piece; (teat.) play
placera place
pladd|er, -ra prattle
plage beach, plage
plagg garment
plakat placard
plan *s* plane; (gårds-) ground; (ritn., bildl.) plan; *a* plane, even
planera plan, design
plank (stängsel) hoarding
planka plank; deal
plansch plate
planta plant
plantage plantation
plantera plant, set
plantering plantation
plask, -a splash
plats place; locality; (sitt-) seat; (utrymme) space, room
platt *a* flat
plikt duty; obligation; (böter) fine
plikta för have to pay for
pliktfälla fine
plissera pleat, plait
plocka pick, cull, gather
plog plough
plomb (i tand) filling, plug; (stämpel) (lead-) stamp; **-era** fill; lead
plommon plum
plugg plug
plugga (läsa) grind
plump *s* blot; **-a** blot
plump *a* coarse, vulgar
plundra plunder; pillage
pluralis plural
plysch plush
plåga *s, v* pain, torment; *det -r mig* it hurts me
plågsam painful
plånbok wallet
plåster plaster
plåt plate
pläga be accustomed to
plöja plough
plötslig sudden; abrupt
poesi poetry
poet poet; **-isk** poetical
pojke boy, lad
pol pole
polack Pole
Polen Poland
polera polish
polis police
polisonger whiskers
politik politics (pl.)
politisk political
polityr polish
polsk Polish
poppel poplar
popularisera popularize
popularitet popularity

populär popular
porla murmur
porslin china, porcelain
port door; gate
portfölj portfolio
portion portion; ration
portier hotel-porter
portmonnä purse
porto postage
porträtt portrait; picture
portvakt porter; door-keeper
porös porous; spongy
post post, mail; (mil.) sentinel
postanstalt post-office
postanvisning postal order; money-order
postförskott cash on delivery
postkontor post-office
potatis potato
potatismos mashed potatoes
poäng point; mark
poängställning score
poängtera point out
prakt splendour
praktfull splendid
praktik practice
praktisk practical
prass|el, -la rustle
prat, prata talk, chat
pratsam talkative, chatty
precis precise, punctual
precisera precise
predika preach, **-n** sermon
predikant preacher
predikat predicate
predikstol pulpit
premie premium
premium (skol.) prize
premiär (teat.) first night; **-minister** prime minister
prenumer|ant subscriber; **-ation** subscription; **-era** subscribe (to, for)
preparat preparation
preparera prepare
presenning tarpaulin
presens (the) present (tense)
present present, gift
presentera introduce (to)
presentkort gift voucher
press press; pressure
pressa press
prestera produce; perform
Preussen Prussia
prick dot; (märke) tick; mark; **-a** dot, mark
prickig dotted; spotted
prima first-rate
primus head boy
princip principle
principiell fundamental
prins prince
prinsessa princess
pris price; cost; (belöning) prize
prisa praise, glorify
pristagare prize-winner
pristävlan prize competition
privat private
privilegium privilege
procent per cent
process (jur.) lawsuit, action; **-a** carry on a lawsuit
producent producer
producera produce
produkt product, production
profan, -era profane
professionell professional
profess|or professor (of); **-ur** professorship
profet prophet; **-era** prophesy; **-ia** prophecy
profil profile
program program; (teat.) play-bill
proletariat proletariate
proletär proletarian
promenad walk
promenera walk; stroll
pronomen pronoun
propp stopper; plug
prosa prose; **-isk** prosaic
prost dean
prostituerad prostitute
protestant, -isk Protestant
protestera (mot) protest (against); object (to)
protokoll minutes, record

prov trial, experiment; test; (bevis) proof; (-bit) sample
prova try (on); test
proviant provisions
provins province
provision commission; fee
provrör test-tube
pruta bargain, haggle
pryda adorn, decorate
prydlig spruce, dainty
prydnad ornament
prygel flogging, caning
prygla cane, flog
prål ostentation; **-a** shine
prålig gaudy, garish
pråm lighter; barge
prägel impression, stamp
prägla stamp; (mynt) coin
präktig splendid, excellent
pränta engross, text
präst priest; (Protest.) clergyman
präst|erskap clergy; **-gård** rectory; parsonage; **-krage** (bot.) ox-eye daisy; **-viga** ordain
pröva try, test; verify
prövning trial, examination; (bildl.) affliction
psalm psalm; hymn
psalmbok hymn-book
psykisk psychical
psykolog psychologist
psykologi psychology
pubertet puberty
publicera publish
publik public, audience
puckel hunch, hump
puckelrygg hunch-back
pud|er, -ra powder
puff, -a till push
pulpet desk
puls pulse, **-åder** artery
pultron poltroon, coward
pulver powder
pulverisera pulverize
pump, -a *v* pump
pund pound
pung pouch, purse
punkt point; dot; (gram.) full stop; **-era** punctuate
punktlig punctual
pupill pupil
puppa chrysalis, pupa
puritan, -sk Puritan
purjolök leek
purpur purple
puss (kyss) kiss
pust puff, breath
puts|a clean; trim; (skor) polish; **-medel** polish
pyssla busy o. s.
på on, upon; at; in; ~ *svenska* in Swedish
påbjuda enact, prescribe
påbud edict; decree
på|fallande striking, remarkable; **-flugen** obtrusive, intrusive
påfund invention
påfågel peacock
pågå be going on
pågående present
påhitt device; invention
påk cudgel
påle pile, pole
pålitlig trustworthy
påminna remind (of), ~ *sig* remember, recollect
påminnelse reminder
pånyttfödelse regeneration
påpasslig attentive; promt, ready
påpeka point out
påringning call (on the telephone)
påräkna count upon; expect
påse bag; sack
påseende *till* ~ on approval; *vid närmare* ~ on closer inspection
påsk Easter
påskina *låta* ~ give out, pretend
påsklilja daffodil
påskrift superscription; signature; address
påskynda hasten, quicken
påstå assert; state; *jag vågar* ~ I maintain
påstående assertion, statement
påtaglig palpable; obvious
påträffa find, meet with
påve pope

påverka influence, affect
påvisa point out; prove
päls fur; fur-coat
pärla pearl; (glas) bead
pärlande sparkling
pärm cover
päron pear
pöbel populace, mob, rabble
pöl pool, puddle

R

rabarber rhubarb
rabatt (hand.) discount; (trädg.) border; flower-bed
rabbla babble
rackare rascal, scoundrel
rackartyg mischief
rad row; (linje) line; *en lång ~ av* a long series (file, string) of
radband rosary
radera erase, rub out
radergummi india rubber
radie radius
radikal radical
radio wireless, radio; **-utsändning** radio (broadcasting) transmission
raffinera refine; **-d** refined, studied
rafflande thrilling
ragata termagant
raggig shaggy
ragla stagger
rak straight; erect; upright
raka (sig) shave (o. s.)
raket rocket
rakhyvel safety-razor
rakkniv razor
raklång full length
rakryggad erect, upright
raksalong barber's shop
rakt straight, directly; (alldeles) quite
ram frame, border; (björn) paw
ramla fall down, tumble
ramp foot-lights; **-feber** stage-fright
ramponera damage
rand edge, verge; (brädd) brim; (på tyg) stripe
randig striped
rang rank
rannsak|a examine, try; **-ning** trial; searching
ranson, -era ration
rapa belch
rapp *s* blow; lash; *a* quick
rapphöns partridge
rapport report, account
rar nice, dear; **-ing** darling
ras race; (djur) breed, stock; (jord) landslide; (lek) romping
rasa fall down; (leka) romp
rasande furious
rasera demolish
raseri rage, fury
rask quick, swift, brisk; **-a på** hurry up, make haste
rass|el, -la rattle, clatter
rast rest, pause
rastlös restless
rata reject, refuse
rationalisera rationalize
ratt wheel
ravin ravine
reagera react
reaktion reaction; rebound
real real; **-isation** sale, selling off
realitet reality
realskola secondary school
rebus riddle
recensent reviewer
recen|sera, -sion review
recept recipe, prescription
recidiv relapse
reda order; *hålla ~ på* keep in order; *få ~ på* find out; *ha ~ på* know; *i ~ pengar* in ready money; (kok.) thicken; *~ sig* help o. s.
redaktion editorship; editorial staff; editor'
redaktör editor

redan already
redare ship-owner
redbar honest
redd roads (pl.)
rede nest
rederi ship-owners (pl.)
redig clear; lucid
redigera edit
redo ready
redogöra för give an account of
redogörelse account, report
redovisa give an account
redovisning account
redskap instrument, tool
reducera reduce
reell (verklig) real
refer|at, -era report; ~ *till* refer to
reflektera på consider
reform reform; **-ator** reformer; **-era** reform; **-erta kyrkan** the reformed Church
refräng refrain, burden
regel (lås) bolt
regel (lag) rule; *i* ~ as a rule, generally
regelbunden regular
regellös irregular
regemente regiment; (bildl.) government
regent regent, sovereign
regera reign, rule, govern
regering reign, rule; **-en** the government
regi (teat.) stage-management; administration
regim regime
regissör stage-manager
register index; register
registrera register, record
regla bolt
reglemente regulations
reglera regulate, adjust
regn, -a rain
regnbåge rainbow
regnrock raincoat
regnskur shower of rain
reguladetri rule of three
rejäl sure, serious; honest
reklam advertisement
rekognoscera reconnoitre
rekommendation recommendation; introduction
rekommendera recommend
rekord record; *slå* ~ break the record
rekryt recruit, conscript
rektangel rectangle
rektor headmaster
rekvirera order, requisition
relatera relate
relativ comparative; relative
relegera send down
religion faith, religion
religiositet religiousness
religiös religious; sacred; (from) pious
relik relic
reling rail
rem strap; thong
remiss, -a remittance
remittera remit
remsa strip, slip; shred
ren (djur) reindeer
ren *a* clean; (bildl.) pure
ren|a purify; **-göra** clean
renhet cleanness; purity
renhårig honest, upright
renlig cleanly
renovera renovate
rensa clean; (bär) pick; (åker) weed
renässans Renaissance
rep rope, cord
repa *s, v* scratch; ~ *upp* unravel; ~ *sig* recover
reparation repair(ing)
reparera repair, mend
repertoar repertory
repet|era repeat; (teat.) rehearse; **-ition** repetition; rehearsal
replik rejoinder, retort
representant representative
representera represent
reproducera reproduce
republik republic; **-an, -ansk** republican
resa *s* journey, travel; (sjö) voyage
resa (fara) travel, journey; go (to)
resa (upp) raise; erect

resa sig rise, get up
reseffekter luggage (sing.)
resenär traveller
reserv, -era reserve
reservoarpenna fountain pen
residens residence
residera reside
reslig tall
resning erection; (pers.) stature; (revol.) rebellion, revolt
resolut resolute
reson reason
resonemang reasoning
reson|era reason (with), **-lig** reasonable, sensible
respekt respect; esteem, regard; **-era** respect, esteem
rest remainder; *för -en* besides, moreover
restaurera restore
restera remain
result|at, -era result
resumé summary
resår (elastic) spring; **-band** elastic ribbon; **-botten** spring-mattress
reta irritate; provoke; **-s med** tease, chaff
retande exciting, irritating; stimulating
retirera retreat, retire
retlig irritable; fretful
reträtt retreat
retsam provoking; teasing
retur return; *tur och* ~ return journey
returnera return, send back
reumatism rheumatism
reva *s* rift, tear; crack; (bot.) tendril, runner
revben rib
revers note (of hand); I. O. U. (I owe you)
revision revision, audit
revisor accountant
revolt, -era revolt
revolution revolution
revy review, revue
Rhen the Rhine
ribba lath
ricinolja castor-oil
rida ride
ridbyxor breeches
riddare knight
ridderlig chivalrous
ridå curtain
rik rich (in); (förmögen) wealthy, well-off
rike kingdom; realm
rikedom richness; wealth
riklig ample, rich
riksdag parliament; diet
riksdagsman member of Parliament
rikta direct; address
riktig right, correct
riktning direction; course; (bildl.) tendency
rim rhyme
rimfrost hoar-frost, rime
rimlig reasonable
ring ring; (hjul) wheel
ringa *a* small, little
ringa *v* ring; call (on the telephone)
ringakt|a despise; disdain; **-ning** contempt, disdain
ringaste *inte det* ~ not in the least; *inte det* ~ *tvivel* not the slightest doubt
ringblomma marigold
ringklocka (door-) bell
ringla coil; wind; curl
ringledning electric bell
rinna run; flow; stream
ris (säd) rice
ris (kvistar) sticks, twigs; (straff) birching
risk risk; *löpa* ~ run the risk
riskabel risky
riskera risk, venture
riskfri safe
rispa *s, v* scratch
rista carve
rita draw
ritning drawing
ritt ride
ritu|al, -ell ritual
riva (klösa) scratch; (slita) tear; (gröns., bröd m. m.) grate
ro (vila) rest, repose
ro *v* row

roa amuse; entertain
rock coat
rocka ray-fish
rodd row(ing); **-båt** rowingboat
roder helm
rodna blush, grow red
roffa åt sig grab
rogivande soothing
rojal|ism royalism; **-ist, -istisk** royalist
rokoko rococo
rolig amusing; entertaining; (lustig) funny
roll part
Rom Rome
rom (fisk-) spawn
rom (sprit) rum
roman novel; fiction
romantik romance; (litt.) romanticism
romantisk romantic
romare, romersk Roman
rond round
rop cry, shout; scream; *i -et* fashionable
ropa cry; call out; shout
ros rose
rosett bow, rosette
rossl|a, -ing rattle
rost rust; **-a** rust; (kaffe) roast; *-at bröd* toast
rot root
rotera rotate
rotfast rooted
rotting rattan (-cane)
rov prey; spoil
rova turnip
rovdjur beast of prey
rovgirig rapacious
rubba move; displace
rubin ruby
rubrik heading, title
rucka regulate, adjust
rufsig dishevelled, tousled
ruin, -era ruin
rull|a *v* roll; **-e** roll
rum room, chamber; (plats) place, room; (rymd) space
Rumänien Roumania
runa rune
rund round
rus intoxication
rusa rush, dash
ruskig disagreeable; dismal; disgusting
russin raisin
rusta arm; prepare
rustning armour, harness; *upp-* rearmaments
ruta square; check
ruter (kort) diamonds
rutig checkered
rutin routine; **-erad** experienced, skilled
rutscha slide, glide
rutt|en rotten; **-na** rot; (om kropp) decay
rya (matta) rug
ryck pull, twitch; (bildl.) fit; **-a** jerk, pull, snatch; **-ning** jerk, pull
rygg back; **-a** back
ryggrad spinal column
ryggskott lumbago
ryggsäck rucksack
ryka smoke; steam
rykta groom
ryktbar renowned, famous
rykte reputation; name; (prat) report; rumour
rymd space; sphere **-mått** cubic measure
rymlig spacious; roomy
rymma run away; escape
rymning escape
rynka *s* wrinkle; crease; *v* wrinkle; (sömn.) gather; *~ pannan* frown
rysa shiver (with cold), shudder (with terror)
rysk Russian
ryslig dreadful, terrible
rysning shudder, shiver
ryss Russian
Ryssland Russia
ryta roar; (pers.) shout
rytm rhythm
ryttare rider
ryttarinna horsewoman
rå *a* raw; fresh (fruit); (bildl.) crude
råd advice; (utväg) means; (hjälp) remedy; (församling) council; *jag har inte ~ till* I cannot afford
råda advise, counsel; (styra) rule
rådande prevailing, ruling
rådfråga consult

rådgivare counsellor
rådgöra med consult with
rådhus town hall; **-rätt** the magistrates' court
rådjur roedeer
rådlig advisable; wise
rådlös irresolute; *aldrig* ~ never at a loss
rådman member of the magistrates' court
rådpläga deliberate (upon)
rådvill perplexed; irresolute
råg rye
råka (möta) meet; ~ *vara* happen to be
råma bellow, roar
rån robbery with violence
råna rob; **-re** robber
råtta rat; mouse
råvara raw product
räcka *s* row, range, series
räcka *v* (ge) hand, pass; (nå) reach; (vara) last; be enough
räcke railing; banisters
räd raid
rädd afraid (of); frightened; ~ *om* careful with
rädda save; rescue, deliver
räddning rescue, delivery
rädisa radish
rädsla fear, dread
räffla *s, v* groove; rifle
räfsa *s, v* rake
räfst inquisition
räka prawn; shrimp
räkenskap account; *föra -er* keep accounts
räkna count; reckon; (mat.) do arithmetic; *be-* calculate; ~ *ett tal* do a sum
räkning (be-) calculation; arithmetic; (hand.) account; (konkr.) bill; *får jag be om -en!* will you give me the bill, please!
rämna *s* cleft, split
rämna *v* rend, split
ränker intrigues
ränna *s* groove; gutter
ränna *v* run
rännil runnel; rill
rännsten (street) gutter
ränsel knapsack
ränta interest; (inkomst) revenue
rät right; straight
rätt (mat) dish
rätt (rättighet) right; (domstol) court; *a* (sann) true, right, correct; *det var* ~ that's it!; *göra* ~ *i att* be right in; *ha* ~ be right
rätta *med* ~ rightly; *ställa inför* ~ bring to justice
rätta *v* correct; ~ *sig efter* conform to; obey
rättegång action, (law) suit; (rannsakning) trial
rättelse correction
rättfram straightforward
rättfärdig righteous, just; **-a** vindicate; justify
rättighet right; privilege
rättskaffens righteous, upright; honest
rättskrivning ortography; spelling; **-sfel** spelling mistake
rättvis just; well-deserved
rättvisa justice
rätvinklig rectangular
räv fox
rö reed
röd red; (hög-) purple, scarlet; *bli* ~ go red; (rodna) blush
rödbeta common beetroot
rödspotta plaice
rödsprit methylated spirit
rödvin red wine; claret
röja (yppa) betray; reveal; ~ *sig* expose o. s.
röja clear; ~ *ngn ur vägen* make away with a p.
rök smoke; *gå upp i* ~ come to nothing
röka smoke
rökelse incense
rökt smoked; ~ *sill* bloater; ~ *skinka* cured ham

rön discovery; **-a** experience; *-a vänlighet* meet with kindness
rönn mountain-ash
röntgen roentgen, X-ray
rör tube, pipe
röra *s* muddle, mishmash
röra *v* move, stir; (vid-) touch; (angå) concern; ~ *ihop* mix up
rörande touching, moving; (beträffande) concerning
rörelse movement; *sätta i* ~ get working, start; (hand.) traffic, commerce, business; (sinnes-) emotion
rörlig mobile, movable, loose; (pers.) alert
rörlighet mobility; (pers.) agility, alertness
röst voice; (polit.) vote
rösta vote; ballot
röstning vote, voting
röt|a rot, decay; **-månad** dogdays
röva rob; **-re** robber
röveri robbery

S

sabel sabre
sad|el, -la saddle
saft juice; sap; syrup
saftig juicy
saga (fairy-)tale
sagobok story-book
sagolik fabulous; fantastic
sak thing, case; matter
sakförare lawyer
sakkunskap competence
sakna lack; miss, want
saknad *s* lack, want
sakta low, gentle; slow
sal hall; dining-room
salig blessed
salighet bliss
saliv saliva
sallad lettuce
salong drawing-room; saloon
salt salt
salu *till* ~ for sale
salutorg market-place
salut, -era salute
salva ointment
samarbeta collaborate
samband connection
samfund association; society
samfärdsel intercourse
samhälle society, community
samhällelig social
samkväm party
samla collect; gather
samling collection; (pers.) meeting, assembly
samma (the) same; *på* ~ *sätt* similarly
sammaledes likewise
sammanblanda mix
sammanblandning confusion
sammanbrott collapse
sammandrag summary, abstract
sammandragande astringent
sammanfalla coincide
sammanfatta sum up
sammanfattning summary
sammanfoga join
sammanföra bring together
sammanhang connection, relation; context; *brist på* ~ incoherence
sammanhållning unity
sammankomst gathering
sammanlagt in all
sammansatt complicated; (ord) compound
sammanslutning union
sammanstöta collide
sammanstötning collision
sammansvärjning conspiracy
sammanträde meeting, session
sammet velvet
samsas agree
samstämmig unanimous
samt and; *jämt och* ~ constantly
samtal conversation, talk
samtala converse, talk

samtida contemporary
samtidig simultaneous
samtliga all
samtyck|a, -e consent
samvaro time together
samverka co-operate
samvete conscience
samvetsförebråelse remorse
samvetsgrann conscientious
sand sand
sankt saint (St.)
sann true
sannerligen indeed, verily
sanning truth
sanningsenlig truthful
sannolik probable, likely
sannolikhet likelihood
sans senses
sansad sober, moderate
sanslös unconscious
satir satire
sats (dosis) dose; (gramm.) sentence; proposition; (sport) run
satsa stake
sax scissors (pl.)
scen scene
schack chess
schakt shaft
schal shawl
schamponera shampoo
scharlakansfeber scarlet fever
schema time-table
Schweiz Switzerland
schweizisk Swiss
se see; look; ~ *ut att vara* seem to be
sed custom, habit
sedan after(wards); then, since; *för sex år* ~ six years ago
sedel (bank-) note
sedelära ethics, morals (pl.)
sedeslös immoral
sedlig moral, ethical
sedlighet morality
sedvänja custom, habit
seg tough; (klibbig) viscous
segel sail
segelbåt sailing-boat
seger victory
segla sail; **-re** yachtsman
segra be victorious, conquer; win
segrare victor; winner
sekel century
sekreterare secretary
sekt sect; denomination
sekund second
sekunda second-rate
sela, seldon harness
semester holiday(s), vacation
seminarium seminary
sen late
sena sinew; tendon
senap mustard
senare later (on)
senig sinewy
sensation sensation
sensuell sensual
sentimentalitet sentimentality
september September
servera serve, wait at table
servering service, serving
servett napkin, serviette
servis service
servitris waitress
servitör waiter
sevärdhet sight
sex six; **sextio** sixty
sextionde sixtieth
sexton sixteen; **-nde** -th
sexualitet sexuality
sfär sphere
sida side; (bok-) page; *vid -n av* next to, beside
siden silk
siffra figure
sig oneself, himself, themselves, etc.
sigill seal
signal, signalera signal
signalement description
signatur signature
signera sign, mark
sikt visibility
sikta aim (at)
sikte sight, view; (mål) aim
sila strain, filter
silke silk
silkespapper tissue-paper
sill herring

silver silver
simma swim
simpel simple, plain
sin his, her, hers, its; their; theirs; one's
singularis singular
sinnad minded, inclined
sinne sense, mind
sinnelag character, temper
sinnesrörelse emotion
sinnessjuk insane, lunatic
sinnessjukdom insanity
sinnesstämning mood
sinnlig sensual; sensuous
sinnrik ingenious
sira ornament
sirap treacle
sirlig elegant, graceful
sist last
sits seat; (kort) lie
sitta sit; (kläder) fit, suit
sittplats seat
situation situation
sju seven
sjuk ill; sick; *bli* ~ get ill
sjukdom illness, malady
sjukhus hospital
sjuklig infirm, ailing
sjuksköterska nurse
sjunga sing
sjunka sink
sjuttio sevent|y; **-nde** -ieth
sjutton(de) seventeen(th)
själ soul, mind
själfull soulful, animated
själslig spiritual, mental
själstillstånd mental state
själv myself, yourself, etc; ourselves, etc.
själv|bedrägeri self-deception; **-behärskning** self-control; **-försörjande** self-supporting; **-förtroende** self-confidence; **-isk** selfish; **-medveten** self-conscious; **-mord, -mördare** suicide; **-ständig** independent; **-ständighet** independence; **-svåld** licence; **-säker** self-confident
sjätte sixth
sjö lake
sjöfart navigation
sjöfågel seabird
sjökapten sea captain
sjöledes by water, by sea
sjöman seaman, sailor
sjöofficer naval officer
sjörövare pirate
sjösjuk seasick
sjöstad (sea) port
sjösätta launch
sjötunga sole
skabb itch; scurf; mange
skada *s* damage; injury; harm, hurt; *det är* ~ it is a pity
skada *v* damage, hurt
skadeersättning indemnification, damages
skadeglad spiteful
skadeglädje malice
skadlig injurious
skaffa procure, get, find
skaft handle; haft
skaka, skakning shake
skal shell; peel; rind
skala *v* shell; peel
skala (mus.) scale
skalbagge beetle
skald poet; **-inna** poetess
skall (skola) shall; will
skalle skull
skallra *s* rattle; *v* rattle; (tänder) chatter
skam shame, disgrace
skam|lig, -lös shameful
skamsen ashamed (at)
skandal scandal
Skandinavien Scandinavia
skandinavisk Scandinavian
skans redoubt; mound
skapa create, make; produce
skapelse creation
skara crowd; band; troop
skarp sharp; (bildl.) keen
skarpsinnig keen, ingenious
skarv joint; (sömn.) seam
skarva (ihop) join
skata magpie
skatt tax; treasure
skatta pay in taxes
skattkammare treasury
skava, skavsår gall

ske happen, be done
sked spoon
skede period, phase; era
skela squint
skelett skeleton
sken light; shine, glare
skena *s* (järnvägs-) rail
skena *v* bolt, run away
skenhelig hypocritical
skenhelighet hypocrisy
skepnad shape; phantom
skepp ship; **-are** skipper
skeppsbrott shipwreck
skeppsvarv shipyard
skeptisk sceptical
skev warped; (bildl.) wry
skick condition, state, order
skicka send
skicklig skilled, able
skicklighet skill
skida ski; (fodral) sheath; (bot.) pod
skiffer slate
skifta (ex)change; divide
skikt layer
skild (olik) different; separate; (från-) divorced
skildra describe
skildring description
skilja separate, part, divide
skiljaktig different
skiljas part; (äktenskap) separate, divorce
skillnad difference
skilsmässa divorce
skim|mer; -ra shimmer, gleam
skina shine; beam
skingra disperse, dispel
skinka ham, bacon
skinn skin; (päls) fur
skiss, -era sketch
skiva plate; (skuren) slice
skjorta shirt
skjul shed
skjuta shoot; (rubba) push; shove
skjutvapen firearm
sko shoe
skock crowd, heap, herd
skog wood; (stor) forest
skoj humbug, cheating
skoja (bedraga) swindle
skojare swindler
skola *v* → **skall, skulle**
skola *s* school
skolgång school attendance
skolka play truant; shirk
skona spare
skoningslös merciless
skonsam forbearing
skopa scoop, ladle
skorpa rusk, biscuit; (sår) scab
skorsten chimney
skotsk Scotch, Scottish
skott shot; (bot.) shoot
skotte Scotchman; Scot
skottkärra wheelbarrow
Skottland Scotland
skottår leap year
skram|la, -mel rattle
skrank barrier; (jur.) bar
skrapa scrape, scratch
skratt laughter, laugh
skratta laugh
skribent writer, penman
skridsko, *åka* ~ skate
skrift writing; publication; **-lig** written
skrik cry, scream; outcry
skrika cry, scream; (vråla) roar, shout
skrin box, case, shrine
skriva write
skrivbord writing-table
skrivelse writ, letter, communication
skrivmaskin typewriter; *skriva på* ~ type
skrivstil hand (-writing)
skrock superstition
skrockfull superstitious
skrov (fartyg) hull
skrovlig rough; (hes) hoarse
skrumpna shrink
skruv, skruva screw
skrymmande bulky
skrymtare hypocrite
skrymteri hypocrisy
skrynkl|a *s, v* wrinkle, crease; **-ig** creased
skryt, -a boast, brag
skrytsam boastful
skrål, -a bawl, squall
skråma scratch
skräck fright; terror
skräddare tailor
skräddarsytt tailor-made
skräll crack, clash, bang

skrämma frighten, terrify
skrämsel fright
skrän, -a yell, shout
skräp rubbish, lumber
skräpig untidy
skröplig frail; infirm
skugga shade; shadow
skuggig shaded; shady
skuld debt; fault; guilt
skuldra shoulder
skull *för min* ~ for my sake
skulle *v* should; would
skulpt|era, -ur sculpture
skulptör sculptor
skum *s* froth, foam
skur shower
skura scour, scrub
skurk scoundrel, villain
skurkaktig villainous
skurkstreck villainy
skuta barge, vessel
skvaller gossip, slander
skvalp, -a splash
sky *s* sky; (moln) cloud
sky *v* shun, avoid
skydd protection; shelter
skydda protect
skyddsling ward
skyddsmärke trade-mark
skyfall downpour
skyff|el, -la shovel
skygg shy; **-het** shyness
skyla cover, cloak
skyldig in debt; obliged, bound; guilty
skylla på blame, accuse
skylt sign (board)
skylta display; be exposed
skymf, -a insult
skymning twilight, dusk
skymt glimpse
skynda hurry, hasten
skyndsam hurried, speedy
skytt shot; **-e** shooting
skyttegrav trench
skåda see, behold
skådespel (teat.) play
skådespelare actor
skådespelerska actress
skål bowl, basin; (välgångs-) toast; **-a med någon** drink a p.'s health
skåp cupboard
skägg beard; **-ig** bearded
skäl reason; motive
skälla (hund) bark; bellow
skälm rogue, knave
skälva shake, tremble
skämd rotten, tainted, bad
skämma bort spoil
skämmas be ashamed
skämt, -a joke, jest
skämtsam jocose, facetious
skänk (skåp) sideboard, buffet; (gåva) present, gift; *till -s* as a present
skänka present, give
skär (färg) pink
skär (berg) rock
skära cut, carve
skärgård archipelago
skärm screen; shade
skärp belt; sash
skärpa *s* sharpness, keenness, severity; *v* sharpen
skärseld purgatory
skärv mite, farthing
skärva shard, fragment
sköld shield
sköldpadda tortoise, turtle
skölja rinse
skön beautiful, nice
skönhet beauty
skönhetsmedel cosmetic
skönja discern; distinguish
skör brittle, fragile
skörbjugg scurvy
skörd harvest; crop
skörda harvest; reap
skört skirt; (rock-) tail
sköta look after, take care of; (barn, sjuk) nurse; (sår) tend; (förvalta) run; ~ *sig väl* do well
sköterska nurse
skötsam careful, diligent
skötsel care, attendance
skövla devastate
sladd fag-end; (elektr.) flex
slag blow, stroke, lash; (strid) battle; (sort) kind, sort

slagfärdig (bildl.) quick at repartee
slagg slag, dross
slagsida (have a) list
slagskämpe fighter
slagsmål fight, row
slak loose, slack
slakna slacken, relax
slakta slaughter, kill
slaktare butcher
slam (dy) slime, mud
slang tube; (språk) slang
slank slender
slant coin
slapp (moral) lax; → **slak**
slarv carelessness; negligence; **-a** be careless; **-ig** careless; untidy
slask slop(s); slush
slav slave; (folk) Slav
slejf strap; loop
slem slime; (läk.) phlegm
slemhinna mucous membrane
slentrian routine
slev ladle
slicka lick
slida sheath
slingra wind; bend; roll
slinta slip
slipa grind
slippa escape; get rid of
slipprig slippery
slips (neck)tie
slira slide; slip; skid
sliskig insipid
slit wear and tear
slita tear, pull; (nöta) wear. (arbeta) toil
slockna go out, expire
sloka droop
slopa demolish; reject
slott castle; palace
slug shrewd, sly, clever
sluka swallow; devour
slum|mer, -ra slumber
slump chance, accident
slunga sling; throw; launch
slup sloop
sluskig shabby
sluss sluice; lock
slut end. close, conclusion; *-et gott allting gott* all's well that ends well
sluta end, finish, stop, cease; ~ *förbund* make an alliance
sluten (bildl.) reserved, reticent
slutgiltig definitive
slutligen finally
slutsats conclusion; *dra en* ~ conclude
slutsåld sold out; (bok) out of print
slutta slope, decline
sluttning slope, descent
slyngel scamp, scoundrel
slå beat, knock, hit; strike; ~ *sig* hurt o. s.; ~ *sönder* smash
slåss fight, battle
släcka extinguish, put out
släde sleigh
slägga sledge (-hammer)
släkt family; **-e** genus
släkting relative, relation
släktregister pedigree
slända (zool.) dragon-fly
slänga fling, throw; dangle
släp train; *ta på* ~ take in tow
släp|a drag; (arbeta) toil, drudge; **-ig** (röst) drawling
släppa let go, let loose
slät smooth, level, even
slätt *s* plain
slö blunt, dull
slödder mob
slöhet bluntness, apathy
slöja veil
slöjd, -a (skol-) handiwork
slös|a waste; squander; spend; **-aktig** lavish
slösare spendthrift
smak taste; flavour
smak|a taste; **-full** in good taste; **-lös** tasteless
smaksak matter of taste
smal narrow; slender, slim
smalna grow thin
smaragd emerald
smed smith; **-ja** smithy
smek|a, -ning caress
smekmånad honeymoon
smeknamn pet name

smet grease; paste
smicker flattery
smickra flatter
smida forge
smidig flexible; pliable
smink paint; rouge
smita slink off
smitta *s* infection; contagion
smitt|a *v* infect; **-osam** infectious; contagious
smoking dinner-jacket
smuggla smuggle
smula (bröd) crumb
smultron (wild) strawberry
smuts dirt, filth
smutsa (make) dirty, soil
smutsig dirty
smycka decorate, adorn
smycke ornament; jewel
smyg, *i* ~ on the sly
smyga slip; ~ *sig* sneak
små (pl. av liten); *de* ~ the little ones; **-aktig** mean
småningom gradually, by degrees; by and by
småsak trifle
småstad small town
småstadsbo provincial
smäda abuse, calumniate
smädelse abuse
smälek disgrace, ignominy
smäll, -a (ljud) crack; smack, report; (slag) lash, slap
smälta melt; digest
smärt slender, slim
smärta *s* pain, pang, grief
smärtsam painful
smör butter; **-gås** bread and butter; sandwich
smörja *v* grease, oil
snabb swift; speedy; fast; rapid; **-het** swiftness
snabel trunk
snappa (bort) snatch (away)
snaps dram
snar quick, prompt, speedy
snara snare, trap
snarare (hellre) rather
snark|a, -ning snore
snart soon
snask sweets
snatta pilfer, purloin
snava stumble, trip
sned oblique, slanting
snegla ogle, leer (at)
snibb tip, end, corner
snickare joiner; carpenter
snida carve
snigel slug; snail
sniken greedy, covetous
snille genius
snillrik brilliant
snitt cut
snobb snob, dandy
snodd string
snok snake; **-a** spy, search
snopen surprised, baffled
snubbla stumble
snudda vid graze, touch
snurra *v* spin, whirl
snus snuff
snuskig filthy, slovenly
snuva cold (in the head)
snyft|a, -ning sob
snygg tidy, neat, clean
snyta sig blow one's nose
snål stingy; greedy
snålhet stinginess
snäcka periwinkle, snail
snäll kind, nice, good
snälltåg fast train, express (train)
snärja snare, trap
snäsa snap; snub
snäv narrow; (plagg) tight
snö, -a snow
snör|a lace; **-e** cord; (sko-) lace
sobel sable
social social; **-demokrat** social democrat
socialism socialism
societet society
socka sock
socken parish
socker sugar; **-bit** lump of sugar
sockersjuka diabetes
sockra sweeten
soffa sofa, couch, seat
sol sun; **-a sig** bask in the sun; **-bränd** sunburnt

soldat soldier
solid solid, sound
solidarisk med loyal to
solig sunny
solist soloist
solnedgång sunset
solstråle sunbeam
solstyng sunstroke
soluppgång sunrise
sol|ur, -visare sundial
som *pron* who, which, that; *konj* as, like
somliga some
sommar summer; jfr *höst*
somna fall asleep
son son (of)
sondotter grand-daughter
sonhustru daughter-in--law
sop|a sweep; **-or** sweepings
soppa soup, broth
sorg sorrow, grief, trouble; (efter avliden) mourning; black; **-dräkt** mourning
sorglig sad, mournful
sorglös carefree
sorgsen sad, mournful
sorl, -a murmur, hum
sort sort, kind; **-era** sort
sot soot; grime
sotare chimney-sweep
sova sleep, be asleep
sov|rum bedroom; **-vagn** sleeping-car, sleeper
spade spade; **-r** spades
spak *s* lever, handspike
spak *a* humbled; tractable
spana spy, scout; trace
Span|ien Spain; **-jor** Spaniard; **-sk** Spanish
spannmål grain, corn
spara save; (skona) spare
sparbank savings bank
spark, -a kick
sparris asparagus
sparsam economical
sparsamhet economy, thrift
sparv sparrow
specerier groceries
speci|alisera specialize; **-alist** specialist, expert; **-alitet** speciality; **-ell** special, particular
spegel mirror, (looking) glass
spegla sig look at o. s. in the glass
speja, -re spy, scout
spekulant speculator; intending buyer
spekulation speculation
spel play; game; acting
spela play; **-re** player
spelkort (playing-) card
spenat spinach
spene teat, nipple
spenslig slender, slight
spets point, tip; (tyg) lace
spets|a point; **-ig** pointed
spetälsk leprous
spetälska leprosy
spik, -a nail
spilla spill; drop; (öda) waste
spillra splinter
spilta stall, box
spindel spider
spindelnät cobweb
spinna spin
spion, -era spy
spira *s* (kungl.) sceptre; (torn) spire; *v* sprout
spiral spiral, winding
spirituell brilliant, witty
spis fireplace; (köks-) kitchen range
spjut spear, lance
spjäl|a splint; **-ka** split
spjäll damper
spjärna spurn
split discord, strife
splittra shiver, splinter
spola wash, rinse
spole spool; bobbin
sporr|a, -e spur
sport sports, games; **-a** go in for games (sports)
spotsk scornful, arrogant
spott saliva, spittle
spotta spit
spraka crackle; sparkle
spratt trick, lark
sprattla flounder
spricka *v* crack, break, burst; *s* crack
sprida spread
springa *v* run; *s* chink
sprit spirits, alcohol
spritta startle, start

spruta *s* syringe; *v* spout
språk language
språklig linguistic
språklära grammar
språksam talkative
språng spring, leap, jump
spränga burst; blow up
sprätt dandy
spy vomit
spydig ironical
spå tell a p. his fortune; foretell
spådom prophecy
spåkvinna fortune-teller
spår track, trace; **-a** trace
spårvagn tram(car)
spårväg tramway
späck lard
späd tender, slender
spänna stretch; strain
spännande exciting
spänne buckle
spänning strain; tension
spänstig elastic, vigorous
spärra bar; block up
spö twig; rod
spöke ghost, spectre
stab staff
stack rick, heap
stackare (poor) wretch
stad town, city
stadfästa confirm
stadfästelse confirmation
stadga *s* steadiness; (lag) regulation; *v* become settled; (föreskriva) direct
stadig steady, firm
stadsbo town-resident
stadsfullmäktig town councillor
stadshus city hall
staffli easel
stak|a punt; **-e** stake
staket fence
stall stable
stam stem, trunk; (folk-) tribe
stamfader ancestor
stamma stammer, stutter
stampa stamp
stamtavla pedigree
standar standard
stanna stop; remain; stay
stapel pile
stappla totter; stumble
stare starling
stark strong; powerful
starr (med.) cataract
starr(gräs) sedge
start, -a start
stat state; **-sförfattning** constitution
statist (teat.) mute
statistik statistics
stativ foot, stand
statlig public
statsminister prime minister
statsråd ministry; minister
staty statue
stav staff; rod; stick
stava spell
stavelse syllable
stearinljus candle
steg step; **-e** ladder
stegr|a increase, enhance; (häst) rear; **-ing** increase
stek roast meat
steka fry, roast
stekgryta stew-pan
stekpanna frying-pan
stel stiff; hard; numb
stelhet stiffness
stelna grow stiff, stiffen
sten stone; **-kol** coal
stenlägga pave
stenläggning pavement
stenograf stenographer; **-i** shorthand, stenography
stenåldern the Stone Age
steril sterile; barren
sticka *s* splinter; (strump-) knitting-needle
sticka *v* prick; stick, sting; (strumpor) knit
stift tack, brad, pin; (kyrkl.) diocese
stifta found; establish
stiftelse foundation
stig path
stiga step, tread; rise, mount; ~ *ned* descend; ~ *upp* (ur sängen) get up
stil style; hand (writing)

stilig stylish
stilla quite, calm, still
stillestånd armistice
stillhet quietness, calmness, silence
stillsam quiet
stimulera stimulate
sting sting, prick
stinka stink
stipendium scholarship
stirra stare, gaze
stjäla steal
stjälk stalk, stem
stjälpa turn over, upset
stjärna star
stjärnbaneret the star-spangled banner
stjärnbeströdd starred
stjärt tail
sto mare
stock log
stocka sig stagnate
stoff stuff; material
stoft dust; (pers.) ashes
stoj noise; **-a** make a noise
stol chair
stolpe post
stolt proud; **-het** pride
stomme frame(work)
stoppa stop; (kläder) darn
stor big, large, great
storartad grand
Storbritannien Great Britain
storhet greatness, magnitude
stork stork; **-na** choke
storlek size, volume
storm storm, tempest, gale
storma blow a gale, storm
storväxt tall
straff punishment, penalty
straffa punish
stram tight; stiff
strand shore, beach, bank
stranda strand, run ashore
strapats fatigue, hardship
strax directly, presently
streck line, stroke
strejk, -a strike
strejkbrytare blackleg
streta strive, struggle
strid *a* rapid; violent
strid *s* combat, fight, struggle, battle; dispute
strida fight, struggle
stridighet opposition
stridslysten quarrelsome, pugnacious, combative
strig|el, -la strop
strila spray
strimma streak, strip
strof strophe, verse
struma goitre
strumpa stocking; sock
strump|eband garter; **-sticka** knitting-needle
strunta i disregard
strupe throat; gorge
strut cornet
struts ostrich
stryk beating
stryk|a stroke; (kläder) iron; **-järn** iron
strypa strangle
strå straw
stråke bow
stråkorkester string-band
strål|a beam; **-e** ray, beam
strålkastare search-light
sträck *i* ~ at a stretch
sträcka *s* way, distance, stretch; *v* stretch, extend
sträng *s* string; *a* severe, strict; **-het** severity
sträv harsh, rough, coarse
sträva strive; toil
strö *v* strew, sprinkle
strödd scattered
ström stream, torrent; (elektr.) current
strömbrytare switch
strömming Baltic herring
strösocker powdered sugar
ströva rove, stroll, ramble
stubbe stump, stub
stubintråd match-cord
student student; **-examen** matriculation (examination); *ta* **-en** pass one's matriculation

stud|era, -ium study
stuga cottage
stum dumb, mute
stump bit, end
stund moment, while, time
stundom sometimes
stup precipice
stupa fall (in battle)
stuprända spout
stursk insolent, arrogant
stuv remnant
stuv|a -ning stew
styck *per* ~ by the piece
stycka cut up
stycke piece; part
stygg bad, wicked, naughty
stygn stitch
stympa maim, mutilate
styng sting; stitch
styr *hålla i* ~ keep in order; *hålla sig i* ~ keep quiet
styra steer; govern, direct
styrbord starboard
styre helm; rudder
styrelse government, administration, board
styrka *s* strength, power, force; *v* strengthen
styrman mate
styrstång handle-bar
styv stiff
styv|barn stepchild; **-far** stepfather, etc
styvna stiffen
stå stand
stål steel; **-penna** nib
ståltråd wire
stånd *sätta i* ~ put in order; *vara i* ~ *att* be able to
stång pole
stånga butt
stånka *v* pant
ståt display, state, pomp
ståtlig splendid, stately
städ anvil
städa tidy up
städerska charwoman
ställ stand
ställa place, put, set
ställe place, spot
ställning position; situation
stämma *s* voice; *v* tune
stämning mood; atmosphere; (jur.) summons
stämp|el stamp, mark; **-la** stamp; (intrig.) plot
ständig permanent, perpetual
stänga shut, close
stängsel fence
stänka sprinkle
stärbhus estate (of a deceased person)
stärka strengthen; (tvätt) starch
stäv stem
stöd stay, support
stödja support; ~ *sig på* base oneself on
stöld stealing; theft
stöna groan
störa disturb, interrupt
störta (bildl.) overthrow; ~*sig* plunge, rush
störtregn downpour
stöt thrust; knock; shock
stöta thrust, push; offend
stövel boot
subjekt subject
subskribera subscribe (for)
substantiv substantive
subtil subtle
subtrahera subtract
subtraktion subtraction
succé success
suck, -a sigh
sudda ut rub out; blot out
suga suck; sip
sugga sow
suggerera suggest
sula sole
summa sum; total
summera sum, add
sumpig fenny, swampy
sund *s* sound; strait
sund *a* sound, healthy
sup dram; **-a** drink, tipple
supé supper
suppleant deputy, substitute
sur sour; **-na** turn sour
surra hum, buzz
surrogat substitute
susa whiz, sough, murmur

svag weak, feeble
svaghet weakness, infirmity
sval cool
svala swallow
svalg throat; abyss
svamp sponge; (ätlig) mushroom
svan swan
svans tail
svar, -a answer, reply
svart black; **-na** blacken
svartsjuk jealous
svarva turn; **-re** turner
svavel sulphur
svek treachery, deceit
svensk *a* Swedish; *s* Swede
svepa wrap
svepskäl subterfuge
Sverige Sweden
svett perspiration, sweat
svettas perspire, sweat
svida smart
svika deceive; disappoint
svimma swoon, faint
svin swine, hog
svindel giddiness
svinga swing
sviskon prune
svordom oath, curse
svull|en swollen; **-na** swell
svulst tumour
svåger brother-in-law
svår difficult, hard
svårighet difficulty
svägerska sister-in-law
svälja swallow
svälla swell
svält starvation
svälta starve
svänga swing, turn
svängning swing, rotation
svära swear
svärd sword
svärdotter daughter-in-law
svärfar father-in-law
svärma swarm; (bildl.) dream; **-re** enthusiast
svärmor mother-in-law
svärson son-in-law
svärta *v* blacken; *s* blackness
sväva hover; float, soar
sy sew
syd, -lig south
syft|a, -e aim (at)
syl awl
sylt jam, preserve
sylta *v* make jam, preserve
sympatisk sympathetic
syn sight, view, vision
syna inspect, examine
synas appear; seem
synbar visible
synd sin; *det är* ~ it is a pity; *jag tycker* ~ *om honom* I feel sorry for him
synda sin; **-re** sinner
syndig sinful, wicked
synlig visible
synnerhet *i* ~ especially, particularly
synpunkt point of view
synål needle
syr|a, -lig acid
syrsa cricket
syskon brothers and sisters
sysselsätta occupy, busy
sysselsättning occupation
syssla *s* employment, work
syssling second cousin
sysslolös idle, unemployed
sysslolöshet idleness
syster sister; **-dotter** niece; **-son** nephew
så *adv* so; thus; such; *konj* so; such; ~ . . . *att* so . . . that; ~ . . . *som* as . . . as, (nek.) so . . . as
så *v* sow
sådan such
såg, -a saw
således, sålunda thus
sång song
sång|are, -erska singer
såpa soft soap
sår wound
såra wound; hurt; injure
sårbar vulnerable
sås sauce, gravy, dressing
såsom as
så|vida provided; ~ *icke* unless; **-vitt** as far as

säck sack, bag
säd grain, corn
säga say, tell
sägen tradition, story, tale
säker sure; secure, safe; certain
säkerhet security; safety
säkerhetsnål safety-pin
säl seal
sälja sell; **-re** seller
sällan seldom
sällhet bliss, happiness
sällsam strange, odd
sällskap society, company
sällskapa med associate with
sällsynt rare
sälta saltness
sämja concord, amity
sända send; ~ *efter* send for
sändebud envoy
sändning consignment, sending
säng bed, bedstead
sängkammare bedroom
sänka *v* sink
särdeles especially
särskild separate, different
särskilja distinguish
särskilt especially
säsong season
säte seat; residence
sätt manner, fashion, way
sätta put; set; place; ~ *på sig* put on; ~ *sig* sit down
söder south; ~ *ut* southward
söka seek, search, look for
söla loiter, linger
söm seam; **-merska** seamstress; dressmaker
sömn sleep; **-ig** sleepy
sömnad sewing; needlework
sömnlöshet insomnia
söndag Sunday
sönder in pieces, asunder
söndrig broken
sörja grieve; (död) mourn; ~ *för* take care of
söt sweet; lovely; pretty
söta sweeten
sötma sweetness
sötsaker sweets
söva put to sleep; lull to sleep; (med.) anaesthetize
sövande soporific

T

tabell table
tablett tabloid; tablet
tabu taboo
tack thanks; ~ *så mycket!* thank you very much!; ~ *själv!* the same to you!; ~ *vare* thanks to; *ja* ~! yes, please; *nej* ~! no, thanks!, no, thank you!
tacka *v* thank
tacka (djur) ewe
tackjärn pig-iron
tackl|a rig; **-ing** rigging
tacksam grateful, thankful; *jag skulle vara mycket* ~ I would be much obliged (to you)
tacksamhet thankfulness
tad|el, -la blame, censure
tafatt awkward; clumsy
taft taffeta
tag grip, grasp, hold; *fatta* ~ *i* grasp, seize; *få* ~ *i* get hold of, find; *två i -et* two at a time
taga take; (gripa) seize; ~ *bort* take away; ~ *för sig* help o. s.; ~ *hand om* take care of; ~ *med sig* bring; ~ *på sig* put on; ~ *upp* pick up
tagel horsehair
tagg prickle; (törn-) thorn; **-tråd** barbed wire
tak roof; (inner-) ceiling; **-ränna** eaves-gutter
takt time; (mus.) measure; bar; *hålla -en* keep time; (bildl.) tact, delicacy

taktfullhet tactfulness
taktik tactics (pl.)
taktlös tactless
takås ridge
tal number; sum; (föredrag) speech; *på ~ om* speaking of
tala speak; talk, chatter; *det är ingenting att ~ om* don't mention it! *~ om* (berätta) tell
talang talent, gift; **-full** talented, gifted
talare speaker
talfel speech defect
talfilm talking film, talkie
talg tallow
talk talc
tall pine, fir; (trä) pine-wood
tallrik plate
talman speaker
talrik numerous
tals *komma till ~ med* get to speak to
tam tame; domestic
tambur hall, cloak-room
tand tooth (pl. teeth); **-borste** tooth-brush; **-kräm** tooth-cream; **-läkare** dentist; **-värk** toothache
tangent key
tank|e thought; idea; opinion; *ha -arna med sig* have one's wits about one; *vara försänkt i -ar* be deep in thought; *komma på andra -ar* change one's mind
tankfull thoughtful
tanklös thoughtless
tankspridd absent-minded
tankstreck dash
tant aunt
tapet (wall-) paper
tapetserare upholsterer
tapp tap; wisp; flock
tappa drop, let fall; lose; *~ ur* (vätska) draw; tap
tapper brave, valiant
tapperhet bravery, valour
tappt *ge ~* give in
tarm intestine; **-ar** guts, bowels
tarva require; demand
tarvlig (enkel) frugal; (pers.) vulgar, common
tass paw
tattare gipsy
tatuera tattoo
tavla picture; (skiva) table; *svarta -n* the blackboard
tax dachshund
taxa table of rates; tariff; (avgift) fare; fee
taxera assess; (uppskatta) rate, estimate
taxering assessment; **-svärde** assessed value
te tea
teater theatre; stage; *gå in vid -n* go on the stage; *gå på -n* go to the theatre
teatralisk theatrical
teck|en sign; mark; **-na** sign
teck|na (rita) draw; **-ning** drawing, sketch; **-ningslärare** drawing-master
tefat saucer
tegel brick
tegelbruk brickyard
tegelpanna roofing-tile
tekanna tea-pot
teknik technique, technics; **-er** technician
tekopp teacup
telefon telephone; *ringa upp i ~* ring up (on the telephone); **-era** telephone; **-katalog** directory; **-lur** receiver
telegraf, -era telegraph
telegram telegram, wire
telning offset
tema theme; composition
tempel temple
temperament temperament, temper
temperatur temperature
tempererad tempered; temperate
tempo time; tempo
temporär temporary

tempus tense
tendens tendency
tenn tin; pewter
tennisplan tennis-court
tenor tenor
tentamen examination
teolog theologian
teologi theology
teoretisk theoretical
teori theory
term term, expression
termin term; period
termometer thermometer
terrass, -era terrace
terrin tureen
territorium territory
terrorisera terrorize
terräng terrain; **-löpning** cross-country running
tes thesis
tesked teaspoon
testamente will; (bibl.) Testament; **-ra** bequeath, leave by will
text|a write in texthand, engross; **-ning** engrossing
textilvaror textiles
Themsen the Thames
tid time; period, space; *beställa ~ hos* make an appointment with; *få ~* get time; *den nya -en* the new age; *för en ~ sedan* some time ago; *förr i -en* formerly; *med -en* in time; *-s nog* early enough; *under -en* in the meantime
tidig early
tidning newspaper
tidpunkt date, time, hour
tidsfördriv pastime
tidskrift periodical; review, journal, magazine
tidsålder age; generation
tidtabell time-table
tiga be silent (about); keep silence
tigga beg; **-re** beggar
tiggarmunk mendicant friar
tiggeri begging
tik bitch
tilja board
till to; at; by; for; till, until; *~ fots* on foot; *~ sjöss* by sea; *~ dess* until; *litet ~* a little more
tillaga make, prepare
tillbaka back; backwards; **-satt** (feel) slighted; **-visa** reject, refute
tillbedja worship, adore; **-n** worship, adoration
tillbehör appendage; accessories
tillbringa spend; pass
tillbörlig due; proper
tilldela allot; confer
tilldraga attract; (hända) happen, occur
tilldragande attractive
tilldragelse occurrence; event
tillerkänna award; adjudge
tillflykt refuge, resort
tillfoga add, affix; *~ skada* cause (a p.) harm
tillfredsställ|a satisfy; gratify; **-else** satisfaction
tillfriskna recover
tillfångatag|a capture; *bli -en* be taken prisoner
tillfälle occasion; *för -t* at present
tillfällig accidental
tillförlitlig reliable
tillförsel supply, provision
tillförsikt confidence, assurance
tillgiv|en attached; affectionate; *Er -ne* Yours sincerely
tillgjord affected
tillgodohavande balance
tillgripa appropriate
tillgång access; supply; **-ar** assets
tillgänglig accessible; available
tillhåll haunt
tillhöra belong to
tillhörighet possession
tillika also, too, as well

tillintetgöra annihilate
tillit trust, confidence
tillkalla call, summon
tillkommande future, coming
tillkännag|e notify; **-ivande** notifying
tillmötesgå accede to
tillnamn surname
tillreda prepare
tillräcklig sufficient
tillräknelig responsible, accountable
tillrättavisa reprove
tills till; until; ~ *vidare* until further notice
tillsammans together; altogether; in all
tillse look after
tillskott contribution
tillstyrka recommend
tillstå confess; admit
tillstånd permission, leave; condition
tillställning entertainment
tillsätta add on, put in; (vid tjänst) appoint
tilltag venture; trick, prank; **-a** increase
tilltal address
tilltala address; speak to
tilltro confidence (in)
tillträde entry; entrance; ~ *förbjudet* No Admittance
tilltvinga obtain by force
tillvarataga take charge of
tillvaro existence
tillverk|a, -ning manufacture, make; *svensk -ning* Swedish-made
tillåt|a allow; consent to; **-else** permission, leave
tillägg addition; **-a** add
tillägna dedicate; ~ *sig* acquire; appropriate
tillämpa apply
tillämpning application
tillönska, -n wish
timma hour
timmer timber; **-man** lumberman; **-stock** log
timtal *i* ~ for hours
timvisare hour hand
tina thaw, melt
tindra twinkle, sparkle
ting thing; matter; object; (jur.) session
tinga order, book
tingest thing, object
tings|hus court-house; **-sal** sessions-hall
tinning temple
tio ten; **-nde** tenth
tipp tip; **-a** tip; **-ning** winner-spotting
tips tips
tisdag Tuesday
tistel thistle
titel title
titt, -a look, peep, glance
titulera style, call
tjeck, -isk Czech
tjock thick; (pers.) stout; chubby; (rök) dense
tjocka fog
tjog score
tjugonde twentieth
tjugu twenty
tjur bull; **-a** sulk
tjusa charm, enchant
tjut, -a howl; (bil) boot
tjuv thief
tjäder capercailzie
tjäna serve; (pengar) earn
tjänare servant
tjänst service; place, situation; office; duty
tjänsteman official; officer; employee
tjänstledig (be) on leave **-het** leave of absence
tjänstvillig obliging
tjära *s, v* tar
tjärn tarn; woodland pool
toalett toilet; *göra* ~ dress; lavatory; W.C.
tobak tobacco; **-shandlare** tobacconist
toffel slipper
tofs tuft; crest; tassel
tok fool; **-ig** mad; silly; wrong; ridiculous
tolerans tolerance
tolerera tolerate
tolfte twelfth
tolk interpreter
tolka interpret

tolv twelve; *kl.* ~ noon
tom empty; void; vacant
tomat tomato
tomt building plot; garden
tomte Puck; brownie
ton tone; note; tune; *höra till god* ~ be good form
ton (vikt) ton
tonfall intonation, accent
tonsättare composer
tonåren *i* ~ in one's teens
topp top
tordön thunder
torftig poor; needy
torg square; market-place
torka *s* drought: *v* dry; ~ *sig* dry o. s., wipe o. s.
torn tower, steeple; **-klocka** tower-bell; tower-clock
torp croft; **-are** crofter
torped, -era torpedo
torr dry; arid; **-mjölk** desiccated milk
torsdag Thursday
torsk cod
tort|era, -yr torture
torv turf; peat
total total, entire
trafik traffic
trafikant passenger
trafikera use, frequent
tragedi tragedy
trakt district, region; neighbourhood
trakta efter aim at
traktat treaty; tract
traktera treat; entertain
trampa tread; trample
tran whale-oil
trana crane
tranbär cranberry
transkribera transcribe
transponera transpose
transportera transport, convey, transfer
trapp|a stairs; staircase; *en* ~ *upp* on the first floor; **-steg** step
tras|a rag; ~ *sönder* tear to rags; **-ig** ragged, tattered; torn; broken; out of order
traska trudge
trassera draw bills
trasslig entangled
trast thrush
tratt funnel
trava trot
trave pile
tre three; **-dje** third
tredskas be refractory
treenig triune; **-het** trinity
trettio thirty
tretton thirteen; **-dagen** Twelfth Day; **-dags-afton** Twelfth Night
treva grope (for)
trevlig pleasant; agreeable; nice
trevnad comfort
triangel triangle
tribun platform, tribune
trikoloren the tricolour
trikå tricot, stockinet
trilla roll, drop, fall
trilsk contrary
trimma trim
trind round(ish)
tripp trip; ~ *trapp trull* tit-tat-toe; **-a** trip
trist gloomy; (pers.) sad
triumf, -era triumph
trivas get on, feel at home
trivial commonplace
tro *s* belief; (rel.) faith
tro *v* believe; think; suppose; ~ *på* believe in
trofast, trogen faithful; loyal; true
trohet fidelity; faithfulness
trolig probable, likely
troll troll; hobgoblin
troll|a conjure; **-dom** witchcraft, sorcery; **-eri** magic, enchantment; **-karl** magician; conjuror; **-kvinna** witch
trollslända dragon-fly
trolov|a sig become betrothed; **-ning** betrothal
trolös faithless; treacherous
tron throne

tropik|erna the Tropics; **-hjälm** pith helmet
tropp troop; squad
tross (rep) hawser; (mil.) baggage
trots *s* defiance, obstinacy; *prep* in spite of
trotsa defy; brave
trotsig defiant; obstinate
trottoar pavement
trovärdig credible
trubbig blunt; obtuse
trumf, -a trump
trumhinna drum-membrane
trumma drum
trumpen sullen, sulky
trumpet trumpet
trupp troop; team
tryck pressure; print
trycka press; print
tryckfel misprint
tryckfrihet liberty of the press
tryckknapp push button
tryckpress printing-press
trygg secure, safe (from)
trygghet security, safety
tryne snout
tråckla tack
tråd thread; cotton
tråd|lös wireless; **-rulle** reel; bobbin **-sliten** threadbare
tråkig tedious, boring
tråna pine, languish (for)
trång tight; narrow
trångbodd overcrowded
trä wood
träd tree
träda tread, step
träde fallow
trädgård garden; **-smästare** gardener
träffa meet; see (a p); ~ *på* encounter; hit; strike; **-s** meet
träkarl dummy
träkol charcoal
träl thrall; serf
träldom bondage, slavery
träna train, practise
träng (mil.) train
tränga force; push; ~ *igenom* penetrate; ~ *ihop sig* crowd together; ~ *sig in* intrude; **-s** crowd
trängsel crowding
träsk fen, marsh
träta quarrel
trätgirig contentious
trög slow; sluggish, dull
tröja jersey, sweater
tröska thresh
tröskel threshold, doorstep
tröst consolation
trösta console, comfort
trött tired, weary
trötta tire, fatigue, weary
tröttna tire, get tired
tröttsam tiring, fatiguing
tub tube
tubba inveigle
tuberkel tubercle
tuberkulos tuberculosis
tugga chew, masticate
tukt, -a discipline
tull (customs) duty; the Customs
tulpan tulip
tum inch; **-ma på** finger
tumme thumb
tumör tumour
tung heavy; weighty; hard
tunga tongue
tungsint melancholy
tunn thin; slender; light
tunn|a barrel; **-band** hoop
tunnel tunnel
tunnelbana underground
tunnland acre
tupp cock; **-lur** nap
tur turn; *i ~ och ordning* by turns; (färd) trip, tour; (lycka) luck; *ha ~* be lucky
turist tourist
turistbyrå tourist agency
turk Turk; **T-iet** Turkey; **-isk** Turkish
turkos turquoise
turné, turnera tour
turnering tournament
tusch Indian ink
tusen thousand; **-de** thousandth; **-foting** centipede; *det -åriga riket* the millennium
tuss wad
tvedräkt discord

tvegifte bigamy
tveka hesitate
tvekan hesitation
tveksam irresolute; doubtful; in doubt
tvestjärt earwig
tvetydig ambiguous; equivocal
tvilling twin
tvinga force; compel
tvinna twine; twist
tvivel doubt; **-aktig** doubtful, dubious
tvivla doubt
tvungen obliged, compelled
två two
tvål soap
tvång compulsion, constraint
tvåspråkig bilingual
tvär square; abrupt; blunt; *på -en* crosswise
tvärs över straight across
tvärtom on the contrary
tvätt wash, washing
tvätta wash
tvättäkta washable
ty for
tycka think; consider; ~ *om* like, be fond of
tyckas seem
tycke opinion; liking
tyda interpret; solve; ~ *på* indicate
tydlig plain; clear; evident; obvious; distinct
tyg stuff; material, cloth
tyg|el, -la rein, bridle
tygellös unbridled
tyll tulle; bobbinet
tyna languish
tynga weigh, be heavy
tyngd weight; **-kraft** gravitation; **-punkt** centre of gravity
typ type; **-isk** typical
tyrann tyrant; **-i** tyranny; **-isera** tyrannize over; **-isk** tyrannical
tyrol|are, -er Tyrolese, Tyrolian; **T-en** Tyrol
tysk German
Tyskland Germany
tyst silent, still, quiet
tysthet silence
tystlåten taciturn, silent
tystna become silent
tystnad silence
tyvärr unfortunately
tå toe; *på* ~ on tiptoe
tåg (järnvägs-) train; (tågande) march; procession; (rep) rope
tåga march, walk in procession
tåla bear, endure, stand
tålamod patience
tålig patient
tång a pair of tongs; (bot.) seaweed
tår tear; *fälla -ar* shed tears
tårta cake
täck pretty; **-a** cover
täcke cover; coverlet; counterpane
tälja carve
täljare numerator
tält tent
tämja tame
tämligen fairly, tolerably
tända light; turn on; ~ *eld på* set fire to
tändsticka match
tänja stretch
tänka think, consider; ~ *göra* intend to do; ~ *sig* imagine, fancy
täppa *s* patch, plot
täppa *v* stop up; obstruct
tära consume
tärning die (pl. dice)
tät close; tight; dense; *i -en* at the head
täta stop up; make tight
tävla compete
tävl|an, -ing competition
tö thaw
töcken mist
töja stretch
tölpaktig boorish
töm rein
tömma empty
töras dare
törn blow; bump
törn|e thorn; **-ros** rose
törst, -a thirst (for)
törstig thirsty
tös girl, lass
töväder thaw

U

ubåt submarine, U-boat
udd point
udda odd
udde point; cape
uggla owl
ugn oven
ull wool; **-ig** woolly
ulv wolf
umbära do without
umgås be on visiting terms (with); associate
umgälla atone for
umgänge intercourse; **-skrets** circle of friends
undan aside; out of the way
undanbedja sig decline
undandraga withdraw; ~ *sig* evade, shirk
undanflykt evasion
undangömd concealed; secluded
undanröja remove
undantag exception
under *prep* under; below; beneath; (tid) during, for; ~ *det att* while
under *s* wonder; **-bar** wonderful, marvellous
underbetyg failing mark
underdånig subservient; humble
undergiven submissive
undergräva undermine
undergång destruction
underhaltig inferior
underhandla negotiate
underhavande dependant
underhuset the House of Commons
underhåll maintenance; (pengar) allowance; **-a** maintain; (roa) entertain
underhållning entertainment
underkasta subject to; ~ *sig* submit to
underkastelse submission
underkläder under--clothes
underklänning slip
underkuva subdue
underkänna (skola) fail
underlig curious, strange
underliv abdomen
underlydande dependent
underlåta omit; neglect
underlåtenhet omission
underlägsen inferior
underläkare assistant doctor
underläpp lower lip
underlätta facilitate
undermedvetande subconsciousness
undernärd underfed
underofficer non-commissioned officer
underordna, -d subordinate
underrätt|a inform; **-else** intelligence, information
underskatta underestimate
underskrift signature
underskriva sign
understryka underline
understå sig dare, presume
understöd, -ja support
undersåte subject
undersöka examine
undersökning examination
underteckna sign; **-d** the undersigned
undertrycka suppress
underverk miracle, wonder; *göra* ~ work wonders
undervisa instruct, teach
undervisning instruction; teaching
undfallande yielding
undfly escape; avoid
undflykt evasion; excuse
undfägna treat, entertain
und|gå, -komma escape
undra, -n wonder (at)
undsätt|a relieve, succour; **-ning** relief, rescue
undvara go without
undvika avoid
undvikande evasive
ung young; **-dom** youth; **-domlig** youthful; juvenile

unge baby, youngster; (djur) cub, whelp
ungefär about
ungefärlig approximate
Ungern Hungary
ungersk Hungarian
ungkarl bachelor
ungmö maiden
uniform uniform
unik unique
universell universal
universitet university
universum universe
unken musty
unna not grudge
uns ounce
upp up
uppassare waiter
uppasserska waitress
uppbragt roused
uppbrott breaking up
uppbyggelse edification
uppbåda summon, call out
uppbörd collection of taxes
uppdaga discover, detect
uppdrag commission
uppe up; upstairs; above
uppegga incite
uppehåll sojourn, stay; (paus) pause; intermission; **-a** keep; delay; **-a sig** sojourn, reside
uppehälle living, livelihood, sustenance
uppenbar evident, manifest
uppenbar|a reveal; **-else** revelation; apparition
uppfatt|a apprehend; catch; grasp; **-ning** comprehension
uppfinn|a invent; **-are** inventor; **-ing** invention
uppfostra educate
uppfostran education
uppfriskande refreshing
uppfylla fulfil; perform; meet; comply with
uppföda rear
uppföra build; (teat.) perform; ~ *sig* behave; **-nde** behaviour, conduct
uppge give up; give; state
uppgift task; statement
uppgjord settled
uppgå till amount to
upphetsa excite
upphetta heat
upphov origin, cause
upphovsman author
upphäva abolish; (röst) raise
upphöja raise; elevate
upphöra cease, stop
uppifrån from above
uppiggande stimulating
uppjagad excited, roused
uppkastning vomiting
uppkomst origin
uppköp, -a purchase
upplaga edition
upplagd för in the mood for
upplev|a, -else experience
upplopp riot
upplyftande elevating
upplys|a illuminate; (bildl.) enlighten, inform; **-ning** information
upplös|a dissolve; break up; **-ning** dissolution
uppmana exhort
uppmaning exhortation
uppmuntra encourage
uppmuntran encouragement
uppmärksam attentive (to); **-het** attention; **-ma** pay attention to
upp- och nedvänd upside down, topsy-turvy
uppoffr|a, -ing sacrifice
upprepa repeat
upprepning repetition
uppretad irritated
uppriktig sincere; candid
uppriktighet sincerity
upprinnelse origin, source
upprop calling over
uppror insurrection, revolt
upprorisk rebellious
uppräkna enumerate
upprätt upright, erect
upprätta raise; found

upprättelse satisfaction
upprätthålla maintain
uppröra stir up; agitate
uppsagd (be) under notice
uppsats essay, composition
uppseende sensation
uppsikt supervision
uppskatt|a estimate; appreciate; **-ning** estimation
uppskjuta put off, postpone
uppskov delay, respite
uppskrämd startled
uppsluppen in high spirits
uppsnappa snatch up
uppstudsig refractory
uppståndelse commotion
uppställ|a place, arrange; set forth; **-ning** arrangement; (mil.) alignment
uppsyn look, countenance
uppsyningsman supervisor
uppsåt intent, purpose
uppsägning notice, warning
uppsättning set
upptag|a occupy; **-en** occupied, busy, engaged
uppteckna write down
uppträda appear; perform
uppträd|ande appearance; behaviour; **-e** scene
upptåg prank, frolic
upptäcka discover; find out
upptäckt discovery; **-sresa** exploring expedition
upptänklig conceivable
uppvakt|a wait upon **-ning** attendance; call
uppvigla excite
uppvisa show up, present
uppvisning show; exhibition
uppåt upwards
ur *s* watch; clock
ur *prep* out of; from
uraktlåta neglect, omit
urarta degenerate
urholka hollow; excavate
urin urine
urkund record; document
urmakare watchmaker
urminnes immemorial
urna urn
urringad low-necked
ursinne fury, rage
ursinnig furious
urskilja distinguish
urskillning discrimination
urskulda (sig) exculpate (o. s.)
ursprung origin; source; **-lig** original; primary
ursäkt excuse; **-a** excuse; ~ *mig!* excuse me!, I beg your pardon!
urtavla clock-face; dial
urval choise, selection
urverk works of a watch
urvisare watch-hand
urvuxen outgrown
usel miserable; wretched
usling wretch
ut out
utan without; *konj* but
utan|för, -på outside
utanskrift address
utantill by heart
utarbeta work out; compose
utarma impoverish
utbetalning payment
utbilda develop, train
utbildning training
utblottad denuded
utbred|a spread; expand; extend; **-ning** spread; distribution; expansion
utbrista burst out
utbrott breaking out
utbyte exchange
utböling outcast
utdel|a distribute; **-ning** distribution; dividend
utdrag extract
utdunstning transpiration

utdöd extinct
ute out; out of doors
utebli stay away
utelämna omit, leave out
utesluta exclude
utestänga lock out
utfattig destitute
utflykt trip, excursion
utforska explore; find out
utför down
utföra perform; export
utförlig detailed
utförsel export
utgift expense
utgiva publish
utgivare publisher; editor
utgjuta pour out; shed
utgrävning excavation
utgång issue, end; exit
utgöra constitute, make
uthus outhouse
uthärda endure, stand
utifrån from outside
utkast plan; rough draft
utkik look-out
utklädd disguised
utkomst living
utlandet abroad
utlopp outflow
utlova promise
utlämna give out; deliver
utländsk foreign
utlänning foreigner
utlös|a redeem; ransom; release; **-ning** redemption
utman|a, -ning challenge
utmattad exhausted
utmärglad emaciated
utmärka mark; distinguish
utmärkelse distinction
utmärkt excellent
utnämna appoint, nominate
utnämning nomination
utnött worn out
utom outside; except; besides; beyond
utomhus out of doors
utomlands abroad
utomordentlig extraordinary
utomstående outsider
utpeka point out; indicate
utplåna delete
utpress|a, -ning blackmail
utreda disentangle
utrikes foreign; *adv* abroad
utrop exclamation, cry
utrop|a exclaim; proclaim; **-stecken** exclamation mark
utrot|a root out; exterminate; **-ning** uprooting
utrust|a equip, fit out; **-ning** equipment, outfit
utrymma evacuate; vacate
utrymme room, space
uträkning calculation
uträtta do, execute
utsatt exposed; fixed (day)
utse choose; nominate
utseende appearance; looks
utsida outside; exterior
utsikt view; prospect
utskott committee
utslag (med.) eruption; (jur.) judgment; (våg) deviation
utsliten worn out
utspädd diluted
utsträck|a stretch, extend; **-ning** extension
utstyrsel outfit
utstå endure, suffer
utstående protruding
utställ|a exhibit, display, expose; **-ning** exhibition
utstött outcast
utsvulten starved
utsätta (tid) fix; ~ *sig för* expose o. s. to, run (the risk)
utsökt exquisite, choice
uttal pronunciation
utter otter
uttryck expression; phrase
uttrycka express
uttråkad bored

utträda leave, withdraw
utvandra emigrate
utveckl|a develop; **-ing** development; progress
utverka procure, obtain
utvidga widen, expand
utvisa send out; expel
utvisning expulsion
utvissla hiss
utväg expedient, means
utvälja choose, select
utvärtes outward, external
utåt outwards
utöva practise; exercise
uv horned owl

V

vacker beautiful; nice; pretty; fine; handsome
vackla stagger; waver
vad *s* wager, bet; *slå ~* (make a) bet; (ben) calf
vad *pron* what
vada wade
vadd wadding; padding **-era** wad; pad
vadhållning betting
vadmal homespun, frieze
vadställe ford
vagel (med.) sty
vagg|a *s* cradle; rock; **-visa** lullaby
vagn carriage, car; cart
vaja float, fly, flutter
vak hole in the ice
vaka *s, v* watch
vakans vacancy
vaken awake; (bildl.) alert
vakna awake, wake up
vaksam vigilant
vaksamhet vigilance
vakt, -a watch, guard
vaktmästare caretaker, porter; (restaur.) waiter
vakttjänst guard-duty
val choice; (polit.) election; (djur) whale
val|bar eligible; **-berättigad** entitled to vote
valfrihet option
valk callosity; weal
vall (höjd) embankment
valla tend; watch; herd
vallfärd pilgrimage
vallgrav moat
vallmo poppy
valnöt walnut
valp puppy; **-a** pup
valpsjuka distemper
valross walrus
vals waltz; (tekn.) cylinder, roller
valthorn French horn
valurna ballot-box
valuta currency; value
valv vault; arch
valör value
van practised, trained; accustomed to, used to
vana practice, experience; (sed) custom; habit
vanartig vicious; naughty
vandel conduct
vandr|a wander, walk **-ing** walk, wandering; **-ingspris** challenge prize
vanför disabled, lame
vanföreställning wrong idea
vanheder disgrace, dishonour
vanhelga profane
vanilj vanilla
vankelmod irresolution
vanlig ordinary; usual; common; **-en** generally
vanlottad badly off; luckless
vanmakt impotence
vanrykte disrepute
vansinne insanity, madness
vansinnig insane; mad
vanskapt deformed
vansklig risky; precarious
vansköta mismanage, neglect
vanställa deform, disfigure
vante glove, mitten
vantrivas feel uncomfortable

vantro superstition
vanvårda neglect
vanvördnad disrespect
vanära dishonour
vapen weapon
vapenrock tunic
vapenvila truce, armistice
var (med.) pus, matter
var *pron* every, each; ~ *och en* everybody, each; *adv* where; ~ *som helst* anywhere
vara *v* be, exist; (räcka) last; ~ *kvar* remain; *ta* ~ *på* take care of
var|a article; **-or** goods
varaktig durable; lasting
var|andra each other, one another; **-annan** every other, every second
varav whence
varbildning suppuration
vardag week-day; **-lig** every-day; commonplace
vardagsrum sitting-room
vardera each
vare sig . . . eller either . . . or
varelse being, creature
varenda every
varför *interr* why, for what reason, *relat* for which reason
varg wolf
variera vary
varifrån from where
varig purulent
varje every, each
varjehanda various
varken . . . eller neither . . . nor
varm warm; hot
varna warn
varning warning, caution; ~ *för . . .!* beware of . . .!
varsam wary, cautious; **-het** caution, wariness
varsebli perceive, observe
vars|el, -la foretoken
varsko warn, notify
varuhus department store
varumärke trade mark
varv turn, round, revolution; layer; (skepps-) shipyard
vas vase
vask sink
vass *s* reed; *a* sharp; keen
vassla whey
vatten water; **-behållare** tank; **-drag** watercourse; **-fall** waterfall, cataract; **-kopper** chicken-pox; **-kran** watertap; **-ledning** waterconduit; **-tät** waterproof; watertight
vattna water; irrigate
vattning watering
vax wax; **-duk** oil-cloth
veck fold; pleat; crease
vecka *s* week
veck|a *v* plait, crease; **-la** fold up; wrap
veckotidning weekly
ved wood
vederbörande proper; the (party) concerned
vederbörlig due, proper
veder|gälla repay; reward; **-gällning** retribution; reward; **-häftig** solvent, responsible; **-kvicka** refresh; **-värdig** repulsive
vedhuggare wood-cutter
vedträ log
vegetabilisk vegetable
vek weak; gentle, soft
veke wick
veklig soft, effeminate
vekna grow tender
vem who; ~ *som helst* anybody, anyone
vemod melancholy, sadness
ven vein
ventil valve; ventilator
verifiera verify
verk work; Government office; (ur-) works
verka work; act; (tyckas) seem; **-n** effect
verklig real; actual
verkligen really, indeed
verklighet reality
verksam active

verksamhet activity
verkstad workshop; works
verkställa execute
verktyg tool; instrument
vers verse
vessla weasel
veta know; *få* ~ get to know; **-nde** knowledge
vete wheat
vetenskap science
vetenskaplig scientific
vetenskapsman scientist
veterinär veterinary, ~ surgeon
vetgirig eager to learn
vetskap knowledge
vett sense, wit
vetta åt face to
vettig sensible
vev crank, handle; **-a** turn
vi we
vibrera vibrate
vice vice-; deputy
vid *prep* at, by; about
vid *a* wide; **-a** far, much
vidare wider; further, more; *tills* ~ until further notice; *och så* ~ and so on
vidbränna burn
vidd width; extent
vide willow
vidga widen, enlarge
vidja osier, switch
vidlyftig extensive; vast
vidrig disgusting
vidröra touch
vidskepelse superstition
vidskeplig superstitious
vidsträckt vast, extensive
vidtaga take; ~ *åtgärder* take steps
vidunder monster
Wien Vienna
vifta wave; wag (the tail)
vig nimble, agile
viga marry; (in-) consecrate
vigsel wedding, marriage
vigör vigour
vik bay; creek
vika fold; ~ *av åt* turn to (the left); *ge* ~ yield
vikarie substitute, deputy
vikt weight; importance
viktig important
vila *s, v* rest
vild wild; **-e** savage
vildsvin boar
vilja *s* will; wish; *v* will; want, wish
viljestark resolute
vilken *relat* who, which, that; *interr* which, what
villa villa, bungalow
villa illusion
villebråd game
villervalla confusion
villfarelse error
villig willing
villkor condition
villrådighet hesitation
vilse astray; (get) lost
vilstol easy-chair
vimla swarm
vimmelkantig giddy
vimpel streamer
vin wine; (bot.) vine
vin, -a whiz; whistle
vinbär currant
vind *s* wind; (hus-) garret; box-room; *a* warped, cast
vindruva grape
vindögd squinting
vinge wing
vingla sway
vink sign; wave; hint
vinka beckon; wave
vinkel angle
vinna win; gain
vinning gain
vinst gain; profit; prize
vinter winter
Vintergatan the Milky Way
viol, -ett violet
violoncell cello
vippa *s* puff; *v* tilt, wave
vippen *på* ~ on the point of; *vips* pop
vira wind
virk|a, -ning crochet
virke timber, wood
virrig muddle-headed, confused
virvel whirl
vis *s* manner; *a* wise

visa *s* song
visa *v* show; **av-** dismiss; ~ *sig vara* prove to be; ~ *en artighet* pay a compliment
visare hand; pointer
vis|dom, -het wisdom
visit visit, call; *göra* ~ pay a visit; **-era** examine **-ation** inspection
visk|a, -ning whisper
visky whisky
visp whisk; **-a** whip, whisk
viss certain, sure
vissen faded
visserligen certainly
visshet certainty
vissl|a, -ing whistle
vissna fade, wither
visst certainly
vist|as live; stay; **-else** stay; **-elseort** residence
vit white; **-e** fine, penalty
vitlök garlic
vits pun; joke
vitsippa wood-anemone
vittna witness, testify
vittne witness
vittnesbörd testimony
vittra weather
vokal vowel
volym volume
vrak wreck
vred *s* handle; *a* angry
vrede anger, wrath
vredgas get angry
vresig cross; morose
vrick|a, -ning sprain
vrida turn; wind; wring
vrist instep
vrå corner
vrål, -a bellow, roar
vräka heave; toss; (ur bostad) evict
vulgär vulgar
vulkan volcano
vurm craze
vuxen grown up
vy view
vyssja lull
våd breadth
våda peril; misadventure; danger
vådlig dangerous
våffla waffle
våg balance; (sjö) wave
våga venture, dare, risk
vågad daring
våghals daredevil
våglängd wave-length
vågrät horizontal
vågskål scale
våld force; violence; **-sam** violent; **-samhet** violence
vålla cause
vålnad ghost
vånda agony
våning (bostad) flat; (etage) floor, storey
vår *s* spring
vår *pron* our; ours
vård care; **-a** take care of
vårdslös careless
vårfrudagen Lady Day
vårta wart
vårtermin spring term
våt wet
väcka wake (up); call
väckarklocka alarm-clock
väckelse revival
väder weather; **-korn** scent; **-kvarn** windmill
väderleksrapport weather forecast
vädja, -n appeal
vädra air; (djur) scent
väg way, road; path
väg- och vattenbyggnad road and canal construction
väga weigh
vägg wall; **-lus** bedbug
vägleda, -re guide
vägnar *på våra* ~ on our behalf
vägra refuse; **-n** refusal
vägvisare guide; (skylt) sign-post
väja (för) avoid
väl *s* welfare, well-being
väl *adv* well; **-bärgad** well-to-do
välde dominion
väldig mighty
välfärd welfare
välgång prosperity
välgärning kind deed
välgörande beneficial
välgörare benefactor
välgörenhet charity

välja choose; (polit.) elect; **-re** elector
välkom|men, -na welcome
välkänd well-known
välling gruel
välljud euphony
vällukt perfume, fragrance
välmenande well-meaning
välmening good intention
välmåga well-being
välordnad well-arranged
välriktad well-aimed
välsigna bless
välsignelse blessing
välsittande (kläder) well-cut
välskött well-managed
välsmakande appetizing, savoury; delicious
välstånd prosperity
vält roller; **-a** upset; tumble over
vältalare orator
vältalighet eloquence
vältra sig roll
väluppfostrad well-educated
välvd arched; vaulted
välvilja kindness, goodwill, benevolence
välvårdad well-kept
välväxt shapely
vämjas be nauseated; be disgusted
vämjelse loathing
vän friend
vända (sig om) turn (round)
vändkrets tropic(al) circle
vändning turning; turn
vänja accustom (to); familiarize (with)
vänlig kind, friendly
vänskap friendship
vänster left; *till* ~ to the left; **-n** the Left
vänsterhänt left-handed
vänta wait (for); expect
väntan waiting
väntrum waiting-room
väpna arm
väppling trefoil, clover
värd *s* host; landlord
värd *a* worth; *vara mödan värt* be worth while
värde worth; value
värdefull valuable
värdera value; estimate; appreciate; esteem
värdig dignified
värdighet dignity
värdinna hostess
värdshus inn; public-house
värja *s* sword; *v* defend
värk ache, pain; **-a** ache
värld world; **-sberömd** world-renowned; **-sdel** continent; **-skrig** world war; **-slig** worldly
värma warm; heat
värme warmth; heat; **-bölja** heat-wave; **-ledning** central heating
värn defence; **-a** defend
värnlös defenceless
värnplikt military service
värpa lay eggs
vär|re worse; **-st** worst
värv task, (com)mission
värva enlist
väsa hiss
väsen (varelse) being; (oväsen) noise; fuss; *till sitt* ~ in essence
väsentlig essential; fundamental
väska bag
väsnas make a noise
vässa sharpen, whet
väst waistcoat
väster west
västlig westerly
väta *s, v* wet; *aktas för* ~ to be kept dry
väte hydrogen
vätska liquid
väv web; material; **-a** weave; **-eri** weaving-mill
vävstol loom
växa grow
växel bill (of exchange); (mynt) change; (tekn.) switch; gear; **-kontor** exchange-office; **-ström** alternating current; **-vis** alternately

växla exchange; change; alternate
växt growth; (bot.) plant; herb
växthus greenhouse; conservatory
växtlighet vegetation
vörd|a revere, venerate; **-nad** reverence; veneration
vördnads|full respectful; **-värd** venerable; **vördsam** respectful

Y

ylle woollen, wool
ylletröja jersey, sweater
ymnig abundant, plentiful; ample
ymnighet abundance; profusion
ympa graft; (med.) inoculate
yng|el brood; spawn; fry; **-la** litter
yngling youth, young man; lad; boy
ynklig pitiable
ynnest favour
yppa reveal, tell; ~ *sig* arise, crop up
ypperlig excellent
yppig luxuriant
yr giddy
yra *v* be delirious; whirl; *s* delirium
yrka demand; insist; plead; apply for
yrkande demand; plea
yrke profession; trade; *till -t* by profession
yrsel giddiness, delirium
yrvaken dazed
yrväder snowstorm
yster frisky; wild
yta surface; area
ytlig superficial
ytmått square measure
ytterdörr front door
ytterlig, -het extreme
ytterligare further; additional
yttermera *till ~ visso* into the bargain
yttersida outside
ytterst utmost; extreme; last; farthest; extremely; most
yttra utter; say; ~ *sig* express an opinion
yttrande remark
yttre exterior; outside; outer; external
yttring manifestation
yvas be proud
yvig bushy
yxa axe
yxskaft axe handle

Z

zenit zenith
zigenare gipsy
zink zinc
zon zone
zoolog zoologist
zoologi zoology

Å

å river, rivulet
åberopa cite; refer to
ådagalägga manifest; prove; show
åder vein; **-bråck** varicose vein, varix; **-låta** bleed
ådraga sig contract (an illness); attract
åhöra hear; attend
åhörare hearer; audience
åka drive; ride; ~ *skridskor* skate
åkalla invoke
åkdon conveyance; cart; carriage
åker field
åkerbruk agriculture
åklaga prosecute
åklagare prosecutor
åkomma affection, complaint, illness

åktur drive
ål eel
ålder age; **-dom** old age; **-domlig** ancient; old-fashioned; **-domshem** almshouse
åldersbetyg birth certificate
åldersgräns age-limit
ålderstigen aged
åldras grow old
åliggande duty
ålägga enjoin, impose; command
åminnelse remembrance; commemoration
ånga *s, v* steam
ångbåt steamer
ånger repentance
ångerfull repentant
ångest agony; anguish
ångestfull agonized
ångfartyg steamship
ångmaskin steam-engine
ångpanna (steam-) boiler
ångra repent
ånyo anew; again
år year; *en tio -s flicka* a girl of ten; *i* ~ this year; *i åratal* for years; *om ett* ~ in a year
åra oar
århundrade century
årlig yearly, annual
årsdag anniversary
årsskifte turn of the year
årstid season
årtal date; year
årtionde decade
ås ridge
åsido aside; **-sätta** put aside; neglect
åsikt opinion
åsk|a thunder; **-ledare** lightning-conductor; **-slag** burst of thunder
åskåda watch
åskådare spectator
åskådlig clear; graphic
åsna donkey; ass
åstad off; **-komma** bring about; produce; cause; make
åstunda desire, long for
åsyfta aim at; mean
åsyn sight
åt to; for; towards
åtaga sig undertake
åtal action; prosecution
åtala prosecute; sue
åtanke remembrance
åtbörd gesture
åter again; back
återbetala pay back, repay
återblick retrospect
återfall, -a relapse
återfå get back
återfärd return journey
återföra bring back
återförena reunite
återförsälj|are retail dealer; **-ning** resale
återge give back; render; reproduce
återgå return; be cancelled
återhålla restrain
återhållsam abstemious
återkalla recall; revoke
återkom|ma, -st return
återlämna return
återse see (meet) again
återsken reflection
återspegla reflect, mirror
återstå remain, be left
återställa restore
återtåg, -a retreat
återverka react
återvända return
åtfölja accompany
åtgång consumption
åtgärd measure
åtlöje ridicule; laughing stock
åtminstone at least
åtnjuta enjoy
åtnjutande enjoyment
åtrå *s* desire, lust; *v* covet, desire
åtsittande tight
åtskillig several
åtť|a eight; **-onde** eighth
åttio eight|y; **-nde** -ieth
åverkan injury, damage

Ä

äckel nausea; disgust
äckla nauseate
äcklig nauseous

ädel noble; **-mod** generosity; magnanimity; **-modig** generous, noble-minded; **-sten** gem, jewel
ädling noble
äga own; possess; **-re, -rinna** owner; proprietor
ägg egg; **-(g)ula** yolk; **-stock** ovary; **-vita** white of egg; albumen
ägna sig åt devote o. s. to; go in for
ägo possession
ägodel(ar) property
ägor estate, land
äkta genuine; real; true
äktenskap marriage
äktenskaps|brott adultery; **-skillnad** divorce
äkthet genuineness
äldre older; elder; elderly
äldst oldest, eldest
älg elk
älska love; **-re** lover
älsklig lovely; charming
älskling darling; **-s-** favourite
älskvärd amiable
älskvärdhet amiability
älv river
älva fairy; elf
ämbar pail
ämbete office, appointment
ämbetsman official
ämna intend to
ämne material; stuff; subject; matter; **-omsättning** metabolism
än than; still; yet; even
ända end; posterior; ~ *till* as far as; ~ *tills* until, till
ändamål purpose
ände end, extremity
änd|else termination, ending; **-lös** endless
ändra (sig) alter; change
ändring alteration; change
ändtarm rectum
ändå yet, nevertheless
äng meadow
ängel angel
ängslan anxiety
ängslig anxious
änk|a widow; **-ling** widower
ännu still, yet
äntligen at last
äpple apple
ära *s, v* honour
ärbar decent, honest, modest
äre|girig, -lysten ambitious; **-lystnad** ambition
ärelös infamous
ärende errand; matter
ärftlig hereditary
ärg verdigris
ärkebiskop archbishop
ärlig honest
ärlighet honesty
ärm sleeve
ärorik glorious
ärr scar
ärta pea
ärva inherit (from)
äss ace
ässe element
ässja forge
äta eat; have (lunch, etc.)
ätlig edible
ätt family; stock; dynasty
ättika vinegar
ättling descendant
även also, too; even; **-som** as well as
äventyr adventure; risk; **-are** adventurer; **-lig** adventurous; risky

ö island; isle
öbo islander
öda waste
öde *s* fate; destiny; *a* waste; desolate
ödelägga waste; destroy
ödesdiger fatal
ödla lizard
ödmjuk humble
ödmjukhet humility
ödsla waste

ödslig desolate; lonely
öga eye
ögla eye, loop
ögna have a glance (at)
ögonblick moment, instant; **-lig** instantaneous; **-ligen** immediately
ögonbryn eyebrow
ögonfrans eyelash
ögonkast look, glance
ögonlock eye-lid
ögonvittne eye-witness
öka increase
öken desert
öknamn nickname
ökning increase
ökänd notorious
öl beer; ale
öm (smärtsam) tender, sore; (ömsint) tender, loving
ömhet soreness; tenderness
ömka pity
ömklig pitiful, miserable
ömse *both*; **-sidig** *mutual*
ömsom now . . . now . . .; by turns
ömtålig frail; delicate
önsk|a wish; desire; want; **-lig, -värd** desirable
öppen open; **-hjärtig** open-hearted, frank
öppn|a open; **-ing** opening; aperture
öra ear
Öresund the Sound
örfil box on the ear
örhänge ear-drop
örlogs- naval
örlogsfartyg warship
örn eagle
örngott pillow-case
örnnäsa aquiline nose
öronbedövande deafening
örnsnibb lobe of the ear
örsprång ear-ache
ört herb, plant
ösa lade, scoop; pour; ~ *en båt* bale out a boat
öst|er east; **-lig** eastern
Österrike Austria
österrikisk Austrian
öva exercise; train
över over; above; across; past; beyond; left
överallt everywhere
överanstränga overwork
överarm upper arm
överbevisa convict
överblick, -a survey
överdrag, -a cover
överdrift exaggeration
överdriva exaggerate
överdåd extravagance
överens agreed; *komma bra* ~ get on well; **-komma** agree; **-kommelse** agreement; **-stämma** agree
överfall, -a assault, attack
överfart crossing, passage
överflöd superfluity
överföra transfer
övergiva abandon; leave
övergrepp aggression
övergå cross, pass, turn
övergående passing
överhand *ta* ~ become predominant
överheten the authorities
överhopad overwhelmed
överhuset the House of Lords
överhuvud head, chief **-taget** on the whole
överhöghet supremacy
överila sig be rash
överklaga appeal against
överklassen the upper classes
överkörd run over
överleva *v* survive, outlive
överlista outwit
överlåt|a, -else transfer
överlägga deliberate
överläggning deliberation, discussion
överlägsen superior
överlägsenhet superiority
överlämna hand over, deliver
överläpp upper lip
överlöpare deserter
övermakt superiority; superior numbers
överman superior

övermod recklessness; arrogance
övermorgon the day after tomorrow
övermåttan excessively, beyond measure, exceedingly
övermänsklig superhuman
övernaturlig supernatural
överordnad superior
överrask|a, -ning surprise
överrock overcoat
överse med overlook
överseende *s* indulgence, leniency; *a* indulgent
översikt survey; summary
översittare bully
överskatta overrate
överskott surplus
överskrida overstep; exceed
överskrift heading
överskådlig easy to survey; clear, lucid, perspicuous
överst uppermost; at the top; **-e** colonel
översvallande exuberant
översvämma inundate
översätta translate
översättning translation
övertag advantage
övertaga take over
övertala persuade
övertalning persuasion
övertid overtime
överträda transgress
överträffa surpass; outdo
övertyg|a convince; **-else** conviction; belief
övervaka superintend
övervara be present (at)
övervinna conquer, overcome
överväga consider
övervägande *s* consideration; *a* predominant
överväldiga overwhelm
övning exercise; practice
övre upper
övrig remaining; other; *för -t* for the rest; besides; indeed

ENGELSK-SVENSK ORDFÖRTECKNING

*

ENGLISH-SWEDISH LIST OF WORDS

A

a en, ett; *twice* ~ *day* två gånger om dagen
aback bakåt; *taken* ~ bli häpen
abandon överge; självsäkerhet; **-ed** fördärvad
abase förnedra
abate minska, giva rabatt
abbey klosterkyrka
abbreviate förkorta
abbreviation förkortning
abdicate avsäga sig
abduct bortföra
abeyance *be in* ~ få anstå
abhor avsky; **-rence** fasa
abide dröja, stanna; tåla; ~ *by* stå fast vid
ability förmåga
abject eländig, föraktlig
ablaze i eld och lågor
able duktig, skicklig; *be* ~ *to* vara i stånd att, kunna
abnormal abnorm
aboard ombord
abode bostad, vistelse
abolish avskaffa, upphäva
abominable avskyvärd
abortion missfall, abort
abortive felslagen
abound överflöda
about om, omkring; ungefär; angående; *be* ~ *to* stå i begrepp att; *the other way* ~ tvärt om; *be* ~ vara uppe igen
above över, ovanför; ~ *all* framför allt; ~ *me* över min förmåga; ~ **-board** ärlig; *from* ~ uppifrån
abreast i bredd, sida vid sida
abridge förkorta
abroad utomlands; ut, ute
abrupt tvär, hastig; brant
abscess böld
absence frånvaro, brist
absent frånvarande; ~ **minded** tankspridd
absolute absolut, ren
absolve frikänna, lösa
absorb uppsuga; absorbera
abstain avstå, avhålla sig
abstainer helnykterist
abstemious återhållsam
abstinence avhållsamhet
abstinent måttlig
abstract teoretisk; sammandrag; sammandraga, avsöndra
abstracted tankspridd
abstruse svårfattlig
abundance överflöd, mängd
abundant ymnig, riklig
abuse missbruk; skymford; missbruka; okväda
abusive ovettig
accelerate påskynda
accent tonvikt; betona
accept antaga, erkänna
access tillträde
accession tronbestigning
accessory tillbehör

accident tillfällighet, olyckshändelse; *by* ~ av en händelse
accidental tillfällig
accommodate lämpa, anpassa; förse, betjäna; härbärgera
accommodating tillmötesgående; foglig
accommodation bekvämlighet; husrum, mat och rum
accompany beledsaga, följa
accomplice medbrottsling
accomplish utföra
accomplished bildad
accord bevilja; stämma överens; samstämmighet; *of o.'s own* ~ självmant
according to enligt, efter
accost tilltala
account räkning, beskrivning; ~ *for* svara för; *take into* ~ ta hänsyn till; *on* ~ i avräkning; *on that* ~ av det skälet; *on no* ~ på inga villkor; *on* ~ *of* på grund av
accountable ansvarig
accumulate hopsamla, öka
accuracy noggrannhet
accurate noggrann
accuse anklaga, klandra
accustom vänja; **-ed** van
ace äss *within an* ~ *of* på vippen att
ache värk; värka
achieve utföra; förvärva
acid sur, bitter; syra
acknowledge erkänna; **-ment** erkännande; kvitto
acme höjdpunkt
acorn ekollon
acquaint göra bekant; meddela
acquaintance bekantskap
acquiesce samtycka till
acquire förvärva
acquit frikänna; ~ *o. s. well* sköta sig bra
acquittal frikännande
acre (ytmått) 0,82 tunnland = 40,5 ar; åker
acrid bitter, skarp
across i kors, över; på
act handling; lag; akt; handla; (*teat.*) spela
action handling; rättegång
active verksam, livlig
actor skådespelare
actress skådespelerska
actual verklig; nuvarande
acute skarp, spetsig
adapt lämpa; bearbeta **-able** anpassbar; smidig
add lägga till, addera
adder huggorm
addicted to begiven på
addition tillägg; *in* ~ därjämte; *in* ~ *to* förutom
additional tillagd, extra
address tilltala; vända sig till; skicklighet; adress; tal; sätt, uppträdande
adept invigd; expert
adequate tillräcklig; riktig
adhere sitta fast; ~ *to* vidlåda; hålla sig till
adherent anhängare
adjacent angränsande
adjoin gränsa intill
adjourn uppskjuta
adjust ordna; bilägga
adjustable ställ-, flyttbar
administer sköta, förvalta
admire beundra, prisa
admission tillträde; intagande; medgivande
admit släppa in; erkänna
ado väsen, besvär
adopt adoptera, anta
adore tillbedja, dyrka
adorn pryda, smycka
adrift i drift
adroit skicklig
adult fullvuxen
adulterate förfalska
adultery äktenskapsbrott

advance befordra; gå framåt; framsteg; erbjudande; förskott; *in* ~ före; i förväg
advantage förmån, nytta
adventure äventyr
adversary fiende
adversity motgång
advertise annonsera
advertisement annons
advice råd, meddelande
advisable rådlig, klok
advise råda, underrätta
advocate advokat, förespråkare; försvara
aerial antenn
aerobatics konstflygning
aesthetic estetisk
afar fjärran
affable tillgänglig, vänlig
affair göromål; sak
affect angripa; påverka; ha förkärlek för; låtsa
affected tillgjord; rörd
affection tillgivenhet
affiliate ansluta; *-d company* dotterbolag
affirm försäkra; jaka
affirmative bekräftande
afflict pläga, hemsöka
affliction olycka, sorg
affluence överflöd, rikedom
afford ge; ha råd till
affront förolämpa; trotsa; förolämpning, skymf
afloat flott, flytande
afraid rädd
afresh ånyo, på nytt
after efter, enligt; efteråt, sedan; senare; ~ *all* när allt kommer omkring; *be* ~ sträva efter
afternoon eftermiddag
after-thought efterklokhet
afterwards efteråt, sedan
again igen, åter; vidare; *time and* ~ gång på gång; *now and* ~ då och då; *over* ~ om igen
against emot, i avvaktan på
age ålder; ålderdom; period; lång tid; åldras; *of* ~ myndig; *under* ~ omyndig, minderårig
agency verksamhet, agentur
agenda dagordning
agent kraft, orsak; ombud
aggravate försvåra; reta
aggressor angripare
aghast häpen
agile vig, snabb
agitate röra; oroa; dryfta
ago för . . . sedan
agog ivrig
agony ångest, vånda
agree vara ense; gå med; passa för
agreeable angenäm
agreement avtal; enighet
agriculture jordbruk
ahead framåt; *go* ~ fortsätta; ~ *of* framför, före
aid hjälp(a), bistå(nd)
ail plåga; vara opasslig
ailment sjukdom, oro
aim sikta; mål, avsikt
air luft; min; melodi; vädra; lufta; *on the* ~ i radio; *give o. s. -s* ta sig ton
aircraft flygmaskiner
airforce flygvapen
airhostess flygvärdinna
airline flyglinje
airmail flygpost
airpocket luftgrop
airport flyghamn
airraid luftanfall; ~ *shelter* skyddsrum; ~ *warning* flyglarm
airtight lufttät
aisle sidoskepp (kyrka)
ajar på glänt
akin besläktad
alarm alarm(era), oro
alarm-clock väckarur
alas tyvärr, ack
alder al
ale öl
alert vaken; pigg; *on the* ~ på utkik (vakt)
alien utländsk; utlänning

alight landa; stiga av
alike lik(a); likaledes
alive levande; livlig
all all, allt, alla; ~ *but* nästan; *at* ~ alls; *in* ~ inalles; *not at* ~ inte alls, ingen orsak; *for* ~ *that* ändå; ~ *along* hela tiden; ~ *at once* med ens; ~ *over* över hela; slut
allege påstå, andraga
allegiance tro och lydnad, lojalitet
alleviate lätta, lindra
alley allé; gränd
allied besläktad, allierad
allocate tilldela
allot anvisa, tilldela
allotment andel, jordlott
allow medge, tillåta
allowance underhåll; rabatt; *make* ~ *for* ta hänsyn till
alloy legering; legera
allude anspela på
allure locka, tjusa
allusion anspelning
ally bundsförvant; förena
almighty allsmäktig
almond mandel
almost nästan, nära
alone ensam; endast; *leave* ~ låta bli; *let* ~ för att nu inte nämna
along längs; utmed
aloof på avstånd
aloud högt, med hög röst
already redan
also också, även
altar altare
alter ändra, förändra
alternate omväxlande, växel-; låta (om)växla, alternera
alternative alternativ, val
although ehuru, fastän
altitude höjdpunkt
altogether helt o. hållet
always alltid, jämt
a. m. (ante meridiem) f. m. (förmiddagen)
amass samla, lägga på hög
amateur amatör
amaze förvåna, göra häpen
ambassador sändebud
amber bärnsten
ambiguous tvetydig, dunkel
ambition ärelystnad
amend förbättra, rätta
amends vederlag, ersättning
amenity behag; bekvämlighet
amiable älskvärd, vänlig
amicable vänlig
amid(st) mitt i, bland
amiss illa, orätt
ammonia ammoniak
among(st) bland
amorous kär, förälskad
amount belopp; innebörd; uppgå till, innebära
ample rymlig; riklig
amplify utvidga, förstora
amputate avskära; amputera
amuck *run* ~ råka i bärsärkaraseri
amuse roa, underhålla
an en, ett
anaesthetic bedövningsmedel
analysis analys; sammandrag
anarchy anarki
anatomy anatomi
ancestor stamfader; **-s** förfäder
anchor ankare; (för)ankra
ancient forn(tida); gammal
and och; ~ *so on* osv.
anemone sippa
anew om igen
angel ängel
anger vrede; (upp)reta
angle vinkel, hörn; met
angry ond, vred, arg
anguish ängslan, kval, pina
angular kantig
animal djur

animate levande; besjäla
animosity ovilja
ankle fotled, fotknöl
annex tillägg, tillbyggnad; bifoga, förena, annektera
annihilate tillintetgöra
anniversary års|dag, -fest
announce förkunna, anmäla
announcer hallåman
annoy besvära, förarga
annual årlig; ettårig växt; årsbok
annuity årsränta, livränta
annul upphäva, avskaffa
anomaly abnormitet, anomali
another en annan; en till; *one* ~ varandra
answer svar; försvar; svara; ~ **to** motsvara, lyda
answerable ansvarig
ant myra
antagonism motstånd, strid
antecedent föregående
antiaircraft luftvärns-
anticipate motse; föregripa
anti-clockwise motsols
antidote motgift
antiquated föråldrad
antique antik; antikvitet
antiquity antiken, forntid
anvil städ
anxiety ängslan; önskan
anxious ängslig, ivrig
any någon; något; varje; **-body** någon; vem som helst; **-how** i varje fall; **-one** → **anybody**; **-thing** något (alls); allt; **-way** → **anyhow**; **-where** någonstädes; överallt; var som helst
apart avsides; isär
apartment rum, våning
ape apa
aperture öppning, lucka
apiece per styck
apologize be om ursäkt
apology ursäkt
appalling förskräcklig
apparatus apparat; material
apparent tydlig; uppenbar
apparition framträdande; syn, spöke
appeal vädjan; lockelse; vädja; tilltala
appear synas; utkomma
appearance framträdande; utseende; sken; syn
appease lugna, försona
appendix bihang, tillägg
appetite aptit, lust, begär
applaud hylla, prisa
applause bifall
apple äpple
appliance anordning
applicant sökande
application anbringande; användning; flit; anmälan
apply lägga; tillämpa; använda; anmäla sig, söka
appoint utnämna
appointment utnämning; avtal (om möte)
appreciate uppskatta; inse
apprehen|d häkta; uppfatta; frukta; **-sion** häktning: uppfattning; farhåga
apprentice lärling
approach närmande; tillträde; närma sig; vända sig till; ~ *to* likna
approbation gillande; bifall
appropriate bestämd; lämplig; tillägna sig
approval bifall; *on* ~ till påseende
approve gilla
approximate ungefärlig; närma sig
apron förkläde
apt lämplig; benägen; duktig
aptitude benägenhet; anlag
aquiline örnlik, krokig
arable odlingsbar

arbitrate medla (i)
arbitration skilje(dom)
arc (tekn.) båge
arch valv; välva; kröka; ärke-; listig, skälmaktig
archaic föråldrad
archbishop ärkebiskop
archipelago skärgård
ardent het, ivrig
ardour hetta, iver
arduous brant; svår
area tomt; område; yta
argue resonera; diskutera
argument bevisföring; diskussion
arid torr; ofruktbar
arise uppstå, uppkomma
arm arm; vapen; väpna, rusta; **-chair** länstol, fåtölj
armament rustning, beväpning
armistice vapenstillestånd
armour rustning; pansra
armpit armhåla
army här, armé
around runt omkring
arouse (upp)väcka
arrange (an)ordna; bilägga
arrangement (an)ordning; åtgärd; uppgörelse
array ordna; pryda; stridsordning; samling; dräkt
arrears *be in ~* vara efter
arrest häkta; fånga; hinder; häktning, beslag
arresting fängslande
arrival ankomst, framkomst
arrive anlända; slå igenom
arrogant förmäten, inbilsk
arrow pil
arson mordbrand
art konst; hantverk; knep; *-s and crafts* hemslöjd
artery pulsåder
artful småslug, listig
artichoke kronärtskocka
article artikel; punkt; sak, vara; -s kontrakt, villkor
articulate ledad; tydlig; leda; tala tydligt
artificial konstgjord
artisan hantverkare
artless okonstlad
as så; lika; (lik)som; t. ex.; medan, allt eftersom; då; *~ for* vad beträffar; *~ it were* så att säga; *~ to* angående; *~ well* också
ascend bestiga; höja sig
ascent bestigning; backe
ascertain konstatera
ascribe tillskriva
ash ask(träd); aska; stoft; **-tray** askkopp; **mountain** ~ rönn
ashamed skamsen, blyg
ashore i land; *run ~* stranda
aside avsides (replik)
ask fråga, begära, bjuda
askance sneglande
askew snett, sned
asleep i *sömn*, sovande
asparagus sparris
aspect utsikt; synpunkt; uppsyn
aspen asp
asperity stränghet, skärpa
aspersion smädelse; förtal
aspiration önskan, strävan
aspire sträva; höja sig
ass åsna
assail angripa, anfalla
assassin (lönn)mördare
assault anfall; anfalla
assemble samla(s)
assembly möte; *~ line* löpande band
assent samtyck|e; -a
assert påstå, hävda
assess beskatta; taxera
asset ägodel; -s tillgångar
assiduous trägen, ihärdig
assign anvisa; utpeka
assist hjälpa, biträda
assistance biträde, hjälp

assistant biträd|ande; **-e**
assize dom(stol); **-s** ting
associate kompanjon; förena; sammansluta sig, umgås
association förening, förbindelse, umgänge
assort sortera; **-ment** urval
assume antaga; tillägna sig; låtsa
assumption antagande; förmätenhet
assurance försäkring; säkerhet; förmätenhet
assure försäkra, trygga
astonish förvåna
astound göra häpen
astray vilse, på avvägar
astride grensle
astronomical astronomisk
astronomy astronomi
astute slug, förslagen
asylum asyl, fristad; *lunatic* ~ hospital
at i, på, vid, hos, till, åt; ~ *that* till på köpet
athlete atlet, idrottsman
athletics idrott
atrocious avskyvärd, grym
atrocit|y skändlighet, illdåd; **-ies** grymheter
attach fästa; ansluta sig till; **-ed** anställd; fäst(ad); **-ment** band; tillgivenhet
attack angrepp, anfall(a)
attain uppnå, vinna
attempt försök, angrepp, attentat; försöka
attend vårda, sköta; uppvakta, åtfölja; deltaga
attendance vård; närvaro; publik
attention omtanke, artighet
attentive uppmärksam, artig
attest intyga; bevittna
attic vindskupa
attire skrud, dräkt
attitude hållning, ställning
attorney ombud; *by* ~ enligt uppdrag

attract tilldraga, locka
attraction dragningskraft; lockelse, behag
attribute egenskap, kännetecken; tillskriva
auburn rödbrun
audacity djärvhet
audience åhörare, företräde
audit revision; revidera
auditor revisor
august hög, majestätisk
August augusti
aunt tant, faster, moster
auspicious gynnsam
austere sträng, allvarlig
Australia Australien
Austria Österrike
authentic trovärdig, äkta
author författare
authority myndighet, makt
autobiography självbiografi
autocracy envälde
autograph namnteckning
autonomy självstyrelse
autopsy obduktion
autumn höst
auxiliary hjälpande, hjälpare; hjälpverb
avail nytta; gagna; ~ *o.s. of* begagna sig av; **-able** disponibel, giltig
avalanche lavin
avarice girighet
avenge hämnas, straffa
avenue allé, väg
average medeltal, medel-
averse obenägen
avert avvända
aviary fågelhus
avia|tion flygning; **-tor** flygare
avid lysten
avoid undvika
await invänta, avvakta
awake vaken; vakna; *be* ~ *to* vara medveten om
awaken väcka
award dom, pris; tilldela
aware varse; *be* ~ veta
away i väg; bort, vidare; *do* ~ avskaffa; döda; *make* ~ *with* göra (sig) av med; *far and* ~ ojämförligt

awe vördnad; skrämma
awful förfärlig, ryslig
awhile en stund
awkward tafatt; otrevlig
awning soltält, markis
awry sned, snett
axe yxa
axis axel
axle axel (hjul-)
ay, aye ja; *for aye* för alltid

B

babble babbla; sorl
baby barn; **-sitter** (*S*) barnvakt
bachelor ungkarl; ~ *of Arts* fil. kand.; ~ *of Science* fil. kand.
back rygg; bak; avsides; tillbaka; igen; hålla vad om; gå tillbaka; ~ *down* uppge; ~ *numbers* gamla nummer; ~ *out* dra sig tillbaka; ~ *up* stödja
backbone ryggrad
background bakgrund
backside bak, ända
backward åter; trög; efterbliven; **-s** bak|åt, -länges
bacon (sid)fläsk
bad dålig; falsk; ond; sjuk; skadlig; *go* ~ ruttna; *not* (*half*) ~ inte illa
badge märke, (heders-) tecken
badger grävling; plåga
baffle gäcka, trotsa
bag säck, påse, väska; fånga; knycka; lagra; **-s** (*S*) byxor
baggage tross; bagage
bail borgen; borga för; ösa
bait bete; hetsa; reta; beta
bake baka; **-r** bagare
balance våg; motvikt; jämvikt; bokslut; saldo; rest; väga, balansera; avsluta; ~ *sheet* balansräkning
balcony balkong
bald skallig, kal; torftig
bale bal, packe; ösa
balk bjälke, hinder; hindra; sky, hejda, gäcka
ball boll, kula; nysta(n); bal; **-bearings** kullager
balloon ballong
ballot sluten omröstning; rösta, dra lott
balm balsam; **-y** doftande
Baltic baltisk; **the** ~ Östersjön
ban förbud; förbjuda
band band, kår, orkester
bandage förband; förbinda
bandy-legged hjulbent
bang knall, slag; slå
bangle armring
banish (lands)förvisa
banisters trappräcke
bank strand; dämma; (flyg) kränga; bank; sätta in (på bank); ~ *on* lita på
banker bankir
bankrupt bankrutt(ör)
bankruptcy konkurs
banner baner, fana
banns lysning
banquet bankett, fest
banter skämt; skämta
baptize döpa
bar stång; rigel; domstol; bar; spärra; bomma till
barbarian barbar
barbed-wire taggtråd
barber barberare
bare naken, kal, blott; svag; luggsliten; blotta
barely knappt, bara
bargain köp, rampris; pruta; *a* ~ billigt; *into the* ~ på köpet; ~ *for* räkna med; *is it a* ~? är det överenskommet?
barge pråm; (*S*) törna mot
bark bark; skrapa; skälla
barley korn, bjugg
barn lada

barracks (hyres)kasern
barrel tunna; gevärspipa
barren ofruktsam, torr
barrier skrank, bom; hinder
barrister advokat
barrow skottkärra; kummel
barter byteshandel; byta
base låg, feg, dålig, falsk; bas, fot; mållinje; basera
basement källarvåning
bashful blyg, försagd
basic grund-, stapel-
basin skål, fat, bassäng
bask sola sig
basket korg
bass bas(röst); lageröl
bat flädermus; slagträ
batch bak, sats, hop
bath bad(a); badkar
bathe (frilufts) bad(a)
bath-room badrum
batter smet; slå, bearbeta
battery batteri
battle slag, strid; kämpa
baulk → **balk**
bawl vråla, skrika
bay vik; lagerträd; rödbrun *stand at* ~ vara hårt ansatt
bayonet bajonett
bay-window burspråk
B. B. C. (British Broadcasting Corporation) engelska rundradion
be vara, bliva, finnas, må
beach havs-, badstrand
beacon fyrtorn, sjömärke
bead pärla, kula; droppe
beak näbb; udde; **-er** bägare
beam bjälke; stråle; stråla
bean böna; *full of -s* i hög form; *give -s* ge på pälsen
bear bära, tåla, föda; björn; ~ *out* bekräfta; ~ *with* ha tålamod med
beard skägg; trotsa
bearing hållning, riktning, samband; **-s** lager (i maskin); läge; *find one's -s* orientera sig
beast djur; odjur
beastly djurisk, rå; gräslig
beat slag; rond; slå, vispa; besegra; *it -s me how* jag begriper inte hur; *the -en track* de gamla spåren; ~ *about* söka
beautiful vacker, härlig
beauty skönhet, prydnad
beauty-spot naturskön plats
because emedan
beckon vinka till sig
become bli; passa
becoming klädsam, passande
bed säng; bädd; plantera
bedding sängkläder
bedraggle släpa i smutsen
bedroom sovrum
bee bi; *a* ~ *in one's bonnet* en skruv lös
beech bok (träd)
beef oxkött; **-steak** stek
bee-hive bikupa
bee-line fågelväg
beer öl; *small* ~ svagdricka, -öl
beeswax bonvax; bona
beet beta; *red* ~ rödbeta
beetle skalbagge
befit anstå, passa
before framför, förut; innan; ~ *long* inom kort
beforehand på förhand; *be* ~ *with* förekomma
befriend hjälpa, gynna
beg tigga, be (om); ~ *the question* svara undvikande; anta vad som skall bevisas; ~ *your pardon!* förlåt!
beggar tiggare, stackare; utarma, utblotta
begin börja; **-ner** nybörjare
beguile bedraga; fördriva
behalf *on (in) a p.'s* → **i**

ngns ställe, för ngns skull
behave uppföra sig
behaviour uppförande
behead halshugga
behind bakom, efter, kvar
behind-hand efteråt, efter
being tillvaro, varelse
belfry klocktorn
belief tro, övertygelse
believe tro, tänka
belittle minska, nedsätta
bell klocka, bjällra, ringklocka, (sjö) glas
bellicose krigisk
belligerent krigförande
bellow böla, råma, skrika
bellows blåsbälg
belly mage, buk; svälla ut
belong tillhöra
beloved älsk|ad, -ling
below nedanför, under, nere
belt bälte; zon; prygla
bench bänk, domstol
bend böjning, böja, spänna
beneath nedanför, under
benefactor välgörare
beneficent välgörande
beneficial fördelaktig
benefit fördel; gagna
benevolence välvilja
benevolent välvillig
bent böjelse, anlag; böjd
benumb göra stel, förlama
bequest testamente, gåva
bereavement sorg, dödsfall
berry bär
berth koj, ankarplats
beseech anropa; bedja
beset innesluta; ansätta
beside bredvid, nära; ~ *o. s.* utom sig; -s dessutom; utom
besiege belägra, bestorma
bespatter överstänka
bestial djurisk; rå
bestir röra på sig, skynda sig
bestow giva, skänka
bet vad; slå vad om
betimes tidigt, i god tid
betray förråda; röja
betrayal förräderi
betrothal trolovning
better bättre, överlägsen; överlista; förbättra(s); överträffa; *be ~ off* ha det bättre; *be all the ~ for* ha nytta av; *go one ~* bjuda över; *think ~ of it* tänka närmare på saken; *for ~ or for worse* i nöd o. lust; *had ~* gör bäst i att
between emellan, bland
betwixt mellan
bevel i smyg; sned; snedslipa
beverage dryck
bevy flock, hop
beware akta sig
bewilder förvirra
bewitch förtrolla
beyond bortom; utöver; *~ me* över mina krafter
bias benägenhet; påverka
bib haklapp; supa
bible bibel
bicker träta, smattra
bicycle cykel; cykla
bid befalla; hälsa; bud (på auktion)
biennial tvåårig
big stor, grov, väldig
bigot fanatiker
bike cykel; cykla
bilberry blåbär
bile galla, vrede
bilge slagvatten, smörja
bilingual tvåspråkig
bilious gall-, argsint
bill förslag; räkning; näbb; anslag; växel; affischera; *~ of fare* matsedel
billet inkvarter|ing; -a
billiards biljard
billow våg; bölja
bin lår, binge, fack
bind binda, förplikta
binding bindning, bokband
binoculars kikare
biologist biolog

biology biologi
birch björk, ris; piska
bird fågel
bird's-eye view fågelperspektiv; överblick
birth födelse, upphov
birthday födelsedag
birthplace födelseort
birthright bördsrätt
biscuit kex
bisect tudela
bishop biskop
bit bit, mynt, bett; tygla
bitch hynda
bite bita, nappa; bett, tag
bitter bitter, besk; öl
bitterness bitterhet
black svart, mörk; **-out** utplåna; mörkläggning; medvetslöshet
blackberry björnbär
blackbird koltrast
blackboard svart tavla
blacken svartna
blackguard skurk
blackleg svindlare, strejkbrytare
blackmail utpress|ning; -a
blacksmith (grov)smed
bladder (urin)blåsa
blade blad, klinga, **kurre**
blame klandra; **skuld**
blanch blekna, vitna
bland mild, smekande
blank ren, tom, lös, oskriven
blanket filt, täcke; täcka
blare tuta, skalla; smatter
blasphem|e häd|a; **-y** -else
blast vindstöt; spräng|a, -skott; härja; förbanna
blatant skränig, bullersam
blaze flamma, förkunna; **-s** rasande; **-r** (klubb)jacka
bleach bleka, vitna
bleak kal, kylig, dyster
blear skum, suddig; **-y** skum-
bleat bräka(nde)
bleed blöda
blemish fel; fläck(a)
blend bland|ning; -a (sig)
bless välsigna; **-ed** salig lycklig
blight mjöldagg, fördärv(a)
blind blind; rullgardin; svepskäl; förblinda; **-fold** binda för ögonen på
blink blink(a); skimra
bliss lycksalighet
blister blåsa; få blåsor
blithe munter, glad
blizzard häftig snöstorm
bloat blåsa upp; **-ed** pussig
bloater böckling
block block; kliché; kvarter; stupstock; spärra; hindra
blockade block|ad; -era
blond blond(in); ljus
blood blod; saft; ras; snobb
bloodhound spårhund
bloodshed blodsutgjutelse
bloodshot blodsprängd
bloodthirsty blodtörstig
blood-vessel blodkärl
bloody blodig, förbannad
bloom blom|ma, -stra; -string
blossom blomm|a, -or
blot fläck (a); lösa; fel
blotch blemma; fläck
blotting-paper läskpapper
blouse blus
blow slag; blåsa; *-n* andfådd; ~ *in* dyka; ~ *over* gå över; ~ *up* explodera, spränga; *(S)* förbanna; *I'm -ed if* förbaska mig om
bludgeon påk; klubba till
blue blå; dyster
bluff brant; rättfram; bluff; lura
blunder misstag; traska; vansköta; ~ *upon* stöta på; ~ *out* utstöta
blunt slö; burdus; avtrubba
blur suddighet; sudda
blurt ~ *out* slunga ut
blush rodnad; rodna; blygas

bluster larm, skrän; rasa
boar vildsvin, galt
board bräde; bord; papp; kost; styrelse, nämnd; inackordera; gå ombord; *full* ~ helinackordering
boarder inackordering
boarding-house pensionat
boarding-school internat
boast skryt(a)
boat båt
bob hoppa; stöt; *(S)* shilling
bobbin spole, trådrulle
bodice klänningsliv
bodkin syl, pryl, hårnål
body kropp; person; samfund; skara; karosseri
bodyguard livvakt
boffin *(S)* vetenskapsman
bog kärr, träsk
bogus fingerad, falsk
boil böld; koka
boiler kokkärl, ångpanna
boisterous våldsam
bold djärv; fräck; brant
bolster kudde; stödja
bolt spik, bult; rigel; blixt; sluka; rusa; regla; ~ *upright* kapprak
bond band; avtal; förbindelse; obligation; *in* ~ på tullnederlag
bondage träldom
bone ben (i kroppen); *make no -s about* inte tveka att
bonfire lusteld
bonnet huv(a); hatt, mössa
bonus premie
book bok; vad; anteckna; pollettera; beställa; lösa biljett
bookcase bokskåp
booking-office biljettlucka
book-keeper bokförare
book-maker vadhållningsagent
bookseller bokhandlare
bookshelf bokhylla
boom dån; högkonjunktur; dundra; gå upp; reklamera
boon gåva, förmån
boor bonde; tölp
boot känga; vinst; sparka; gagna; *get the* ~ få sparken
booth skjul, stånd, tält
booty byte, rov
border kant; gräns; kanta; ~ *on* gränsa till; närma sig
bore kaliber; plåga; tråkmåns; borra; tråka u[t]
born|e (av bear) född
borrow låna
bosom bröst; famn; hjärta; ~ *friend* intim vän
boss chef, ledare; buckla; knopp; leda; ordn[a]
botany botanik
botch fuskverk; fuska bort
both båda; både
bother besvär; plåga; besvära; för tusan!
bottle flaska; buteljera; ~ *up* dölja, bevara
bottom botten; sits; grund; lägst; bottna; *at* ~ i grund och botten; *be at the* ~ *of* vara upphov till
bough trädgren
bought köpt (→ **buy**)
boulder rullsten
bounce duns; hopp; skryt; plötsligt; hoppa; skrämma; kasta ut
bound hopp(a); ila; på väg; bunden; förpliktad; gräns; begränsa; *be* ~ *to* vara tvungen att
boundary gräns
boundless obegränsad, gränslös
bounty gåva, handpenning
bouquet bukett; doft
bout varv; kamp; anfal[l]
bovine oxlik; dum
bow båge; stråke; bugning; böja; buga; kuv[a]
bowel tarm; -s mage
bowl skål; piphuvud;

boll; bolla; **-s** kägelspel
box låda, ask; loge; slag; örfil; slå, boxa
boxer boxare
Boxing-day annandag jul
boy gosse, pojke
boycott bojkott(a)
boyhood pojkår, barndom
boyish pojkaktig
brace spänne; klammer; sträva; stötta; binda om
bracelet armband
braces hängslen
bracing stärkande
bracket konsol; lamphållare; parentes; sätta inom parentes; jämställa
brad spik, stift
brag skryt(a)
braid fläta; kantband; kanta
brain hjärna; **-s** begåvning; ~ *wave* snilleblixt
brake broms; snår; bromsa
bramble björnbärsbuske
bran kli
branch filial; gren(a)
brand brand; brännmärke; sort; (bränn)märka
brand-new splitter ny
brandy konjak
brass mässing; (*S*) pengar; fräckhet
brat unge
brave modig; präktig; trotsa
bravery mod, tapperhet
brawl träta, larma; gräla
brawn muskel|kött, -kraft
bray skri; skrälla, skria
breach brytning; bräcka
bread bröd; föda
breadth bredd, vidd
break brytning; inbrott; rast; bryta; dressera; överträda; meddela; ~ *of* vänja av med; ~ *off* avbryta (sig); ~ *up* upplösa
breakfast frukost
breakwater vågbrytare
breast bröst; kämpa med
breath anda, andedräkt
breathe andas; blåsa; yttra
breeches (rid)byxor
breed ras, släkte; föda; alstra; uppstå
breeze bris, fläkt
breezy blåsig; livlig; glad
brevity korthet
brew brygd; blandning; brygga; blanda; vara annalkande
brewery bryggeri
bribe mutning, mutor; muta
brick tegelsten; (*S*) präktig karl; mura med tegel; *drop a* ~ vara indiskret; trampa i klaveret **-layer** murare
bride brud
bridegroom brudgum
bridesmaid brudtärna
bridge bro; näsben; slå bro över
bridle tygel; tygla
brief kortvarig, kortfattad; **-case** portfölj
brigand bandit
bright ljus, lysande; glad, pigg, intelligent
brilliant strålande, spirituell
brim kant, rand; brädda
brine saltvatten
bring hämta, medföra; ~ *about* framkalla; ~ *up* fostra, uppföda
brink kant, rand
brisk rask, livlig
bristle borst; resa borst; ~ *with* vara full av
Britain Britannien; **Great** ~ Storbritannien
British brittisk
brittle bräcklig
broach spett; slå upp; föra på tal
broad vid, bred
broadcast radioutsändning; tala i radio
brogue (irländsk) dialekt; grov sko

broil buller; halstra
broken bruten
broker mäklare
brokerage mäkleri
bronchitis luftrörskatarr
bronze brons(era)
brooch brosch
brood kull, yngel; ligga; ruva; grubbla
brook bäck; tåla, fördraga
broom kvast, ginst
broth köttsoppa
brother broder; **-s and sisters** syskon
brotherhood broderskap
brother-in-law svåger
brow panna; ögonbryn; kant
brown brun
browse löv; skott; bete; beta
bruise krossår; blånad; fläck; mörbulta; krossa
brunt stöt; våldsamhet
brush borste, pensel; småskog; borsta; ~ *up* friska upp
brushwood underskog
brusque tvär, brysk
brutal djurisk, rå, grov
brute djur; odjur; rå
bubble bubbla; svindel; bubbla, porla; sjuda
buccaneer sjörövare
bucket hink; skopa; *kick the* ~ (*S*) kola av
buckle spänne; spänna
bud knopp; knoppas; ympa; *nip in the* ~ kväva i sin linda
budge röra sig ur fläcken
buff oxläder; brunaktig
buffer buffert; (*S*) karl
buffet slag; byffé; slå
bug vägglus
bugbear buse; spöke
build (kropps)byggnad; konstruktion; snitt; bygga
building bygg|nad, -ande
bulb lök; klot; glödlampa
bulge utbuktning; bukta
bulging bukig
bulk massa, parti; stiga; framstå; *the* ~ det mesta
bulky skrymmande, stor
bull tjur
bullet kula
bullion guld-, silver|tacka
bullock ungtjur
bull's eye prick på måltavla; runt fönster
bully översittare; tyrannisera
bulwark bålverk, skydd
bumble-bee humla
bump stöt, knöl; stöta, törna
bun bulle, semla; *take the* ~ vara nummer ett
bunch klase; hop, hög; samla ihop
bundle bylte; bylta ihop
bung tapp, propp; sprund
bungalow stuga, villa
bungle fuskverk; fuska; misslyckas
bunk koj; (*S*) prat; humbug
bunting flaggduk
buoy boj; hålla flott
buoyant flytande; livlig
burden börda, last; refräng; belasta, besvära
bureau skrivbord; kontor
burglar inbrottstjuv
burial begravning
burly frodig; grov
burn brännsår; bränna; lysa
burner brännare
burnish blanka, polera
burr kardborre; skorrning; skorra
burrow håla; gräva
burst explosion; utbrott; spurt; spricka; slå ut; störta fram; spränga
bury begrava; gömma
bush buske; vildmark; *beat about the* ~ gå som katten kring het gröt
bushel (rymdmått för torra varor ca 36,348 l) skäppa
business göromål; uppgift; sak; *he means* ~ han menar allvar

bust byst, bröst; hippa
bustle jäkt, brådska; jäkta
busy flitig, upptagen; sysselsätta; *be* ~ ha bråttom
busybody beskäftig typ
but men, utan, utom, annat än; blott; som icke; *all* ~ nästan; *last* ~ *one* näst sist
butcher slaktare; slakta; fördärva
butler hovmästare
butt ölfat; mål; stöt; kolv; stöta; ~ *in* blanda sig i
butter smör; smickra
buttercup smörblomma
butterfly fjäril
buttermilk kärnmjölk
button knapp, knopp; knäppa
buttonhole knapphål; hejda
buttress stöd(ja)
buxom frodig, fyllig
buy köp(a)
buzz surr(a); viska
buzzard vråk
by vid, med, av, hos, på, längs, efter; gånger (5 ~ 6); ~ *and* ~ inom kort; ~ *o. s.* ensam; ~ *the by* (*way*) i förbigående sagt; *lay* ~ lägga åsido
bygone förgången; *let -s be -s* låta det förflutna vara glömt
by-law förordning
by-pass ringväg
by-play sidoaktion
by-road biväg
bystander åskådare
by-word ordstäv; öknamn

C

ab droska, bil; hytt
abbage kål
abin koja, stuga; kajuta
abinet skåp; kabinett
cable kabel, -telegram; ankartåg; telegrafera
cackle kackel; prat; kackla
cad grabb; bracka; knöl
cadaverous likblek
caddie (golf.) klubbpojke
caddy teburk; (äv. → caddie)
cadge tigga sig fram
cage bur; huv; hiss; inspärra
cake kaka, tårta; hårdna
calamity olycka
calculate beräkna
calculator räknemaskin
calendar kalender
calender mang|el; -la
calf vad; (kalv)skinn
calibre kaliber; värde
call rop; telefonsamtal; kallelse; bud; besök; efterfrågan; kalla; väcka; besöka; ~ *in question* betvivla; ~ *into play* sätta i gång; ~ *for* kräva; avhämta; ~ *up* inkalla, ringa upp, framkalla
calling rop; yrke; kallelse
callous valkig; okänslig
calm lugn; fräck; lugna
calumniate förtala
calumny förtal, smädelse
camp läger; slå läger; ~ *out* bo i tält, tälta
campaign fälttåg
camping-ground campingplats
camp-stool fällstol
can kan, får; burk, konservera
cancel stryka ut; upphäva
cancer kräfta
candid uppriktig
candle stearinljus
candlestick ljusstake
candour uppriktighet
candy kandisocker; konfekt
cane käpp; rör; prygla
canine hund-; hörntand
canister bleckdosa
canker kräftskada; rost
cannon kanon; artilleri
cannot kan inte
canoe kanot; paddla

canon regel; kanik
canopy baldakin; tak, valv
cant jargong; hyckleri; kantra; hyckla
cantankerous elak, grälsjuk
canteen marketenteri; fältflaska; kantin
canter kort galopp
canvas segelduk, målarduk, tavla
canvass granskning; agitation; värva röster
cap mössa; hylsa; knallhatt; kröna; överträffa
capable duglig; ~ *of* i stånd till
capacious rymlig, vid
capacity volym; duglighet
cape kap, udde; cape
caper glädjesprång; kapris
capital huvudsaklig; livs-, döds-; förträfflig; kapital; huvudstad; stor bokstav
capitulate kapitulera
capricious nyckfull
capsize kantra
captain kapten; ledare
caption rubrik; filmtext
captious snärjande, kritisk
captivate vinna, tjusa
captive fånge(n)
captivity fångenskap
capture tillfångataga(nde), erövring; pris
car vagn; bil
caraway kummin
carbon kol; ~ *copy* genomslagskopia
carburettor förgasare
carcass lik; kadaver
card kort; program; *-s* kortspel; karda; *(S)* kurre; *a ~ up o.'s sleeve* ngt i bakfickan; *on the ~s* mycket sannolikt
cardboard kartong; papp
cardigan kofta
care bekymmer; omsorg; vård; ~ *for* bry sig om; ha lust; *for all I* ~ gärna för mig; *I don't* ~ det gör mig detsamma; *take* ~ akta sig; *take ~ of* ta hand om; *take ~ to* vara noga med att; *with* ~ varsamt
career bana, karriär
carefree sorglös
careful aktsam; noggrann
careless sorglös; oförsiktig; slarvig
caress smekning; smeka
caretaker vice värd
cargo last
caricature karikatyr
caries benröta
carnage blodbad
carnal köttslig; sinnlig
carnation nejlika; skär
carnivorous köttätande
carol julsång
carouse svirande; festa
carp karp; gnata; klandra
carpenter snickare
carpet matta; mattbelägga; *on the ~* på tapeten
carriage frakt; fordon; hållning; ledning
carrot morot
carry bära; driva; ~ *the day* vinna; ~ *on* fortsätta; ~ *out (through)* genomföra
cart kärra; köra
cartage körning
cartilage brosk
cartoon utkast; karikatyr
cartridge patron; filmrulle
carve uthugga; skära för; ~ *o.'s way* slå sig fram
carving träskulptur
cascade vattenfall
case fall; tillstånd; (jur) sak; skäl; kasus; ask, etui; *in* ~ i fall
casement fönster
cash kassa; kontanter; ~ *down* kontant; ~ *(cheque)* inlösa; *hard* ~ kontanter
cashier kassör; avskeda
cask tunna, fat
casket skrin, kista
cast kast; räkning; gjut

form; utseende; kasta; kasta av; addera; gjuta; ~ *about for* söka, fundera ut
aste kast; *lose* ~ förlora i anseende
asting gjutning
ast-iron gjutjärn
astle slott
ast-off avlagd
astor hjul; sockerdosa; ~ *sugar* strösocker
astor-oil ricinolja
asual tillfällig; likgiltig; ~ *ward* härbärge
asualt|y olycksfall; **-ies** döda och sårade
at katt
ataract vattenfall; grå starr
atarrh katarr; snuva
atch fångande; lyra; knep; byte; fånga; överraska; träffa; begripa; lura; ~ *cold* förkyla sig; ~ *it* få stryk; ~ *on* fatta tag
atching smittande, vinnande
atchword slagord
atechism katekes; förhör
ategory kategori
ater sörja för
aterer matleverantör
aterpillar fjärilslarv; ~ *wheels* larvbandhjul
atgut tarmsträng
attle boskap
aught fångade, fångat (→ **catch**); *get* ~ fastna
auldron kittel
auliflower blomkål
ause orsak; sak; mål; föranleda
auseway gångbana
austic brännande; skarp; frätmedel
auterize bränna
aution varsamhet; varning; varna
avalry kavalleri
ave håla; urholka; ~ *in* störta
avern håla, jordkula
avity hålighet
caw kraxa
cease upphöra
cede avstå
ceiling (inner)tak; maximihöjd
celebrate fira; prisa
celebrated berömd
celebrity berömdhet
celery selleri
celestial himmelsk
celibacy celibat
cell cell; blodkropp
cellar källare
cement cement; kitt; bindemedel; sammanfoga; cementera
cemetery kyrkogård
censorship censur
censure klander; klandra
census folkräkning
cent cent; **per** ~ procent
centenary hundraårs|-; -dag
centipede mångfoting
centre medelpunkt
century århundrade
cereal sädesslag
certain säker, viss; bestämd; *for* ~ med säkerhet; *make* ~ *of* förvissa sig om
certainty säkerhet
certificate betyg; intyg
certify intyga
cesspool kloakbrunn
chafe vrede; gnida; reta
chaff agnar; skoj; skoja
chaffinch bofink
chagrin harm; harma
chain kedja; fastkedja
chair stol; kateder; *take the* ~ inta ordförandeplatsen
chairman ordförande
chalk krita
challenge utmaning; jäv; utmana; jäva
chamber kammare; ~ *of commerce* handelskammare; **-s** kontor
chambermaid (hotell)städerska
chamois stenget; sämskskinn
champion kämpe; mästare
chance händelse; tillfälle;

tillfällig; råka; riskera; *by* ~ händelsevis; *stand a* ~ ha goda utsikter; ~ *upon* råka på
chancellor kansler
chandelier ljuskrona
change förändring; ombyte; växel; ändra; byta; växla; ~ *hands* byta ägare; ~ *houses* flytta
changeable ombytlig, ostadig
channel kanal, sund; flodbädd; gräva ut; **the C** ~ (Engelska) Kanalen
chant sång; sjunga; mässa
chap karl, gosse; spräcka
chapel kapell
chaperon förkläde
chaplain kaplan
chapter kapitel
character karaktär; egenskap; bokstav; betyg
charcoal (trä)kol
charge last; sats; uppdrag; vård; befallning; anklagelse; kostnad; anfall; lasta; fylla; anklaga; debitera; anfalla; *be in* ~ *of* ha vård om; *take in* ~ ta hand om; *free of* ~ gratis
chariot stridsvagn, kaross
charity välgörenhet
charm trolldom; amulett; behag; tjusa
chart sjökort; diagram
charter karta; urkund; kontrakt; privilegium; befrakta; hyra; **-ed** auktoriserad
charwoman städhjälp
chase jakt(park); jaga
chasm rämna, klyfta
chaste kysk, ren
chastity kyskhet, renhet
chat småprat; prata
chatter pladder; pladdra; skramla
chatter-box pratmakare
cheap billig; modfälld; *hold* ~ ringakta
cheat bedragare; lura; fuska
check hinder, bakslag; kontramärke; rutmönster; hejda; kontrollera; ~ *off* pricka av
cheek kind; fräckhet; vara fräck mot
cheer sinnesstämning; tröst; glädje; mat; glädje; hurra; ~ *up* pigga upp
cheerful gladlynt; trevlig
cheese ost
chef köksmästare
chemical kemisk
chemicals kemikalier
chemise damlinne
chemist kemist, apotekare; ~*'s shop* apotek
chemistry kemi
cheque check; rutmönster; inruta; ge omväxling åt
chequered rutig; skiftande
cherish vårda
cherry körsbär, bigarrå
chess schack
chest kista; kassa; bröst; ~ *of drawers* byrå
chestnut kastanje(brun)
chew tuggning; tugga; grubbla; ~ *the cud* idissla; grubbla
chicken kyckling; ungdom; **-pox** vattenkoppor
chief ledare, chef; huvud-
chiefly huvudsakligen
chieftain hövding
chilblain frostknöl
child *pl* **children** barn
childhood barndom
childish barnslig, enfaldig
childlike barnslig
chill kyla; kall; avkyla
chime klockspel; harmoni; klinga; harmoniera; ~ *in* stämma in
chimney skorsten; **-sweep(er)** sotare
chin haka
china(-ware) porslin

chink klang, skrammel; klinga; spricka; springa
chintz möbelkattun, kretong
chip spån; spelmark; späntа; slå av; ~ *in* avbryta
chiropodist pedikurist
chirp kvitter; kvittra
chirpy munter
chisel mejsel; mejsla; lura
chit brev; jäntunge
chivalrous ridderlig
chivalry ridderskap
chocolate choklad(brun)
choice val; elit; utsökt; *Hobson's* ~ intet val
choir kör; kor
choke kväva; spärras; ~ *off* avskräcka
choose välja; vilja
chop hugg, kotlett; hugga; ~ *and change* ideligen byta
chopper huggare; hackkniv
choppy sprickig; krabb
chord ackord
chorus kor, kör
Christ Kristus
christen döpa, kristna
Christian kristen, kristlig ~ *name* förnamn
Christianity kristendom, kristna läran
Christmas jul; ~ *Eve* julafton; ~ *tree* julgran; *A Merry* ~*!* god jul!
chronic ständig; svår
chronicle krönika; skildra
chrysalis puppa
chubby knubbig, rund
chuck klapp: kast(a)
chuckle skratt; skrocka
chum kamrat
chunk tjockt stycke
church kyrka
churchwarden kyrkvärd
churchyard kyrkogård
churn smörkärna; kärna
cigarette cigarrett; ~*-holder* munstycke; ~*-lighter* cigarrettändare
cinder slagg; askmörja
Cinderella Askungen
cinema bio(graf)
cinnamon kanel
cipher nolla; chiffer; siffra; chiffrera; räkna
circle cirkel; rond; område; kretsa; (teat.) *dress* ~ första raden
circuit ledning; omkrets; domsaga; *short* ~ kortslutning
circular rund; cirkulär
circulate cirkulera; sprida
circumference omkrets
circumlocution omskrivning
circumnavigate kringsegla
circumscribe begränsa
circumspect försiktig
circumstance omständighet
circumstantial omständlig
circumvent överlista
circus cirkus; runt torg
cite (jur.) kalla; citera
citizen medborgare
city (stor) stad
civic stads-, medborgar-; -s samhällslära
civil borgerlig; civil; hövlig; ~ *war* inbördeskrig
civilian civil(ist)
clad klädd
claim krav; anspråk; rätt; jordlott; kräva; påstå; *lay* ~ *to* kräva
clamber klättra
clammy klibbig, fuktig
clamour rop; larm; skrika; högljutt klaga
clamp klamp; krampa; hopfoga; klampa
clan stam; parti
clandestine hemlig
clank rassel; rassla
clap slag; knall; klappa; applådera; sätta; lägga; ~ *eyes on* få syn på
claptrap tom fras
claret rödvin
clarify klara; klarna
clarity klarhet
clash skräll; strid; strida; skramla; stöta ihop
clasp spänne; lås; grepp;

omfamna, trycka; ~ *o.'s hands* knäppa händerna
class klass; stånd; placera
classic klassisk; klassiker; **-s** klassiska språk (verk)
classical klassisk; **-side** latinlinje
classify indela
clatter rassel; oväsen; prat; rassla; slamra; prata
clause klausul, artikel; sats
claw klo, tass; klösa; gripa
clay lera; stoft; kritpipa
clean ren; fri; fin; flott; fullständig; total; putsa; tömma; ~ *up* städa
clean-cut skarpt skuren
cleanliness renlighet
cleanse rensa; befria
clear klar, ljus; tydlig; netto; fri; alldeles; klara; förklara; befria; tömma; ljusna; *keep ~ of* undvika; *stand ~* gå ur vägen; ~ *away* ta bort; ~ *off* få bort; försvinna; ~ *out* röja ut; ge sig i väg; ~ *the decks* gå till verket; ~ *the table* duka av; ~ *up* städa; klarna
clearance klarnande; rensning
cleave klyva; ~ *o.'s way* bana sig väg
cleft klyfta, spricka
clemen|cy mildhet; **-t** mild
clench grepp; bita ihop; bekräfta; avgöra; nita
clergy prästerskap
clergyman präst
clerical prästerlig; kontors-; ~ *error* skrivfel
clerk kontorist
clever kunnig; begåvad
click knäpp; klicka
client klient, kund
cliff klippa, stup
climax klimax, höjdpunkt
climb klättr|ing; -a; ~ *down* slå till reträtt
clinch ~ *the matter* göra slag i saken
cling hålla fast, fastna
clinic klinik; **-al** klinisk
clink klirr; klirra
clip klipp; klippa; kila
clique klick
cloak kappa; dölja; ~ *-room* garderob, effektförvaring
clock klocka
clockwise medsols
clockwork urverk
clog klump; hinder; träsko; hindra; spärra
cloister kloster; inspärra
close slut; strid; gård; kvav; sluten; snål; intim; nära; sluta; brottas; *a ~ shave* nära ögat; *a ~ thing* det satt hårt åt; ~ *in* inbryta; *-d car* täckt bil; **-up** närbild
closet kammare, toalett
clot klump, klimp; blodpropp; klimpa sig; klibba ner
cloth tyg, duk; *lay the ~* duka
clothe kläda, täcka
clothes kläder
clothing kläder
cloud moln; skara; förmörka; mulna; *in the -s* tankspridd; *under a ~* misstänkt
cloudy molntäckt; oklar
clove kryddnejlika; lökklyfta; klöv (→ **cleave**)
clover klöver; *be in ~* leva i överflöd
clown tölp; clown, pajas
cloy övermätta
club klubba; klubb; klöver; klubba; samla ihop
clue nyckel, ledtråd
clump klump; klunga; klampa
clumsy klumpig; tafatt
cluster knippa; svärm; samla i knippor
clutch grepp; koppling; hålla fast
coach kaross; statsvagn;

vagn; privat lärare, tränare; ta (ge) lektioner
coal kol; kola; *haul over the -s* läxa upp
coalesce sammanväxa
coal-mine kolgruva
coarse grov; rå; torftig
coast kust; åka kälke; *the ~ is clear* ingen fara
coat rock; jacka; skal, skinn; överdraga; **fur-~** päls
coax smickra, locka
cobble gatsten; lappa
cobweb spindelnät
cock tupp; hane; kran; främste; vridning; på sned; sätta upp; kråma sig; *~ o.'s ears* spetsa öronen; *~ o.'s eye* plira med ena ögat
cockney äkta londonbo; vulgärspråk i London
cocoa kakao
cod torsk
coddle klema bort; koka
code lagsamling; telegramkod
co-education samundervisning
coerce betvinga
coercion tvång
coffee kaffe
coffin likkista
cog kugge; *~ dice* fuska med tärningar
cogent tvingande; kraftig
cognate besläktad
cohabit sammanbo
coheir medarvinge
coherent följdriktig
cohesion sammanhang
coiffure frisyr
coil ring; rulle; rörspiral; ringla; rulla ihop
coin slant; mynt(a); skapa; tjäna pengar på
coincide sammanfalla; stämma överens
coincidence sammanfallande, överensstämmelse
coke koks(a)
cold köld; förkylning; kall; likgiltig; *~ in the head* snuva; *catch a ~* förkyla sig; *in ~ blood* med berått mod
collaborator medarbetare; förrädare
collapse kollaps; krasch; ramla, falla
collapsible hopfällbar
collar krage; halsband; ring; ta; knycka
colleague kollega
collect samla; *~ o. s.* hämta sig
collection (in)samling
college högskola; högre läroverk; kollegium
collide stöta ihop
collier kolgruvarbetare
colliery kolgruva
colloquial vardaglig
collusion hemligt samförstånd
colon kolon; grovtarm
colonel överste
colour färg; hy; sken; ton; prägel; färga; rodna; **-s** fana, flagga; **splash of ~** färgklick
colt unghäst, föl
column kolonn; spalt
comb kam; karda; honungskaka; kamma
combat strid; (be)kämpa
combination förening; **-s** underkläder i ett stycke
combine förena
combustion förbränning
come komma, resa, gå, nå; ske; *~ right* ordna sig; *~ undone* lossna; *~ about* hända; *~ across* träffa; *~ down* gå i arv; *~ down upon* läxa upp; *~ into* få ärva; *~ off* lyckas; *~ round* titta in; kvickna till; *~ to* komma till sans; *~ to nothing* slå slint
comedian komiker
comedy komedi
comfort tröst; trevnad; bekvämlighet; trösta; stärka
comic komisk; komiker
command order; makt;

befalla; behärska; **-er** befälhavare, kommendörkapten
commemorate högtidlighålla
commence börja
commend anförtro; lovorda
comment anmärkning; not; kommentera
commerce handel; umgänge
commercial handels-
commiserate ömka, beklaga
commission uppdrag; fullmakt, utskott, nämnd; provision; förordna; beställa; *get o.'s* ~ bli officer; *in* ~ förordnad, på förordnande
commissionaire vaktmästare
commissioner chef
commit begå; anförtro; häkta; ~ *to memory* inlära; ~ *o.s.* binda sig; försäga sig
committee utskott; styrelse
commodious bekväm, rymlig
commodity nyttighet, vara
common gemensam; allmän; offentlig; enkel; ordinär; vanlig; allmänning; ~ *sense* sunt förnuft; *in* ~ gemensamt; *in* ~ *with* i likhet med; *out of the* ~ ovanlig; **the House of Commons** underhuset
commonplace vardaglig sak; alldaglig
commonwealth samhälle; statsförbund
commotion skakning; oväsen
communicate meddela
communication meddelande; förbindelse
communion gemenskap; nattvardsgång
community umgänge; överensstämmelse; samhälle; ~ *singing* allsång
compact fast; fördrag; sammanfoga
companion kamrat; deltagare; sällskapsdam; riddare; handbok; *boon* ~ stallbroder
company sällskap; umgänge; bolag; *part* ~ skiljas
comparative jämförande; relativ
compare jämföra; komparera
comparison jämförelse; komparation
compass område; kompass; passare; omge; nå, vinna; planera; fatta
compassion medlidande
compel tvinga
compensation ersättning
compete tävla, konkurrera
competent duglig, skicklig
competition tävlan, konkurrens
competitor medtävlare, konkurrent
compile kompilera, utarbeta
complacence välbehag, självbelåtenhet
complain klaga
complaint klagan; lidande
complement fyllnad; fullt antal
complete fullständig, färdig
complex invecklad; sammansatt; sammanfattning
complexion hy; utseende
complicated invecklad
compliance samtycke; medgivande; *in* ~ *with* i enlighet med
complicate inveckla
compliment artighet; **-s** hälsningar
comply ge vika
component beståndsdel

compose bilda; komponera; ordna; lugna
composed bestående; lugn
composer kompositör
composition sammansättning; utarbetande; arbete; stil
composure fattning, lugn
compound samman|satt; -sättning; -sätta; träffa avtal
comprehend inbegripa; fatta
comprehensive omfattande; ~ *school* enhetsskola
compress vått omslag; pressa ihop
comprise omfatta
compromise kompromiss; kompromettera
compulsion tvång
compulsory obligatorisk
compunction samvetsagg
compute beräkna
comrade kamrat
concave konkav; hålig
conceal dölja; gömma
concede medgiva; ge efter
conceit högfärd; tankelek
conceive avla; förstå; hitta på
conceivable fattbar
concentrate koncentrera
conception avlelse; begrepp; *beyond* ~ ofattlig
concern intresse; oro; sak; befattning; vikt; firma; angå; ~ *o. s.* bry sig om; *it is no* ~ *of mine* det angår mig inte; *the parties -ed* vederbörande
concerning angående
concert konsert; harmoni; samförstånd; avtala
conciliate vinna; försona
concise kortfattad
conclude sluta; dra slutsatsen
conclusion slut; slutledning; *try -s witch* mäta sina krafter med
conclusive slutlig; avgörande
concoction hopkok; påhitt
concord harmoni
concrete verklig, saklig
concrete betong; *reinforced* ~ armerad betong
concur sammanträffa; instämma
concussion stöt; häftig skakning
condemn döma; utdöma
condense förtäta
condescend nedlåta sig
condiment krydda
condition villkor; tillstånd; betinga; -**s** förhållanden; *in (out of)* ~ i gott (dåligt) skick
conditional villkorlig
condole kondolera
conduce leda, bidraga; ~ *to* befrämja
conduct uppförande; skötsel; föra; förvalta; ~ *o. s.* uppföra sig
conductor ledare; konduktör
conduit (vatten-, rör-)ledning
cone kägla; kotte
confectioner's konditori
confederate allierad; medbrottsling; förena
confer ge; rådslå
confess bekänna
confession bekännelse; ~ *of faith* trosbekännelse
confide tro; anförtro
confidence förtroende
confident säker, trygg
confidential förtrolig
configuration gestalt, form
confine begränsa; inspärra; *be -ed* ligga i barnsäng; *-d to bed* sängliggande
confinement fångenskap, förlossning
confirm befästa; bekräfta
conflagration stor brand
conflict strid; strida

conform forma; bringa i överensstämmelse
confound för|virra; -växla; -därva; ~ *it* anfäkta; **-ed** förbaskad
confront konfrontera; möta
confuse för|virra; -växla
confusion förvirring, förväxling; förlägenhet
congeal frysa, stelna
congenial besläktad; tilltalande
congestion stockning
conglomeration hopgyttring
congratulate gratulera
congregate (för)samla
congregation församling
conjecture giss|ning; -a
conjugal äktenskaplig
conjugate konjugera
conjunction förening; konjunktion
conjure uppfordra; frammana; trolla
connect förbinda
connection förbindelse; sammanhang
connive se genom fingrarna
connoisseur kännare
conquer erövra; besegra
conquest seger
conscience samvete
conscientious samvetsgrann; ~ **objector** samvetsöm
conscious medveten
conscription värnplikt
consecrate helga
consecutive på varandra följande, i rad
consent samtyck|e; -a; *with one ~, by common ~* enhälligt
consequence slutsats; vikt; inflytande; *in ~* följaktligen
consequently följaktligen
consider betänka; mena
considerable ansenlig
considerate hänsynsfull
consideration betraktande; synpunkt; ersättning; hänsyn; *in ~ of* på grund av; *on further ~* vid närmare eftertanke
consign överlämna; sända
consignment avsändning; varuparti
consist bestå; stämma överens
consistent fast; konsekvent
console trösta
consolidate göra tät; sammanslå; fondera
consolidation fondering
consonant harmonisk; konsonant
consort mak|e -a; gemål; umgås
conspicuous iögonfallande; bemärkt
conspiracy komplott
conspire sammansvärja sig
constable kommendant; konstapel
constant ständig; trogen
constellation stjärnbild
consternation bestörtning
constipation förstoppning
constituency valmanskår; valkrets
constituent beståndsdel; väljare; ingående; väljande
constitute förordna; grunda; bilda
constitution förordnande; konstitution; lynne; författning
constraint tvång
constrict sammandraga
construct bygga
construe konstruera; tolka
consult rådfråga; söka ta hänsyn till
consume förbruka
consumption förbrukning; förstöring; lungsot
contact kontakt
contagious smittsam
contain innehålla; ~ *o.s.* behärska sig

contaminate fläcka; besmitta
contemplate beskåda; begrunda; planera
contemporary samtidig
contempt förakt; ringaktning
contend strida; sträva; påstå
content innehåll; volym; innebörd; nöjd, belåten
contention strid; påstående
contentment belåtenhet
contest strid; tävlan; bestrida
context sammanhang
contiguous angränsande närboende
continent återhållsam; kontinent, fastland
continual ständig, oavbruten
continuation fortsättning
continue fortsätta; bibehålla; förlänga
continuity oavbruten följd
continuous oavbruten
contort vrida
contour kontur
contract avtal; ingå; ådraga sig; förkorta; krympa
contractor entreprenör
contradict motsäga
contrary motsats; motsatt; bråkig; *on the* ~ tvärtom; *to the* ~ däremot
contrast motsats; uppställa som motsats
contribute bidraga
contribution bidrag
contrivance uppfinning; knep; anordning
contrive hitta på; lyckas
control kontroll; kontrollera; *without* ~ obehindrat
controversy strid, tvist
conundrum vitsgåta
convene sammankomma; sammankalla
convenience bekvämlighet; lämplighet; *at o.'s* ~ vid tillfälle; *at your earliest* ~ snarast möjligt
convenient lämplig; bekväm
convent (nunne)kloster
convention sammankomst; avtal; konvention
conventional sedvanlig
converge sammanlöpa
converse samtala
conversely omvänt
convert omvänd; förvandla; omvända; omsätta
convey överföra; leda; överlåta; meddela
conveyance överförande; överlåtelse; fordon
convict överbevisa; fälla; straffånge
conviction fällande; övertygelse
convince övertyga
convivial festlig
convoke sammankalla
convoy konvoj; -era
convulse våldsamt uppröra; skaka
convulsion krampryckning; häftig skakning
coo kuttra
cook kock, kokerska; koka; laga mat; koka ihop; förfalska
cooker kokspis
cookery kokkonst
cool svalka; avkyla; lugna; kylig; sval; lugn; oblyg
coop (höns)bur; inspärra
co-operate samarbeta
co-ordinate samordna(d)
cop (*S*) polis; (*S*) haffa
copartner delägare
cope kåpa; valv; mäta sig; ~ *with* klara (av)
coping murkappa
copious ymnig; innehållsrik
copper koppar(mynt); -kittel; *(S)* byling
copy kopia; förskrift; exemplar; mönster; kopiera; imitera; *fair* ~ renskrift; *rough* ~ koncept

copyright litterär äganderätt
coral korall, barnskallra
cord rep, snöre; famn; binda; *spinal* ~ ryggmärg; *vocal* ~ stämband
cordial hjärtlig; styrkedryck; likör
core kärnhus; kärna; hjärta
cork kork; flöte; korka; ~ *up* korka igen; **~-screw korkskruv**
corn korn, frö; säd, spannmål; liktorn; salta, konservera
corner hörn; vrå; avkrok; ring; få fast; slå under sig; *round the* ~ om hörnet; utom fara; ~ *of the mouth* mungipa
cornet kornett
coronation kröning
coroner förhörsledare vid dödsfall (p. gr. av olycksh., mord etc.)
corporal korpral; kroppslig
corporation korporation; skrå; bolag
corps kår
corpse lik
correct riktig; korrekt; rätta; tillrättavisa; motverka
correspond passa; motsvara; överensstämma; brevväxla
correspondence motsvarighet, korrespondens
correspondent motsvarande; korrespondent
corroborate bekräfta
corrode fräta
corrosion (bort)frätning
corrugate lägga i veck
corrupt fördärva(s); muta
corruption förruttnelse; sedefördärv; mutning
corset korsett
cosmopolitan kosmopolit; kosmopolitisk
cost kostnad, pris; kosta; ~ *price* inköpspris; *at any -s* till varje pris
cosy hemtrevlig, gemytlig; hörnsoffa; tehuva
cot koja, hydda; skjul; vagga
cottage stuga, landställe
cotton bomull, bomullstråd; -tyg; samsas; ~ *on* begripa
cotton-wool bomullsvadd
couch bädd, schäslong; lager; avfatta; uttrycka; ligga på lur
cough hostning; hosta
council råd; styrelse; *town (city)* ~ stadsfullmäktige
counsel rådplägning; råd; advokat; tillråda
count greve; räkning; summa; räkna; inberäkna; anse som; ~ *upon* räkna på; ~ *for* vara värd
countenance ansikte; min; uppmuntra, gilla; *keep in* ~ uppmuntra; *put out of* ~ förvirra
counter spelmark; disk; motsats; motstöt; mota; ~ *to* tvärt emot; *run* ~ *to* gå stick i stäv mot
counteract motverka
counterfeit förfalskning; förfalska
countermand annullera
counterpane sängöverkast
counterpart motstycke
countless otalig
countrified lantlig
country land, rike; trakt; landsort; *in the* ~ på landet; ~ *people* allmoge; *native* ~ fosterland
county grevskap; län
couple par; förena; para sig
couplet verspar
courage mod
course lopp; lärokurs; maträtt; segel; jakt; jaga; *in due* ~ i vederbörlig tid; *of* ~ naturligtvis; *matter of* ~ självklar sak

court gård; spelplan; hov; domstol; kur; uppvakta; locka
courteous hövlig, älskvärd
courtesy artighet; nigning
court-martial krigsrätt
courtship frieri; kurtis; invit
cousin kusin; *second ~* syssling *call -s with* räkna släkt med
cove bukt; vrå, håla
covenant avtal; förbund; träffa avtal
cover betäckning; täcke; omslag; bokband; kuvert; lock; täcka; skydda; omfatta; referera; *under ~* under tak
covet eftertrakta
cow ko
coward kruka; feg
cowardice feghet
cower krypa; huka sig
coy blyg, pryd
crab vildapel; krabba; kran; riva; hindra; förfuska
crack spricka; brak; slag; finfin; spricka; spräcka; smälla; *~ jokes* vitsa; *~ up* prisa
cracker smällkaramell; käx
crackle sprakande; spraka, smattra
cradle vagga; lägga i vagga
craft hantverk; list; fartyg
crafty listig
crag brant klippa
cram packa; plugga med
cramp kramp; krampa; hindra
cranberry tranbär
crane trana; lyftkran; sträcka på (halsen)
crank knäböjd axel; fantast; ordvrängning
crape kräpp, sorgband
crash buller; krasch; braka; störta
crate packkorg; spjällåda
crave be om; längta efter
craving begär, åtrå
crawl krypande; kräl; kråla; krypa
crayfish kräfta
crayon färgkrita; pastell
craze mani; göra förryckt; *the latest ~* sista skriket
crazy klen; tokig, galen
creak knarra, gnissla
cream grädde; skum
crease veck; rynka; vecka; skrynkla
create skapa; utnämna
creation skapelse; modell
creature varelse; människa; djur; verktyg
crèche barnkrubba
creek liten vik, bukt, (am.) å
credentials kreditiv(brev)
credible trolig
credit tro, heder; kredit; tilltro; kreditera; *do ~ to* hedra; *take the ~ for* ta åt sig äran
creditor fordringsägare
credulous godtrogen
creed troslära
creep krypa, smyga
cremation eldbegängelse
crescent halvmån|e; -formig gata; växande
crest (hjälm)kam; topp; emblem; kröna
crestfallen modstulen
crevice springa; klyfta
crew manskap; skara
crib krubba; barnbädd; plagiat; knycka
cricket syrsa; kricket
crime brott
criminal brotts|ling; -lig
crimson högröd; rodna djupt
cringe huka sig; svansa
crinkle veck; vecka; rynka
cripple krympling; förlama
crisis kris
crisp krusig, frisk; krusa
criterion kännetecken
critic kritiker

critical kritisk
criticize kritisera
croak kväkande; kväka
crockery lergods; porslin
crook krok; hake; svindlare; kröka
crooked krökt; oärlig; falsk
crop skörd; ridpiska; kortklippt hår; mängd avskära; skörda; ~ *up* dyka upp
croquet krocket; krockera
cross kors; korsning; tvär; förargad; oärlig; korsa (över); hindra; **-examine** korsförhöra; ~ **over** gå över; **-road** korsväg
cross-country terränglöpning
crouch huka sig ner
croup krupp
crow kråka; gala; triumfera
crowd massa; trängsel; tränga
crown krona; topp; kröna; fullända; **half a** ~ 2½ shilling
crucial avgörande; kors-
crude rå, obearbetad
cruel grym
cruise sjöfärd; kryssa
cruiser kryssare
crumb smula; smula sönder
crumble smula sönder
crumple skrynkla
crunch krossa; knapra
crusade korståg
crush kläm; trängsel; krossa
crust skorpa; skal; betäcka med skorpa
crutch krycka
crux svårighet; stötesten
cry skrik, rop; (opinions)storm; skrika; gråta; ~ *off* ge återbud; *a far* ~ lång väg
cub (djurs) unge; pojkvalp; yngla
cube kub; tärning
cubicle sovskrubb
cuckoo gök; *(S)* tokig, snurrig
cucumber gurka
cuddle krama
cue biljardkö; vink; roll
cuff ärmuppslag; manschett; slag, örfil; slå till
culinary köks-, matlagnings-
culminate nå sin höjdpunkt
culpable skyldig; brottslig
culprit missdådare
cult kult, dyrkan
cultivate odla; förfina
culture kultur; odling; bildning; odla; bilda
cumbersome hindersam
cumulative växande, ökad
cunning slughet; listig
cup kopp; kalk; pokal
cupboard skåp, skänk
cur byracka; kruka; simpel människa
curable som kan botas
curate pastorsadjunkt
curb tygel; trottoarkant; tygla
curdle ysta; stelna; löpna
cure kur, bot; bota; konservera, röka, torka
curfew aftonringning
curiosity nyfikenhet
curious nyfiken; konstig
curl lock; krusning; ringla
currant vinbär; korint
currency omlopp; kurs; valuta; ~ *note* sedel
current ström; lopp; tendens; löpande; allmän; dagens
curriculum studiekurs
curry kurry; bereda; rykta; ~ *favour with* ställa sig in hos
curse förbannelse; svordom; plåga; förbanna; svärja
cursory flyktig, ytlig
curt kort; tvär
curtail avkorta; inskränka
curtain gardin; ridå

curtsy nigning; niga
curve kurva; böja; kröka
cushion kudde; valk; (biljard) vall
cushy bekväm; ofarlig
custard ägg|stanning, -kräm
custody vård; arrest
custom bruk, vana; *-s* tull; *-s duties* tullavgifter
customary vanlig, bruklig
customer kund; kurre; **circle of -s** kundkrets; **ugly** ~ ful fisk
cut hugg, snitt; genomgång, nedsättning; bit; skiva; *(short)* genväg; träsnitt; skära; såra; ignorera; skolka från; kupera; *a ~ above* en grad högre; *be ~ out for* vara klippt och skuren till; *~ a loss* rädda sig innan förlusten blir för stor; *~ a tooth* få en tand; *~ and dried* fix och färdig; *~ in* rusa in; *~ both ways* gäller både för och emot; *~ no ice* inte ha någon verkan; *~ out* uttränga; *~ up* upprörd
cute slug; (am.) näpen
cutlery knivsmide; knivar
cutlet kotlett
cutter tillskärare; kniv
cutting skärning; bit; bitande; **-s** avfall; urklipp
cuttle-fish bläckfisk
cycle krets; period; cykel; kretsa; cykla
cyclop(a)edia encyklopedi
cylinder cylinder; rör; lopp
cylindrical cylindrisk
cynic cyniker
cynical cynisk; hånfull
czar tsar

D

dab slag, klapp(a), stryka
dabble fukta; plaska; fuska
dad, daddy pappa
daffodil påsklilja
dagger dolk; *look -s* kasta bistra blickar
daily daglig tidning; daghjälp; daglig(en)
dainty läckerhet; fin; kräsen
dairy mejeri; mjölkbutik
daisy tusensköna
dale dal
dam moder (om djur); damm; fördämma
damage förlust; skada; **-s** skadestånd
damn svordom; förbanna
damp fukt; missmod; fuktig; fukta; dämpa
damper dämpare; glädjestörare; spjäll
dance dans; dansa
dandelion maskros
dandruff mjäll
dandy snobb; flott
Dane dansk
danger fara
dangerous farlig
dangle dingla; *~ after* hänga efter
Danish danska; dansk
dapper nätt; flink
dare våga; riskera; utmana; *I ~ say* nog, kanske, förmodligen
daring djärv(het), dristig(het)
dark mörker; mörk; hemlig
darling älskling; söt, rar
darn stopp(a) (strumpor)
dart pil; språng; slunga; störta
dash stöt; rusning; färgklick; tillsats; tankstreck; dristighet; slå; rusa; *~ down (off)* i hast nedskriva; *~ of rain* störtskur
dastard feg
date dadel; datum; datera; *out of ~* föråld-

rad; *up to* ~ till dags dato; modern
daub smet; smeta
daughter dotter
daughter-in-law sonhustru
daunt skrämma; *nothing -ed* lika oförfärad
dawdle förspilla tiden
dawn gryning; dagas; ~ *upon* gå upp för
day dag; dager; *the other* ~ häromdagen; ~ *by* ~ dag för dag; *in board* ~ mitt på dagen; *this* ~ *week* i dag om en vecka; *win the* ~ segra
daylight dagsljus
daze blända; förvirra
dazzle förblinda
deacon(ess) diakon(issa)
dead död; matt; tyst; jämn; absolut; *in* ~ *earnest* på fullt allvar; *stop* ~ tvärstanna
deadlock baklås
deaf döv
deal en hel del; mycket; affär; utdela; ge; handla; ~ *with* behandla; ~ *in* handla med; *new* ~ ny giv
dealer handlare
dealings förbindelse, affärer
dean domprost; dekanus
dear dyr, kär; dyrt; *for* ~ *life* för brinnande livet; ~ *me!* kors!; *oh* ~! aj, aj!
dearth dyrhet; brist, nöd
death död, dödsfall
debar hindra, avstänga
debase för|nedra, -falska
debate debatt; diskutera
debauch utsvävning; fördärva
debris spillror
debt skuld; *out of* ~ skuldfri; *run into* ~ råka i skuld
decade tiotal
decant hälla, klara
decay förfall(a); förruttnelse; ruttna
decease död; avlida
deceit bedrägeri
deceive bedraga; gäcka
December december
decent anständig; snäll
deception bedrägeri, knep
decide avgöra; ~ **on** välja; bestämma sig för
decision avgörande
deck (skepps)däck; pryda
declaim deklamera; predika; fara ut
declare förklara; uppge
decline nedgång; förfalla; luta; avta; böja
decompose upplösa(s)
decorate smycka; pryda
decorum anständighet
decoy lockbete; fångstdamm; locka i fällan
decrease minsk|ning; -a
decree dekret; dom; kungörelse; påbjuda
decrepit orkeslös, utlevad
decry nedsätta
dedicate inviga; tillägna
deduce härleda
deduct avdraga
deed handling; gärning; bragd; dokument
deem anse, döma
deep djup(sinnig); slug
deer rådjur, hjort
deface vanställa; utplåna
defame smäda
default försummelse; bryta kontrakt; skolka
defeat nederlag; besegra
defect brist; fel
defence försvar
defend värna; bestrida
defendant (jur.) svarande
defer ge efter; dröja
deference aktning; hänsyn
defiant trotsig
deficient bristfällig
defile orena; besudla; defilera
define definiera
definite bestämd
deflect avvika
deform vanställa
defraud bedraga
defray bestrida, täcka
deft händig, skicklig
defunct avliden, död
defy trotsa, utmana

degenerate urarta
degrade avsätta; förnedra
degree grad; rang; examen
deign värdigas; nedlåta sig
deity gudom; gud
deject ned|slå, -stämma
delay uppskov; uppskjuta
delegate ombud; bemyndiga
delete stryka ut
deliberate betänksam, överlagd; överväga
delicate läcker; känslig, fin; taktfull
delicious utsökt; härlig
delight förtjusning; nöje; glädja
delinquency förseelse; *juvenil* ~ ungdomsbrottslighet
delirious yrande
deliver befria; överlämna; yttra; framföra
delivery utdelning (av post), leverans, förlossning, nedkomst
delude förleda; lura
deluge översvämning; syndaflod
delusion illusion, villfarelse
demand krav; efterfrågan; fordra; fråga
demarcation avgränsning
demeanour uppförande
democracy demokrati
demolish förstöra
demonstrate bevisa, demonstrera
demoralize demoralisera
demur göra invändningar
demure blyg, pryd
den håla, lya
denial förnekelse; vägran
Denmark Danmark
denomination benämning; klass; religiös sekt
denote utmärka; beteckna; tyda på
denounce angiva, beskylla, fördöma, uppsäga
dense tät, tjock; dum
dent märke; buckla
dental tand-
dentist tandläkare
deny neka, bestrida
depart avresa, avgå
department *(äv.)* avdelning
departure avresa, avgång
depend bero; lita på
dependent beroende; underordnad
depict avmåla, skildra
deplete uttömma
deplore beklaga
depopulate avfolka
deport deportera, uppföra sig; **-ment** uppträdande
depose avsätta; intyga
deposit ned|lägga; -sätta; deponera; avlagring; pant; insätt|ning; **-a**
deprave fördärva
deprecation avvärjande; ogillande
depreciate minska i värde
depress nedtrycka
deprive beröva
depth djup; *get out of o.'s* ~ råka ut på djupet; **~-charge** djupbomb, sjunkbomb
deputation deputation
deputy vikarie; suppleant
derange rubba, störa
derelict övergiven; **-s** vrakgods
derision hån, åtlöje
derive avleda, härleda
derogatory nedsättande
descend stiga ned, falla; **be -ed** härstamma
descent nedgång; infall; sluttning; härkomst
descri|be skildra; **-ption** skildring; slag, sort
desecrate profanera
desert öken; öde; svika
desert förtjänst
deserve förtjäna
design avsikt; mönster; konstruktion; teckna; avse; bestämma; skapa
designate utnämna, beteckna
desirable önskvärd

desire önskan, lust, begär; begära; befalla
desist avstå, upphöra
desk pulpet, kassa
desolate öde; tröstlös ensam; ödelägga
despair förtvivla(n)
desperate förtvivlad; utom sig; hopplös
despise förakta
despite skymf; illvilja; *prep* trots
despondency förtvivlan
destination bestämmelse
destiny öde, bestämmelse
destitute utfattig
destroy tillintetgöra; **-er** jagare
destruction förstörelse
desultory ostadig, planlös
detach avskilja
detachable avtagbar
detail detalj; i detalj framställa; uttaga
detain hindra, kvarhålla
detect upptäcka
deter avskräcka, avhålla
deteriorate försämra(s)
determine besluta, fastslå
detest avsky
detour omväg
detract nedsätta; borttaga
detrimental skadlig
devastate förhärja
develop utveckla, framkalla
deviate avvika
device plan, påhitt, emblem; *leave a. p. to his own -s* låta någon klara sig själv
devil djävul; plåga
devise uttänka
devoid blottad på
devote ägna, helga
devoted hängiven
devour uppsluka; förtära
devout from, uppriktig
dew dagg
dexterous händig, flink
diabetes sockersjuka
diabolical djävulsk
dial urtavla; nummerskiva; slå på en nummerskiva
diamond diamant; *-s* ruter
diaphragm (foto) bländare
diary dagbok
dice (spel med) tärningar
dictate diktera, befalla
diction stil, diktion
dictionary ordbok, lexikon
die tärning; (mynt)-stämpel
die dö; *be dying for* längta mycket efter
differ vara olika, oense
different olik
differentiate skilja (sig); urskilja
difficult svår
diffident försagd
diffuse spridd; sprida
dig gräva; stöt(a)
digest sammandrag; smälta (mat)
digestion matsmältning
digit finger, tå, siffra
dignified värdig; ädel
dignity värdighet
digress avvika
dilapidation förfall
dilate utvidga
dilatory senfärdig; trög
diligence flit, noggrannhet
diligent flitig, ivrig
dilution utspädning
dim oklar; fördunkla
diminish förminska(s)
dimple skrattgrop
din dån(a); larm(a)
dine äta middag
dinghy jolle
dingy mörk, smutsig
dining-car restaurangvagn
dining-room matsal
dinner middag; *~-jacket* smoking
dip dopp; titt; doppa
diploma diplom
diplomacy diplomati
dire gräslig, hemsk
direct rak; rikta; styra
direction riktning; ledning; styrelse; anvisning
directly genast; så snart

director direktör, styrelseledamot, regissör; **managing** ~ verkställande direktör
directory adresskalender, katalog
dirt smuts, strunt
disable göra oduglig
disabled vanför
disadvantage nackdel
disaffected missnöjd
disagree vara oense; ~ *with* bekomma illa (om mat)
disagreeable obehaglig
disappear försvinna
disappoint göra besviken
disapprove ogilla
disarm avrusta; **-ing smile** avväpnade leende
disarmament avrustning
disaster olycka
disastrous olycklig
disavowal förnekande
disband upplösa (trupp); hemförlova
disbelief misstro
disburse utbetala
disc → **disk**
discard överge, avskeda
discern urskilja, märka
discharge avlastning; frigivning; avsked; avlossa; frige; avskeda; betala; uppfylla
disciple lärjunge
discipline disciplin(era)
disclaim avstå från
disclose avslöja
discolour avfärga
discomfiture nederlag; besvikelse
discomfort obehag; oroa
disconcert förvirra
disconnect avkoppla
disconsolate tröstlös
discontent missnöj|e -d
discontinue sluta, avbryta
discord oenighet; missljud; strid
discount rabatt; diskontera; ta med reservation; *at a* ~ under pari; till underkurs
discourage göra modfälld
discourse föredrag, tal; tala
discourteous oartig
discover upptäcka
discovery upptäckt
discredit skam; misstro
discreet taktfull
discrepancy motsägelse
discretion gottfinnande; omdöme, takt; *at the* ~ *of a p.* efter ngns gottfinnande
discrim|inate särskilja **-inating** skarpsinnig
discuss diskutera
disdain förakt(a)
disease sjukdom
disembark landsätta
disengage befria, avleda
disentangle lösgöra, klara
disfavour ogunst; ogilla
disfigure vanställa
disfranchise beröva rösträtt
disgorge utspy
disgrace onåd; blamera
disguise förkläd|nad; -a
disgust avsmak; harm|a
dish fat; servera
dishearten beröva modet
dishevelled rufsig
dishonest oärlig
dishonour skam; vanära
disinclined obenägen
disinfect desinficera
disinherit göra arvlös
disinterested oegennyttig
disjointed osammanhängande
disk skiva, platta, grammofonskiva; ~ *jockey* skivpratare
dislike avsky; ogilla
dislocate rubba; förrycka; vricka
dislodge driva bort
disloyal otrogen
dismal dyster, sorglig
dismantle avkläda, slopa
dismay förfäran; göra bestört
dismember sönderdela
dismiss avskeda, avvisa
dismount stiga ned
disobey vara olydig
disobliging ovänlig
disorder oreda; förvirra

disorganize upplösa
disown förneka
disparage ringakta
disparity olikhet
dispassionate lugn, sansad
dispatch avsända(nde); rapport; skyndsamhet
dispel förjaga
dispense utdela; sköta; frikalla; undvara
disperse *tr.* (kring)sprida, (för)skingra; *itr.* sprida (sig), upplösas
dispirited nedslagen
displace flytta, avsätta
display utställ|ning; -a
displease misshaga; **-d** missnöjd
dispose ordna; förordna om; göra hågad
dispossess fördriva
disprove vederlägga
dispute tvist; tvista
disqualify diskvalificera
disregard förakt; förakta
disrespect missakt|ning; -a
disruption sprängning
dissatisfy göra missnöjd
dissect obducera
dissension oenighet
dissent (ha) avvikande mening; frikyrklighet
dissimilar olika
dissipated utsvävande
dissolute tygellös
dissolve upplösa, smälta
dissolution upplösning
distance sträcka; avstånd; mellan|tid, -rum
distant avlägsen; reserverad
distasteful vidrig
distemper sjukdom; valpsjuka; temperamålning
distil destillera
distinct tydlig, klar
distinction skillnad; utmärkelse, rang
distinguish skilja; utmärka; **-ed** framstående
distortion förvridning
distract oroa, plåga
distress betryck; sorg; plåga
distribute utdela; sprida
distrust tvivel; misstro
disturb oroa; störa
disturbance störning, orolighet
disunion söndring
disused obruklig
ditch dike, grav; dika
ditto detsamma
ditty visa, sång
dive dykning; kroghåla; dyka; forska; försvinna
diverge avvika
diverse mångfaldig
diversion avledande; avkoppling
divert avleda; förströ
divide dela; dividera
divine teolog; gudomlig; ana, spå
divinity gudom; teologi
division delning; krets; oenighet; omröstning
divorce skilsmässa; skilja(s); söndra
divulge avslöja
dizzy yr; göra yr
do göra; uträtta; reda sig; lyckas; duga; räcka till; *how ~ you ~?* god dag; *that will ~* det räcker (duger); *that won't ~* det duger inte
docile foglig
dock docka; **-s** varv; de anklagades bänk; ta i docka; avkorta
doctor läkare; kurera; förfalska
doctrine lära, doktrin
dodge knyck; knep; kila undan; undvika
dog hund; usling
dogged envis, seg
doggerel knittelvers
dole arbetslöshetsunderstöd; utdela (allmosa)
doleful dyster
doll docka; styra ut
dome dom, kupol
domestic tjänare; huslig, hemgjord; inrikes; *~ animal* husdjur
domicile bostad; bosätta
dominate (be)härska
domineer dominera

dominion välde; besittning; äganderätt
don (univ.) lärare
done gjord; kokt; lurad; *have ~ with* få slut på; *~ for* ruinerad; *~ up* alldeles slut; *that ~* därefter; *~ with* förbi
donkey åsna
doom dom, öde; döma
door dörr, port; *in-s* inomhus; *out of -s* utomhus
door-keeper dörrvakt, portvakt
doorway ingång, port
dope narkotika; bedöva
dormant sovande, vilande
dormitory sovsal
dose dos; dosera
dot prick; pricka
dotage (ålderdoms)slöhet; svaghet; blind kärlek
double dubbel; avbild; språngmarsch; böjd; dubbl(er)a; vika sig; springa
doubt tvivel; tveka; *no ~* utan tvivel
dough deg
dove duva; **-tail** (snick.) laxstjärt; hopsinka; inpassa
dowdy sjaskig, slampig
down dun; dyn; sandbank
down nedgång; ned, ner, slagen; sängliggande; kontant; utför; *throw ~* kasta ifrån sig; *one ~* (kortsp.) en straff; *take ~* föra till bordet; *be ~* vara nere (nedslagen); *be ~ on* slå ned på
downfall skyfall; nedgång
downpour hällregn
downright ren; rättfram
downs backigt hedland
downstairs i nedre våningen, nedför trappan
downtrodden förtrampad
downward nedåt(gående)
dowry hemgift
dozen dussin; *by the ~* dussinvis
drab tråkig, enformig
draft dragning; växel; utkast; avfalla; rita
drag släpande; släpa
dragon drake; **~ -fly** trollslända
drain avlopp; avleda
drainage dränering
drape kläda, smycka
drastic kraftig
draught drag; dos; teckning; rita; **-s** damspel
draw lott; oavgjord strid; succé; draga; locka; ta ut; rita; göra
drawer byrålåda; dragare; **-s** (under)benkläder
drawing dragning, ritning, teckning; **~ -pin** häftstift; **~ -room** salong, förmak
drawl tala släpigt
dray bryggarkärra
dread fruktan; frukta(d)
dream dröm; drömma
dreary dyster, tråkig
dredge släpnät; muddra
dregs bottensats
drench hällregn; genomdränka
dress dräkt, kläder; kläda; tillreda; smycka
dressing-gown morgonrock
dressmaker sömmerska
dribble droppa(nde)
drift driva (fram; ihop); (snö)driva
drill drill; drilla
drink dryck; dricka
drip drypa(nde)
drive driva; köra; tvinga; åktur; kampanj; tendens; **-r** chaufför, förare
drivel smörja; dregla
drizzle duggregn(a)
droll lustig, rolig
drone hanbi; dröna(re)
droop hänga ned
drop droppe; fall; tappa; avbryta; sänka *~ a line* skriva ett par rader; *~ across* råka på; *~ in* titta in

dross slagg; skräp
drought regnbrist, torka
drove hjord
drown drunkna; dränka
drowsy sömnig, slö
drudgery slavgöra
drug drog; förgifta
druggist apotekare
drum trumma; cylinder
drunk berusad, onykter
drunkard drinkare
dry torr; törstig; torka; *run* ~ torka ut
dual dualis; tvåfaldig
dubious oviss; tveksam
duchess hertiginna
duck and; dopp; doppa; dyka; (hastigt) vika undan; **wild-** and
duct ledning, kanal
due behörig; tillkommande; rätt; skuld; beroende (på); *become* ~ förfalla; *be* ~ *to* bero på; *in* ~ *time* i rättan tid
duke hertig
dull slö; dov; dyster
duly vederbörligen
dumb stum; tyst
dummy dumbom; bulvan
dump stjälpa av, tippa, dumpa, sälja till underpris
dumps *in the* ~ ur humör
dun fordringsägare; krav; kräva
dunce dumhuvud
dung gödsel; gödsla
dungeon fängelsehåla
dupe narrad person; lura
duplicate duplikat; tvåfaldig; duplicera
duplicity dubbelspel
durable varaktig, hållbar
duration varaktighet; *for the* ~ så länge ngt varar
during under (loppet av)
dusk skymning; mörk
dust damm; stoft; oväsen; damma; strö, pudra
duster dammtrasa
Dutch holländska (språket); holländsk; the ~ holländarna; **-man** holländare
duty plikt; vördnad; tull; *do* ~ *for* tjäna som; *off* ~ ledig; *on* ~ i tjänst
dwarf dvärg; förkrymp|a, -t
dwell bo; dröja vid
dwindle förminskas
dye färg; färga(s)
dying döende, döds-

E

each vardera; var och en
eager ivrig, häftig
eagle örn
ear ax; öra; grepe
earache örsprång
earl (engelsk) greve
early tidigt
earmark kännetecken; reservera
earn förtjäna, vinna
earnest allvar(lig); *be in* ~ mena allvar
earshot hörhåll
earth jord, mark; jorda; *how on* ~? hur i all världen?
earthenware fajans
earthquake jordbävning
ease välbehag; lugn; *at (o.'s)* ~ i lugn och ro; bekvämt; lätta; *ill at* ~ illa till mods
easel staffli
east öster; östlig
Easter påsk; ~ *Monday* Annandag påsk
eastern östlig, österländsk
easy lätt; lugn(t)
eat äta; tära på
eaves takfot
eavesdropper dörrlyssnare
ebb ebb; avtaga; sjunka
ebony ebenholts
eccentric origin|al; -ell
echo eko
eclipse förmörk|else; -a
economical sparsam

economics national-ekonomi
economize spara
ecstasy extas
eczema eksem
eddy virvel; virvla
edge kant; egg; vässa; tränga sig fram; *on* ~ på helspänn
edging list
edible ätbar
edict förordning
edifice byggnad
edify uppbygga
edit utge
edition upplaga
editor utgivare; redaktör
editorial redaktion; ledare
educate uppfostra
eel ål
eerie kuslig till mods, rädd;
efface utplåna
effect effekt; lyckas; åstadkomma; *in* ~ i själva verket; **-s** tillhörigheter
effective effektiv
effeminate omanlig, vek
effervesce bubbla, jäsa
effete utsliten, orkeslös
efficacious verksam
efficient verksam; duglig
effigy bild; beläte
effort strävan, ansträngning
effusive översvallande
e.g. t.ex.
egg ägg; ~ *on* egga, driva; *boiled* ~ kokt ägg; *poached* ~ förlorat ägg; *scrambled -s* äggröra; *fried -s* stekta ägg
egotism egenkärlek
eiderdown ejderdun
either vardera; heller; ~ . . . *or* antingen . . . eller
ejaculation utrop
eject kasta ut
eke ~ *out* fylla ut
elaborate fulländad; utveckla, genomarbeta
elapse förflyta
elastic resår; elastisk
elate fylla med stolthet
elbow armbåg|e; -a
elder fläder
elder(ly) äldre
elect utvald; välja
election val
electorate väljarkår
electrician elektriker
electrocute avrätta med elektricitet
elegant elegant, fin, stilig
elegy elegi
elementary elementär
elevate upphöja
elevator hiss
elicit framdraga
eligible valbar, lämplig
eliminate utelämna
elk älg
elm alm
elocution välläsning
elongate förlänga
eloquent vältalig
else annars; anna|n, -t; *nobody* ~ ingen annan; *somebody* ~ någon annan
elsewhere annorstädes
elucidate förklara
elude undgå; kringgå
elusive oåtkomlig; gäckande
emaciate utmärgla
emanate utgå, emanera
emancipate frigöra
embalm balsamera
embankment bank, kaj
embargo beslag; stoppa
embark inskeppa; inveckla
embarrass besvära; genera; **-ed** förlägen
embassy ambassad
embellish pryda, smycka
ember glödkol
embezzle förskingra
embitter förbittra
emblem sinnebild
embody förkroppsliga; inbegripa; samla, förena
embrace omfamn|ing; -a; omfatta; antaga
embroider brodera
emendation textförbättring

emerald smaragd
emerge framkomma, dyka upp
emergency nödläge; reserv; ~ *landing* nödlandning
emery smärgel
emetic kräkmedel
emigrate utvandra
eminent framstående
emit utsända, utveckla
emotion känsla
emperor kejsare
emphasis betoning
emphatic eftertrycklig
empire kejsardöme; imperium
employ tjänst; använda
employee anställd
employer arbetsgivare
empower bemyndiga
empty tom; hungrig; meningslös; uttömma
emulate tävla med
enable möjliggöra
enactment förordning
enamel emalj(era)
encampment lägerplats
enchant förtrolla
enclose omge; bifoga
enclosure inhägnad; bilaga
encore dakapo, om igen
encounter möte; sammanstötning; möta; stöta
encourage uppmuntra
encroach göra intrång
encumber betunga, besvära
end slut; syfte; ändamål; sluta; *make -s meet* få det att gå ihop; *no ~ of* gott om
endanger sätta i fara
endeavour försök; sträva
endorse endossera
endow donera, förläna
endure tåla, lida
enemy fiende; fientlig
energy energi, kraft
enervate slapp; försvaga
enfeeble försvaga
enforce tilltvinga sig
enfranchise ge rösträtt; befria
engage anställa; lova; hyra; uppta; angripa; *-d* upptagen; förlovad
engine maskin
engineer ingenjör; ordna
English engelska (språket; engelsk; **the** ~ engelsmännen; **-man** engelsman
engrave gravera; inprägla
engross texta; upptaga
enhance höja; stegra; öka(s)
enigma gåta
enjoy njuta av; tycka om; ~ *oneself* roa sig, ha roligt
enlarge förstora
enlighten upplysa
enlist värva; vinna
enliven uppliva
enmity fiendskap
enormous ofantlig
enough nog; ganska; ~ *and to spare* nog och övernog
enquire → **inquire**
enrage uppreta
enrich berika; göda
enrol inskriva
ensign fan|a; -bärare
enslave förslava
ensnare fånga; förleda
ensue följa; uppstå
ensure tillförsäkra
entail fideikommiss; medföra, pålägga
entangle trassla in
enter inträda; gå in på; anteckna; anmäla
enterprise företag(samhet)
entertain underhålla, bjuda; reflektera
entertainment underhållning, nöje, förplägnad
enthral(l) förtrolla; fånga
entice locka; förleda
entire hel; alldeles
entitle kalla; berättiga
entity väsen
entomb begrava
entrails inälvor
entrain inlasta på tåg
entrance inträde; ingång; tillträde; hänrycka; **main** ~ huvudingång
entrap snärja, fånga

entreat bedja, besvärja
entrench förskansa
entrust anförtro
entry inträde; ingång; post (i räkenskaper); anteckning
entwine fläta ihop
enumerate uppräkna
enunciate uttrycka; formulera; uttala (ord)
envelop insvepa
envelope omslag; kuvert
envious avundsjuk
environment omgivning
envisage möta; betrakta; föreställa sig
envoy sändebud
envy avund(as)
epic epos; episk
epicure finsmakare
epidemic epidemi(sk)
epilogue epilog
epitaph gravskrift
epithet attribut, binamn
epitome sammandrag
epoch epok, tid
equal lika; samma; likna; ~ *to* likställd med
equality likhet
equanimity jämnmod
equestrian ryttar-; ridande
equilibrium jämviktsläge
equinox dagjämning
equip utrusta
equity rättvisa
equivalent motsvarighet; likvärdig, motsvarande
equivocal tvetydig; oviss
era tidevarv
eradicate utrota
erase radera; utplåna
erasure radering
ere före, innan
erect rak; fast; resa; bygga; upphöja
erosion bortfrätande
erotic kärleks-, erotisk
err fela, synda
errand ärende
errand-boy springpojke
erratic oregelbunden
erroneous felaktig
error misstag
erudition lärdom
eruption utbrott
escalator rulltrappa
escape flykt, utväg, fly; und|slippa; -fly
escort eskort; eskortera; *-ed travel* gruppresa
especially särskilt
espionage spioneri
espouse äkta (maka); taga till äkta
esquire godsägare, väpnare, herr (förkortn. i adresser **Esq.**)
essay försök(a); uppsats
essence väsen; essens
essential väsentlig; huvudsak; grundvillkor
establish konstatera; grunda; skapa
estate gods; stånd; *real* ~ fast egendom; *personal* ~ lösegendom; ~ *agent* fastighetsagent
esteem akt|ning; -a, värdera
estimate uppskattning; bedöma; taxera
estuary flodmynning
etching etsning
eternal evig
eternity evighet
ether eter
ethic|al etisk; **-s** etik
eulogy lovtal
euphony välljud
Europe Europa; **-an** europé; europeisk
evacuate evakuera
evade undgå
evanesce blekna, förtona
evaporate avdunsta
evasion und|vikande; -flykt
eve afton, (dag) före (helg)
even jämn; kvitt; även; till och med; jämna; ~ *now* redan nu; ~ *though* även om; *not* ~ inte ens
evening afton, kväll
exent händelse; tävling; *at all -s* i varje fall
eventually slutligen
ever någonsin; alltid; ~ *so* mycket
evergreen ständigt grön (växt)
everlasting evig; eternell

every varje; all; ~ *other* varannan; ~ *now and then* då och då
everybody var och en; alla
everyday vardags-; daglig
everyone → **everybody**
everything allting
everywhere överallt
evict vräka; avhysa
evidence bevis; vittnesbörd; visa; *be in* ~ vara tillstädes; *bear* ~ *of* vittna om
evident tydlig, klar
evil elak, ond; illa; det onda
evoke framkalla
evolution utveckling
evolve ut|veckla; -arbeta
ewe tacka, honfår
exact noggrann; fordra
exaction fordran
exaggerate överdriva
exalt upphöja; prisa
examin|e granska; examinera; **-ation** examen
example exempel; mönster
exasperate förvärra; reta
excavate gräva (upp)
excavator grävmaskin
exceed över|gå; -träffa
exceedingly ytterst, synnerligen
excel vara främst; överträffa
excellent utmärkt; förträfflig
except med undantag av; undantaga; ogilla
exception undantag; invändning; *take* ~ *to* ogilla; *take* ~ *at* ta illa upp
excess övermått
exchange byte; växling (av pengar); växel; (fond-)börs; *rate of* ~ växelkurs
excise accis; skära bort
excision utskärning
excited uppeggad; upprörd; nervös
excitement oro; (sinnes-) rörelse; iver; spänning
exclaim utropa
exclude utesluta
excretion avsöndring
excruciating pinsam
excursion utflykt
excuse ursäkt; ursäkta; *be -d* slippa
execrable avskyvärd
execute utföra; avrätta
executive verkställande
exemplary exemplarisk
exempt fritag|en; -a
exercise övning; träna
exert utöva; anstränga
exhale utandas
exhaust avlopp; utmatta; ~ *valve* avgasventil
exhibit uppvisa; förete; utställa
exhilarate uppmuntra
exhort uppmana
exhume gräva upp
exigence behov; nöd(läge)
exile landsflykt; förvisa
exist leva; existera
exit utgång; bortgång; död
exonerate befria
exorbitant omåttlig
exorcise utdriva
expand ut|breda; -sträcka
expansion utbredning
expatiate utbreda sig
expatriate landsförvisa
expect vänta; förmoda
expectation (för)väntan; förhoppning
expedient medel; utväg; fördelaktig; lämplig
expel fördriva, bortjaga
expend ge ut, använda
expense utgift; kostnad
expensive dyr
experience erfar|enhet; -a
expert kunnig; expert
expire utandas; slockna; dö
explain förklara
explanation förklaring
explicit uttrycklig
explode explodera; förkasta
exploit bragd; utnyttja
explore utforska; **-r** forskare, forskningsresande
exponent exponent, tolk

export export|era; -vara
expose utsätta, prisge
expostulate före|hålla; -brå
expound förklara
express express; ut-tryck|a; -lig
expression uttryck
expropriate fråntaga
expurgate rensa
exquisite utsökt, fin
extant kvarvarande
extend sträcka; sprida; visa, ge
extent utsträckning
extenuate förmildra
exterior yttre
exterminate utrota
external yttre; utrikes-
extinct (ut)slocknad; utdöd
extinguish släcka
extol prisa, berömma
extort utpressa
extract utdrag; utdraga
extraction *(äv.)* härkomst
extradite utlämna (förbrytare)
extraneous yttre
extraordinary ovanlig
extravagant slösaktig, överdriven, vräkig
extreme ytterlighet
extremity ytterlighet(såtgärd)
extricate frigöra
exuberant översvallande
exude utsöndra
exult triumfera
eye öga, syn; ögla; syna; *make -s at* ge ögonkast; *do in the ~* lura; *see ~ to ~ with* vara ense; *with an ~ to* i syfte att
eyeball ögonglob
eyebrow ögonbryn
eyeglass monokel
eyelash ögonhår
eyelid ögonlock
eyesight syn
eyesore anskrämlig syn; "nagel i ögat"

F

fable saga; dikta
fabric byggnad; tyg
fabrication påhitt
face ansikte; min; möta; *save ~* rädda skenet; *~ value* nominellt värde; *on the ~ of it* vid första påseendet
facet fasett
facetious skämtsam
facial ansikts-
facilitate underlätta
facility lätthet
fact faktum; verklighet; *in (point of) ~* faktiskt, i själva verket
faction klick; split
factor agent; omständighet
factory fabrik
faculty förmåga; fakultet
faculties själsförmögenheter
fad vurm, mani
fade vissna; försvinna
fag slita; knoga; trötta ut; knog; jobb
faggot risknippe
fail sakna(s); slå fel; svika; kuggas i; göra konkurs; *I ~ to see* jag kan inte inse; *without ~* ofelbart
failing brist; svaghet; *~ this* i annat fall
failure försummelse; fiasko; misslyckande
faint svimning; svag; svimma; bli modlös
fair vacker; klar; mild; ljus; rättvis; *~ and square* öppen och ärlig; *~ play* rent spel
fairly ärligt; tämligen; ganska
fairy fe; troll-; *~* **-tale** saga
faith tro; löfte
faithful trogen, trofast; **Yours -ly** högaktningsfullt
fake förfalsk|ning; -a
fall fall; höst; falla; sjunka; råka; bli; *~ to* till-

falla; ~ *asleep* somna; ~ *in with* tillfälligtvis träffa
fallacy bedräglighet
false falsk; oäkta; lös-
falsehood falskhet
falter stappla; tveka
fame rykte, anseende
familiar förtrolig
family familj; *no* ~ inga barn
famine hungersnöd
famished utsvulten
famous berömd; utmärkt
fan solfjäder; fläkt; fläkta; entusiast
fanatical fanatisk
fancy fantasi; inbillning; dröm; lust; böjelse; ~ *dress* maskeradkostym
fang huggtand; bete
fanlight solfjädersfönster
far fjärran; vida; långt; mycket; ~ *from* långt ifrån; *by* ~ i hög grad; **-fetched** långsökt; **-sighted** förutseende
farce fars; köttfärs
fare avgift; mat (= kosthåll); fara (väl el. illa)
farewell farväl; avskeds-
farm lantgård; odla
farmyard gård(splan)
farthing ¼ penny
fascination tjusning
fashion snitt; mod; sätt; forma; ~ *parade* modeuppvisning; *out of* ~ omodern
fast fast; stadig; snabb; nöjeslysten; *be* ~ (om klockan) gå före
fasten fästa; stänga; fastna
fastidious kräsen, kinkig
fat tjock; flottig; dum; fett
fatal ödesdiger; dödlig
fate öde, undergång
father fader; avla; ~ *on* tillskriva; **F~ Christmas** jultomten; ~ **-in-law** svärfar
fatherland fädernesland
fathom famn (mått); loda; utforska
fatigue trötthet; utmatta
fatuous enfaldig
fault fel, brist; skuld; *find* ~ *with* klandra; *be at* ~ vara på villospår
faultless felfri
favour gunst; ynnestbevis; gynna, befordra; gilla; *in* ~ omtyckt; *in our* ~ till vår förmån
favourable gynnsam, fördelaktig; välvillig
favourite favorit, gunstling; älsklings-
fawn dovhjortskalv; gulbrun; svansa
fear fruktan; oro; frukta
fearful rädd; fruktansvärd, förskräcklig
fearless orädd
feasible görlig, användbar
feast fest; kalas; festa; kalasa; traktera
feat bragd, kraftprov
feather fjäder; (be)fjädra; *show the white* ~ visa feghet; *birds of a* ~ *flock together* lika barn leka bäst; ~ *o.'s nest* sko sig
feature drag, min; egenskap; attraktion; (upp)visa, framhäva
February februari
federal förbunds-
federation liga, förbund
fee arvode, honorar
feeble svag, matt
feed mål; sats; led; föda, bespisa; förse; ~ *up* göda, mätta
feel känsla; känna (på); anse; tycka; ~ *cold* frysa; ~ *sorry for* tycka synd om; ~ *like* känna sig upplagd för
feeler antenn; trevare
feet *(pl av foot)* fötter
feign uppdikta; hyckla
feint list, fint
felicity lycka, sällhet
feline kattlik, katt-
fell fäll, skinn; vild, skarp; dödlig

fellow karl; make; medlem; docent; medmänniska; **-s kamrater**
fellowship kamratskap; brödraskap; docentur
felon brottsling
felony brott
felt filt; filthatt
female kvinna; hona; kvinnlig, hon-
feminine kvinnlig
fen kärr, träsk
fence staket; **fäktning**; skydda, inhägna; fäkta, parera; sätta upp staket
fencing fäktning, parerande; stängsel
fender skydd; eldgaller
ferment jäsämne; jäsning; underblåsa; jäsa
fern bräken, ormbunke
ferocious vild, grym
ferret vessla; snoka
ferry färj|a, -ställe; färja
fertile fruktbar
fertility bördighet
fertilizer gödningsämne
fervent innerlig, ivrig
fervid het, brinnande
festival fest, högtid; festlig; högtids-
festive festlig
festivity högtidlighet
festoon girland
fetch hämta; **skaffa**; inbringa; ~ *up* stanna, hamna; **-ing** förtjusande
fête fest; *fira*
fetter tjuder; tjudra
feud fejd; (blods)hämnd
fever feber; spänning
few få; *a* ~ några få; *every* ~ *days* med några dagars mellanrum
fiancé fästman; **-e** fästmö
fibre fiber; natur, halt
fickle ostadig, ombytlig
fiction uppdiktande, dikt; skönlitteratur
fiddle fiol; leka; spela på (fiol); ~ *about* fjanta; ~ *away* plottra bort; *as fit as a* ~ pigg som en mört
fidelity trofasthet
fidget oro; orolig själ; oroligt flytta sig; oroa
fie fy!
field fält, äng; område; **-glass** kikare
fiend djävul; odjur; slav; *dope* ~ narkoman
fiendish djävulsk, grym
fierce vild, häftig, grym
fiery eld-, glödande; hetsig, eldig
fig fikon(träd); struntsak
fight strid, kamp; mod; strida, slåss; bekämpa; ~ *shy of* undvika; ~ *off* tillbakaslå; ~ *o.'s way* kämpa sig fram
fighter (slags)kämpe, jaktplan
figure figur, form; person; bild; symbol; **siffra**; avbilda; föreställa; framträda; *cut a* ~ spela en roll; ~ *out* räkna ut; **-s** räkning; *what's the* ~*?* vad kostar det?
file pappershållare, pärm; dokumentbunt; rote; rad; fil; ordna; ingiva; gå i kolonn; fila
fill fyllning; fylla; stoppa; mätta; bekläda
fillet bindel; remsa
film hinna; film; tråd; filma; täcka med en hinna
filter filter; filtrera
filthy oren; oanständig
fin fena
final final; slutlig; avsiktlig; **-s** slutexamen
finally till sist
finance finans; finansiera; **-s** ekonomi
find finna; möta; få; inse; döma; fynd; ~ *time* hinna; ~ *one's way* hitta; ~ *out* lösa; komma på
fine fin; tunn; utmärkt; vacker; rena; bötfälla; *pay a* ~ böta
finger finger; fingra på; spela på; leka

finger-print fingeravtryck
finish slut; polering; sluta; bearbeta; avliva
fir gran, tall
fire eld, brand; flamma; antända; avfyra; ~ *out* köra ut; ~ *away* börja; ~ *up* elda; *miss* ~ klicka
fire-arms skjutvapen
fire-brigade brandkår
fire-engine brandspruta
fire-escape brandstege
fireman brandman
fireplace eldstad
fireproof eldfast
fireside härd
firewood ved, bränsle
firework fyrverkeri
firing eldning; bränsle; eldgivning
firm firma; fast; säker
first först; främst; ~ *of all* först och främst; ~ *and last* allt som allt; *at* ~ i början; ~ **-night** premiär
first-rate förstklassig
fish fisk; *queer (odd)* ~ lustig kurre; fiska; fika efter; ~ **-hook** metkrok
fisherman fiskare
fishing fiskande; fiske-; ~ **-rod** metspö
fishmonger fiskhandlare
fissure klyfta, spricka
fist (knyt)näve; bulta på
fit anfall; utbrott; nyck; lämplig; livskraftig; välsittande; färdig; i hög form; passa; montera; sitta; ~ *up* utrusta; *-s of laughter* gapskratt; *by -s (and starts)* ryckvis
fitness lämplighet
fitter montör
fitting hoppassning; montering; *-s* tillbehör, armatur
fix fästa; klämma; installera; bestämma; ordna; fastna
fixed fästad, fast; orörlig
fizzle fräs; fiasko; fräsa
flabby slapp, lös, slak
flag flagga, stenplatta, svärdslilja; hänga slappt ner, signalera, avtyna
flagon (vin)kanna, krus
flagrant uppenbar, skändlig
flagstaff flaggstång
flair fin näsa
flake flaga; flagna
flame låga, flamma
flank flank, flankera
flannell flanell; *-s* flanellkostym
flap flik; klaff; slå
flare fladdrande låga; fladdra; flamma upp
flash blixt; glans; flott; lysa fram; rusa fram
flask flaska, kolv
flat våning; flat; enformig; matt; nedslagen; absolut; (mus.) sänkt en halv ton; *G*~ gess; ~ *top* hangarfartyg
flat-iron strykjärn
flatter smickra; smeka
flattery smicker
flaunt stoltsera, pråla
flavour arom, smak; krydda
flaw spricka; fel
flax lin
flea loppa
fledge befjädra; (*äv.*) bevinga; *-d* flygfärdig
flee fly, undfly
fleece ull, päls, fäll; klippa; plundra, skinna
fleet flotta; snabbt försvinna; fly; ila
flesh kött; hull; sinnlighet; *in the* ~ (livs)levande; *lose* ~ magra
fleshy köttig; fet
flex (elektr.) sladd
flexible böjlig, smidig
flick slag; snärta till
flicker fladdra(nde)
flight flykt; flock; trappa
flighty ytlig; nyckfull
flimsy lös; bräcklig; tunn, svag, ohållbar
flinch svikta; rycka till
fling kast; attack; släng; kasta; rusa; *have o,'s* ~ rasa ut; ~ *open* slå

upp; ~ *out* bryta ut; ~ *up* överge
flip knäpp(a) (i väg); smäll
flippant frivol; näsvis
flirt släng; flört; vifta med; kila; flörta
flit sväva, flyga
float flotte; simdyna; simblåsa; flyta; starta
flock skara, flock(a sig); tapp, tott, tofs
floe isflak
flog pryg|el; -la, piska
flood flod; bölja; översväm|ning;- ma; strömma
floodlighting fasadbelysning
floor golv, botten; våning; besegra; kugga
flop duns; plums; ramla; misslyckas; flaxa
florid blomstrande
florin (i England) 2 shilling
florist blomsterhandlare
flounder flundra; plumsa
flour vetemjöl
flourish florera; stoltsera; lysa med; snirkel; salut *(med värja);* fanfar
flow flod, ström; flyta; rinna; fladdra; stiga
flower blomma; blomning; stå (slå ut) i blom
fluctuate variera, växla
flue rökfång
fluent flytande, talför; *speak -ly* tala flytande
fluff ludd, dun, fjun; burra upp; göra luddig
fluid vätska; flytande
fluorescent lighting neonbelysning
flurry förvirring; hast; förvirra; oroa
flush ström; glöd; spolning; jämnhöjd; riklig; rusa; rodna; glöda; spola (ren)
fluster oro; upphetsa; förvirra
flute (spela på) flöjt; räffla
flutter fladdrande; oro; spel; fladdra; oroa
fly fluga; flyga; ila; undvika; *let* ~ avskjuta; springa (sönder); ~ *at* rusa på; ~ *the flag* flagga
fly-past flyguppvisning
foal föl; föla
foam skum; skumma; fradga
focus brännpunkt; centrum; koncentrera
fodder foder; fodra
foe fiende; motståndare
fog dimma; oklarhet
foghorn dimlur, mistlur
foil florett; underlag, bakgrund; botten; tillbakaslå; korsa; gäcka
fold veck; slinga; vika; ~ *up* lägga ihop; insvepa
folding uppfällbar
foliage löv(verk)
folk(s) folk, människor
follow följa; sträva efter; fatta; ~ *suit* bekänna färg, följa exemplet; **-er** följeslagare; anhängare
folly vansinne; dårskap
foment badda; uppmuntra
fond tillgiven, svag för; *be* ~ *of* tycka om
fondle kela, smeka
font dopfunt; källa
food mat, näring; **-stuff** födoämne
fool dåre; narra; *make a* ~ *of* driva med; ~*'s errand* lönlöst företag; ~ *away* slarva bort; ~ *with* plocka med
foolhardy dumdristig
foolish dåraktig
foolscap (stort) skrivpapper
foremast fockmast
foot fot; *put o.'s* ~ *down* säga ifrån bestämt; *put o.'s* ~ *in it* råka i klistret; *on* ~ i gång; till fots; ~ *a bill* göra upp en räkning
football fotboll

footfall (ljud av) steg
footing fast fot; sockel
footlights ramp
footman betjänt, lakej
footnote not (nedtill)
footpath gångstig
footprint fotspår
footstep steg
footstool pall
for för; mot; efter; om; på; på grund av; under; i; ty; nämligen; åt; till; *make* ~ styra kosan till; *be* ~ *it* vara (råka) fast; ~ *all that* trots allt; ~ *all I know* så vitt jag vet; *as* ~ *me* för min del; *take* ~ *granted* ta för givet; *I* ~ *one* jag för min del; ~ *instance* till exempel
forbear låta bli; behärska sig
forbid förbjuda; utesluta
force kraft; makt; våld; giltighet; *by* ~ *of* medelst; *in* ~ manstark, i kraft; (be)tvinga; anstränga; spränga; storma; påtvinga; ~ *away* driva bort; *-d landing* nödlandning
forcible kraftig; våldsam
ford (vad)ställe; vada
forearm underarm
foreboding förebud; olycksbådande
forecast förutse; ~ *of the weather* väderleksrapport
forefather förfader
foregather samlas; umgås
foreground förgrund
forehead panna
foreign utländsk; främmande
foreman förman
foremast fockmast
foremost främst; först
forenoon förmiddag
foresee förutse
foreshadow förebåda
foresight förutseende
forest skog
forestall förekomma
foretaste försmak; smaka i förväg
foretell förutsäga
forethought beräkning; förtänksamhet
forewarn varna i förväg
foreword förord
forfeit böter; pant; förverkad; förverka; böta; **-s** pantlek
forge smedja; järnverk; ässja; smida; förfalska; ~ *ahead* (sjö) pressa sig fram
forgery förfalskning
forget glömma
forgive förlåta
forgo avstå från
fork gaffel; grening; skiljoväg; grena
forlorn övergiven; hopplös
form form; skick; blankett; klass; bänk; bilda; vinna; *in due* ~ i vederbörlig ordning; *matter of* ~ formsak; *good* ~ korrekt
formal formell
formality formalitet
formation bildning; trupp
former *the* ~ den (det, de) förr|e, -a; forn
formerly fordom, förr
formidable förfärlig
formula formel; recept
formulate formulera
forsake överge
fort fort, fästning
forth fram; bort; ut; *and so* ~ osv.
forthcoming förestående
forthwith genast
fortify befästa; styrka
fortitude mod, tapperhet
fortnight fjorton dagar
fortress fästning
fortunate lycklig
fortune lycka; öde; tur; förmögenhet; *tell* **-s** spå
fortune-teller spå|man, -kvinna
fortuitous tillfällig
forward framåt; vidare; före; försigkommen;

ivrig; påskynda; eftersända; spediera; *look ~ to* emotse; *to be -ed* för vidare befordran
foster fostra, nära
foul kollision; fel; **vidrig;** oren; gemen, rå; oärlig; oriktigt; **fläcka;** köra emot; *fall (run) ~ of* stöta emot
found gjuta; grunda; **-ation** grund(ande); stiftelse
founder stiftare; gjutare
founder störta in; ramla; tröttköra; sjunka
foundling hittebarn
foundry gjutning; gjuteri
fountain fontän; källa; ~ **-pen** reservoarpenna
fowl höns, fjäderfä
fox räv
fraction bit; (mat.) bråk
fracture bryt|ning; -a
fragile bräcklig, spröd
fragrance doft
frail skröplig, svag
frame konstruktion; form; ram; kropp; sinnesstämning; bilda; bygga; inrama; inpassa; ~ *up* koka ihop; ordna
framework stomme; ram
France Frankrike
franchise röst-, val|rätt
frank fri, öppen; uppriktig; **-ly** uppriktigt sagt
frantic ursinnig
fraternal broderlig
fraternity broderskap
fraud bedrägeri; bedragare
fray bråk, strid; nött ställe; nöta, slita
freak nyck; underdjur
freckle fräkne; bli fräknig
free fri; ledig; gratis; befria; *set ~* frigiva; ~ *fight* allmänt slagsmål; ~ *and easy* ogenerad
freedom frihet; lätthet
freehanded frikostig
freelance frilans
freely fritt; **villigt; fri**kostigt
freemason frimurare
freeze frysa; isbelägga; ~ *(on) to (S)* hålla fast vid; ~ *out (S)* (genom kyligt bemötande) driva bort
freight frakt(a); last(a)
French fransk; **the ~** fransmännen; **-man** fransman
frenzy vanvett
frequent ofta förekommande; ofta besöka
fresco fresk
fresh färsk; ny; oerfaren; livlig; fräck; nyss; ~ *from* direkt från
freshman (univ.) recentior
fret frätning; upprördhet; gnaga; reta; ~ *o. s.* oroa sig; gräma sig
fret nätverk; utskära
fretting otålig; retlig
friar tiggarmunk
friction gnidning; friktion
Friday fredag; *Good ~* långfredag
fried (pp. av **fry**) stekt
friend vän, bekant; *a ~ of mine* en vän till mig
friendly vänlig
friendship vänskap
fright skräck
frighten skrämma, förskräcka
frigid kall, isig; stel
frill krås, krage; krusa; rynka; *-s* grannlåt
fringe frans; utkant; lugg; fransa; kanta
fritter (äppel-)munk; smula sönder
frivolous tom, futtig
fro *to and ~* hit och dit
frock klänning
frog groda; **-man** grodman
frolic skoj; skoja
from från, ur, bort från; (på grund) av; efter; ~ *a child* från barn-

domen; *~ above* ovanifrån
front framsida; panna; fräckhet; strandpromenad; fram-; främre; ligga mitt emot; möta; vetta; *in ~* i spetsen; *in ~ of* framför; *~ door* huvudingång
frontier gräns
frontispiece frontespis; titelplansch; fasad
frost frost; rimfrost; brodda; glasera
froth skum(ma)
frown bister uppsyn; rynka pannan; se bister ut
frozen frusen; bunden
frugal sparsam; enkel
fruit frukt, produkt
fruitful fruktbar, givande
fruitless fruktlös
frustrate gäcka, svika
fry steka, bryna
fuel bränsle; *add ~ to the fire* gjuta olja på elden
fugitive flykting; flyktig
fulfil uppfylla, utföra
fulfilment fullbordan
full fullständig; full; hel; dryg; rund; riklig; mätt; myndig; stark; alldeles, rakt; vecka; *in ~* till fullo; *~ up* fullsatt
fully fullständigt; drygt
fumble famla, fumla
fume rök; ilska; ryka; vara ilsken
fun skämt, roligt; *poke ~ at* driva med
function funktion; uppgift; ceremoni; fungera
fund fond; kassa; fondera; *-s* pengar
fundamental grundläggande; -s grundregel
funeral begravning; *~ service* jordfästning
funicular (railway) linbana
funnel tratt; rör; skorsten; rökfång
funny rolig, lustig, komisk, skämtsam
fur päls, skinn
furious rasande; våldsam
furl rulla ihop; beslå
furnace smältugn; värmeledningspanna
furnish förse; leverera; ge; möblera
furniture möbler, bohag
furrow fåra; räffla; ränna; plöja; räffla
further bortre; vidare; befordra: hjälpa; *till ~ notice* tills vidare; *for ~ particulars apply to* närmare upplysningar genom
furtive hemlig, förstulen
fury raseri, våldsamhet; *like ~* vansinnigt
fuse propp; tändrör; smälta; slockna; slå ihop
fuselage flygkropp
fuss bråk, besvär; bråka, vara ivrig; irritera; plåga; *make a ~* ställa till bråk
fusty unken; gammalmodig
futile fåfäng; värdelös
future framtid; futurum; framtida, blivande

G

gabble prat; pladdra
gable (hus)gavel
gadget manick; knep
gag munkorg; lögn; sätta munkorg på; tysta; lura; improvisera
gaiety glädje
gain vinst; vinna
gait gång; sätt att gå
gaiter damask
gale storm
gall gall|a; -äpple
gallant kavaljer; chevaleresk; ståtlig; tapper
gallery galleri; gång
galley galär, kabyss
gallon ca 4,55 l

gallop galopp; galoppera
gallows galge
galvanize galvanisera
gamble spel; spela
gambler spelare
game lek, sport; match; vinst; vilt; mod; jakt-; morsk; *play the ~* vara just; *~ for anything* beredd till att
gamekeeper skogvaktare
gang grupp; lag; gäng
gangway gång; landgång
gaol fängelse
gap gap; lucka; brist
gape gap(ande); gapa
garbage avskräde; strunt
garble vanställa
garden trädgård; *-s* park
gargle gurg|elvatten;-la
garish prålig
garland girland; kransa
garlic vitlök
garment klädnad
garret vindsrum
garrison garnison
garrulous pratsam
garter strumpeband
gas gas; prat; bedöva; (döda) med gas
gash skåra; skära djupt
gasolene (am.) bensin
gasp flämt|ning; -a
gasworks gasverk
gate grind; (sluss)port
gather veck; samla; förstå; rynka; växa; **-ing** möte; samling; böld
gaudy grann
gauge mått; mät|a, -are
gaunt mager
gauntlet ridhandske; gatlopp
gauze gas, flor
gawky tölp; dum; tafatt
gay glad; ljus; lättsinnig
gaze oavvänt stirra(nde)
gear redskap; koppling; *in ~* inkopplad
gem juvel; pärla; smycka
gender kön, genus
general general(-); allmän; *in ~* i allmänhet
generate alstra
generous frikostig, ädelmodig
genial mild; hjärtlig
genital fortplantnings-; köns-
genius ande; anda; geni
gentle ädel; mild; sakta
gently sakta; stilla, milt
genuine äkta; verklig
genus genus; slag, klass
germ grodd; bakterie; frö
German tysk; **-y** Tyskland; *~ measles* röda hund
gesticulate gestikulera
gesture gest
get få; ernå; vinna; ådraga sig; *~ along* klara sig; *~ away* komma undan; *~ the better of* få övertag över; *~ it* få på pälsen; *~ through* klara; sluta; *~ on* ha framgång; trivas; fortsätta; *~ up* stiga upp; komma fram; *~-up* uppsättning
ghastly spöklik; hemsk
ghost spöke; vålnad
giant jätte(lik)
gibber babbla; snattra
gibe hån; håna; pika
giddy yr; tanklös
gift gåva; begåva
giggle fnitter; fnissa
gild förgylla
gill gäl
gilt förgyll|ning; -d
gimlet handborr
ginger ingefära
gingerly varsam(t)
gipsy zigenare
girder bärbjälke
girdle gördel; omge
girl flicka
girlhood flickålder
girlish flickaktig
girth gördel; omfång
gist kärnpunkt
give giva; frambringa; *~ to understand* låta förstå; *~ in* ge sig; *~ and take* kompromiss
glad glad; härlig; glädja; *~ to see you!* välkommen!
glade (skogs)glänta
glamour trollglans

glance blick; ögna
gland körtel
glare blända; stirra; **glaring** gräll; stirrande
glass glas; spegel; barometer; kikare; *-es* glasögon
glasshouse växthus
glaze glasyr; glasera
gleam glimt, stråle; lysa
glean plocka; samla
glee glädje; sång
glen trång dal
glib lätt, ledig, fräck
glide glid(a); övergå
glider segelflygplan
glimmer glimt; glimma
glimpse skymt(a); titta
glint blänk; glittra
glisten glänsa
glitter glans; glittra
gloat glo, stirra
globe glob; jordklot; ~ **-trotter** långresenär
gloom dunkel; dysterhet
glorify förhärliga
glorious ärorik; underbar
glory ära, glans; salighet
gloss glans; polera; komment|ar; -era
glossary ordlista
glove handske
glow glöd(a); brinna
glower stirra, glo
glue lim; limma
glum dyster, trist
glut mätta, proppa full
glutton frossare
gnarled knotig, kvistig
gnat mygga
gnaw gnaga; fräta
go gå, resa; bli; vara gångbar; lyckas; passa; räcka; *be -ing to* ämna; ~ *about* gripa sig an med; ~ *on* gå vidare, fortsätta; *that -es without saying* det är självklart; *no ~!* det går inte; ~ *for* gå och hämta; ~ *out* slockna
goad pikstav; sporr|e; -a
goal mål
goat get; *get o.'s ~ (S)* reta någon
gobble glufsa, sluka
go-between mellanhand
goblet bägare
God Gud
goddess gudinna
goggle rulla med ögonen; *-s* (skydds)glasögon
going gående, blivande; ~ *strong* vid full vigör; *keep ~* hålla i gång
gold guld
goldsmith guldsmed
gone gången; borta; ~ *on (S)* tokig i
gong gonggong
good god, bra, äkta, snäll, duglig; dryg; *hold ~* gälla; *for ~* för alltid, på allvar; **-s** tillhörigheter; varor
good-bye adjö
goodlooking vacker, stilig
goodness godhet, dygd
goodwill välvilja; kundkrets
goose gås
gooseberry krusbär
gore levrat blod
gorge ravin; sluka; frossa
gorgeous praktfull, härlig
gospel evangelium
gossamer fin väv; luftig
gossip skvaller, kåseri; skvallertacka; skvallra
gouge urholka
gout gikt
govern regera, förvalta
governess guvernant
government styrelse; regering
governor styresman
gown klänning, dräkt
grab grepp; gripa (tag i)
grace behag; gunst; nåd; välvilja; ära; smycka
graceful behagfull
gracious nådig; vänlig
grade grad(era); sort; *make the ~* lyckas
gradient stigning
gradual gradvis, långsam
graduate grad|uera; -era
graft ymp|ning; -a; korruption
grain korn, frö, struktur;

against the ~ mot veden; göra kornig; ådra
grammar grammatik
granary spannmålsmagasin
grand storartad, härlig
grand|child barnbarn; **-daughter** sondotter, dotterdotter; **-father, -pa** farfar, morfar; **-ma, -mother** farmor, mormor; **-son** sonson, dotterson
grandeur storhet; höghet
grant bevilj|ande; -a; medge; skänka; *take for -ed* ta för givet; *Government* ~ statsbidrag
granulate göra kornig; *-d sugar* strösocker
grape druva
grapple fatta tag; dragga
grasp grepp; fatta; gripa
grass gräs
grasshopper gräshoppa
grassy gräs-, gräsbevuxen
grate galler; spis, rost; riva; stöta; gnissla
grateful tacksam; angenäm
gratify tillfredsställa
grating galler; pinsam
gratitude tacksamhet
gratuity gåva; gratifikation; dricks
grave viktig, allvarlig
grave grav
gravel grus; grusa; gäcka
gravity tyngd; allvar; **centre of** ~ tyngdpunkt; **force of** ~ dragningskraft
gravy kött(sås)
graze snudd|ning; -a; beta
grease fett, flott; smörja
great stor; viktig, mäktig, framstående
greatly högeligen; i hög grad
Greece Grekland
greed glupskhet
greedy glupsk, lysten, girig
Greek grek, grekiska (språket); grekisk
green grön; färsk; ~ **grocer** grönsakshandlare
greenhouse växthus
greet hälsa
greeting hälsning
grey grå; gråna
greyhound vinthund
grief sorg, smärta
grievance klagan
grieve bedröva; sörja
grill **halstra, steka; halster**
grim grym, bister, hård
grime smuts; smutsa
grin grin(a); ~ *and bear* hålla god min
grind mala, slipa, vässa, polera, veva, plugga (läxor)
grindstone slipsten
grip grepp; gripa; *come to -s* komma i strid
grist mäld; mjöl; vinst
gristle brosk
grit grus; gnissla; raspa
gritty grusig; grynig
groan stön(a)
grocer specerihandlare
grocery speceri|er; -handel
groom stalldräng; sköta, rykta
groove fåra, räffla; spår
grope famla, treva
gross grov; rå; bruttogross; hela
ground jord(yta); mark; havsbotten; grund(val); område; orsak; grunda
ground-floor bottenvåning
group grupp; gruppera
grouse *(red* ~*)* moripa
grouse knot(a), gruff(a)
grove lund, skogsdunge
grovel kräla, krypa
grow växa; bli; odla; ~ **old** åldras
growl morra(nde)
growth växt, tillväxt
grub gräva; böka; mask; larv
grudge agg; missunna

gruesome gräslig
gruff barsk, grov
grumble knot; knota, morra
grumpy sur, förargad
grunt grymta(nde)
guarantee garant|i; -era
guard vakt(a); konduktör
guardian beskyddare; förmyndare; skydds-
guess giss|ning; -a
guest gäst
guidance (väg)ledning
guide för|are; -a, leda; *-d missile* fjärrstyrd projektil; **girl** ~ flickscout
guild gille; sällskap
guile svek, list
guilt skuld, brottslighet
guinea 21 shilling
gulf golf, havsbukt
gullible enfaldig
gully ravin; ränna
gulp svälj|ning; -a
gum(s) tandkött
gum gummi; gummera
gun kanon; gevär; pamp
gun-carriage lavett
gunman revolverman, bandit
gunpowder krut
gunshot skotthåll
gurgle klunka(nde); sorla
gush forsa (fram), spruta ut; känsloutbrott
gust vindil
gusto smak, välbehag
gusty byig; stormig; häftig
gutter rännsten; rinna
guy (am.) karl, kille, prick
gymnasium gymnastiklokal

H

habit vana, sed; dräkt
habitual (sed)vanlig
hack åkarkamp; arbetsträl, fattig skribent; hyr-
hack hacka, hugga; sparka
hackneyed utsliten; banal
haddock kolja
hag häxa; gungfly
haggard vild; tärd, glåmig
haggle hacka (sönder); pruta, köpslå
hail hagel; hagla; hälsa
hair hår; **-dresser** frisör, hårfrisörska
hairpin hårnål
hairspring spiralfjäder (i ur)
hale rask, kraftig
half hälft; halva; **too** *clever by halves* alltför klok; *not* ~ *bad* icke illa
halibut helgeflundra
hall hall, sal, tambur
halo gloria
halt halt; stanna; halta
halter grimma; snara
halve halvera
ham skinka
hamlet liten by
hammer hammare; hamra
hammock hängmatta
hamper torgkorg; hindra
hand hand, sida; visare; handstil; räcka; lämna; *-s down* utan ansträngning; *be* ~ *in glove with* vara intim vän med; *in* ~ i sin ägo; under arbete; *out of* ~ genast; oregerlig; *be -ed down* gå i arv
handbill flygblad
handcuff handklove
handicraft slöjd; hantverk
handkerchief näsduk
handle handtag, skaft; behandla, hantera
handle-bar styrstång
handsome vacker, ädel
handwriting handstil
handy behändig; bekväm
hang hänga; tveka; pryda; *not a* ~ inte ett

dugg; *get the ~ of* förstå; *~ it!* för fan!
hanger klädgalge
hanging hängning; förhänge; hängande
happen hända, ske; råka
happening händelse
happy lycklig
harangue tal; hålla tal
harass pina, hemsöka
harbour hamn; hysa
hard hård, svår, ivrig; *~ cash* kontant; *it is ~ lines on him* det är hårt för honom; *be ~ up* ha ont om pengar; *~ by* tätt vid
hardly knappast
hardship vedermöda
hardware järnvaror
hardy härdig; djärv
hare hare
hark lyssna
harlot sköka
harm skada; **-less** ofarlig
harness seldon; sela
harp harpa
harrow harv(a); plåga
harsh hård, skarp, sträv
hart hjort
harvest skörd(a); spara
hash ragu; hacka; *make ~ of* förfuska; *settle his ~* göra kål på honom
haste hast; **-n** ila; påskynda
hasty hastig; överilad
hat hatt
hatch dörrhalva; dammlucka; utkläcka(s)
hatchet yxa, bila
hate hat; hata
hatred hat; ovilja; avsky
hatter hattmakare
haughty övermodig
haul hala; drag(a); kap
haunch höft, länd
haunt tillhåll; ofta besöka; spöka i
have hava, få, låta; *~ to* håste; *let him ~ it* straffa honom; *~ it out* göra upp; *I was had* jag blev lurad
haven hamn, tillflyktsort
haversack ryggsäck
havoc förstörelse; härja
hawk hök; utbjuda
hay hö; **-stack** höstack
hazard hasard; riskera
haz|e dis; **-y** disig; oklar
he han
head huvud, chef, styck; rubrik; topp; *come to a ~* kulminera; mogna; *make ~* rycka fram; *I can't make ~ or tail of it* jag kan inte bli klok på det; *off o.'s ~* förryckt; *~ for* styra kurs mot; *~ or tail* krona eller klave
headache huvudvärk
headdress huvudbonad
heading riktning; kurs; rubrik, titel
headland (hög) udde
headlong huvudstupa, vild
headmaster rektor
headquarters högkvarter
headstone hörn-, grav|sten
headstrong envis
headway framsteg; öppning
heal läka, bota
health hälsa; *~ insurance* sjukförsäkring; **-y** frisk
heap hop, hög; hopa
hear höra
hearing hörsel, hörande
heart hjärta; *by ~* utantill
hearth härd, eldstad; hem
heartily hjärtligt
hearty hjärtlig, kraftig
heat hetta; lopp; elda
heathen hedn|ing; **-isk**
heather ljung
heave häva, draga, hissa
heaven himmel
heavy tung, svår, stark
Hebrew hebré, jude, hebreiska, hebreisk, judisk
heckle häckla; ansätta
hectic hektisk
hedge häck; inhägna; gardera
hedgehog igelkott
heed akta sig; hänsyn
heel häl, klack(a); *head*

over -s hals över huvud, upp och ned
heifer kviga
height höjd; storlek; längd
heir arvinge
hell helvete
hellish djävulsk
helm roder, styre
helmet hjälm, kask
help hjälp(are); hjälpa; servera; *~ yourself* var så god (och ta för er)! *I cannot ~ laughing* jag kan inte låta bli att skratta; **-mate** medhjälpare
hem fåll(a), kant(a)
hemisphere halvklot
hemp hampa; **-en** av hampa
hen höna; hona; hon-
hence härifrån; härav
henceforth hädanefter
her henne; hennes, sin
herald härold; förkunna; förebåda
herb ört, växt
herd hjord; massa; vakta
here här, hit; härvidlag
hereabouts häromkring
hereafter härefter
hereby härigenom
hereditary ärftlig, arvs-
heredity ärftlighet
herein häri
heresy kätteri
hereupon härpå
herewith härmed
hermit eremit
hero hjälte
heroine hjältinna
herring sill; *Baltic ~* strömming; *smoked ~* böckling
hers hennes, sin, sitt, sina
herself (hon, henne) själv
hesitate tveka, betänka sig
hew hugga, tillyxa; forma
hibernate övervintra
hicc|ough, -up hicka
hide skinn; gömma, dölja
hideous otäck, gräslig
high hög; förnäm; stark; högt; *~ and low* överallt; **-handed** egenmäktig; *~ spirits* hög stämning
highness höghet
highway landsväg
hike (fot)vandra
hilarious munter, lustig
hilarity munterhet
hill kulle, backe, berg
hillock (liten) kulle
hillside sluttning
hilt handtag, fäste
him honom
himself (han, honom) själv
hind hind; dräng; bakre
hinder hindra
hindrance hinder
hinge gångjärn; bero på
hint vink, antyda(n)
hip nypon; dysterhet; höft
hippopotamus flodhäst
hire uthyrning; hyra; **~ purchase** avbetalning
his hans, sin
hiss vissla; väs|ning, -a
historian historiker
hit slag, träff; tur; slå, träffa, komma på; *~ it off* komma överens
hitch ryck(a); hake; fästa
hive bikupa; bisvärm
hoard förråd; samla; **-ing** plank; annonstavla
hoarse hes, sträv
hoary gråhårig, gråluden
hoax spratt; lura
hob spishäll, spiskant
hobble halta; binda ihop
hoe skyffel, hacka; rensa
hog svin; *go the whole ~* ta steget fullt ut
hoist hiss(verk); hissa
hold grepp, makt; last-, kol|rum; hålla, rymma; mena, anse; *~ o.'s own* hålla stånd; *~ good* gälla; *~ up* framhålla; **~-up** rån; stopp; **-ing** innehav, arrendegård
hole hål; *pick -s in* finna fel hos
holiday ferie, semester
holiness helighet
hollow håla; hålig; tom

holly järnek
holy helig
homage hyllning; *pay ~ to* betyga sin vördnad
home hem; (spelt.) mål; hem-; inrikes; *come ~ to* träffa (kännbart); *drive ~* klargöra; *at ~* hemma
homely enkel, torftig
homewards hemåt; hem-
homicide dråp; dråpare
honest ärlig; ärligt
honesty ärlighet
honey honung
honeymoon smekmånad
honorary heders-, titulär-
honour ära; heder; hedra
honourable hederlig, ärlig, förnäm
hood huva; huv
hoof hov, klöv
hook hake, krok; *on o.'s own ~* för egen räkning; *by ~ or by crook* på ena eller andra sättet; *~ it* smita; fånga
hooligan bov, förbrytare
hoop tunnband; banda
hoot skrän; tuta
hop humle; hopp; hoppa
hope hopp; hoppas
horde hord; svärm
horizon horisont, synkrets; **-tal** horisont-; vågrät
horn horn
horrible ryslig, förfärlig
horrid gräslig, hemsk
horror skräck, fasa
horse häst; **-radish** pepparrot
horseback hästrygg; *on ~* till häst
horseman hästkarl; ryttare
horseplay plumpt skämt
horse-power hästkraft
hose långstrumpor; slang
hosiery trikåvaror
hospitable gästfri
hospital sjukhus
host värd; stor hop; här
hostage gisslan
hostel hospits; **youth ~** vandrarhem
hostess värdinna; **air ~** flygvärdinna
hostile fientlig
hot het, ny, svår
hothouse drivhus
hound rävhund; jaga, hetsa
hour timme; *for -s* i timtal
house hus, hem; hushåll; firma; (teat.) salong; hysa; bo; **~ -breaking** inbrott; **-hold** hushåll, familj; **-keeper** hushållerska **-maid** husjungfru
hovel skjul
hover sväva, kretsa
how hur, så, vad, att
however emellertid, hur än
howl tjut(a); **-er** grovt fel
H. P. (house-power) hästkraft(er)
hub hjulnav
hubbub larm
huddle vräka ihop
hue färg
hug omfamn|ing; -a
huge stor, ofantlig
hulk skrov; åbäke
hull skal, skrov
hum surra; sorla; mumla
human människo-; mänsklig
humane människovänlig
humanity mänskligheten
humble ödmjuk; ringa
humdrum enformig
humiliate förödmjuka
humility ödmjukhet
humorous humoristisk
hump puckel; misshumör
hunch göra bucklig; förkänsla
hung hängde, hängt (→ **hang**)
hunger hung|er; -ra
hungry hungrig, lysten
hunt jakt; jaga; uppspåra
hunter jägare; jakthäst
hurdle spjälverk; häck
hurl kast; kasta; slunga, störta
hurricane orkan
hurry brådska; påskynda; skynda sig; *be in a ~* ha bråttom

hurt slag, skada; såra
husband make; hushålla
hush tystnad; tyst(n)a
husk skal, skida; rensa
husky hes; solid
hustle knuffa(nde)
hut hydda, koja
hydrogen väte
hyphen bindestreck
hypocrisy hyckleri
hypocrite hycklare

I

I jag
ice is; glass; isa, frysa
icicle istapp
idea idé, begrepp, mening
ideal ideal; ideell
identical identisk
identify identifiera
idiocy idioti
idiom idiom; språkegenhet
idle gagnlös; lat; förnöta tiden; **-ness** gagnlöshet
idol avgud
idolater avgudadyrkare
if om; såvida; huruvida; ~ *anything* snarare; ~ *so* i så fall
ignite antända; fatta eld
ignoble oadlig; tarvlig
ignominious skamlig
ignorance okunnighet
ignorant okunnig
ignore ignorera
ill ont; sjuk, elak; illa; *an ~ turn* en otjänst; ~ **at ease** illa till mods
illegitimate olaglig; oäkta
illiterate olärd, obildad
illness sjukdom
ill-treat behandla illa
illumin|ate, -e upplysa
illustrate belysa, förklara
illustrious lysande
image bild; idé; avbilda; föreställ|ning, -a
imagination inbillning
imagine föreställa sig; tro
imbecile sinnesslö
imbibe uppsuga
imbue genomdränka
imitate efterlikna
immaculate obefläckad
immaterial andlig; oväsentlig
immature omogen
immediate omedelbar; ögonblicklig, närmaste; **-ly** genast; **så snart**
immense ofantlig
immersion nedsänkning
immigrant invandrare
immigrate invandra
imminent överhängande
immoderate omåttlig
immodest oblyg
immoral omoralisk
immortal odödlig
immovable orörlig
immutable oföränderlig
imp satunge
impact sammanstötning
impair skada; förminska
impart till-, med|dela
impartial opartisk
impassable oframkomlig
impassive likgiltig
impatience otålighet
impeach anklaga
impecunious utan pengar
impede hindra
impenetrable ogenomtränglig
imperative imperativ; tvingande, nödvändig
imperceptible omärklig
imperfect imperfektum; ofullbordad
imperial kejserlig, imperie-
imperil bringa i fara
imperious övermodig
impersonal opersonlig
impersonate personifiera
impertinent oförskämd
impervious otillgänglig
impetuous våldsam
impetus energi; fart
impiety ogudaktighet
implacable oförsonlig
implant inplantera
implement redskap; fullborda
implicate inveckla
implicit underförstådd
implore bönfalla
imply antyda, innebära

impolite ohövlig
import import; betydelse importera; betyda
importance vikt, betydelse
important viktig
impose pålägga; lura; imponera
imposing imponerande
impossible omöjlig
impostor bedragare
impotent kraftlös, impotent
impoverish utarma
impracticable ogörlig
impregnate impregnera
impress prägel; påtrycka; göra intryck på
impression intryck, avtryck
imprint prägel; inprägla
imprison inspärra
improbable osannolik
impromptu oförberett
improper opassande; oriktig
improve förbättra
improvement förbättring
improvise improvisera
imprudent oförsiktig
impudent fräck
impulse impuls, ingivelse
impunity strafflöshet; *with* ~ ostraffat
impure oren, förfalskad
impute beskylla
in i, på, om, in; till; i fråga om; inne, hemma; *be* ~ *for* vara invecklad i; *ins and outs* detaljer
inability oförmåga
inaccessible otillgänglig
inaccurate felaktig
inaction overksamhet
inactive overksam
inadequate bristfällig
inadmissible oantaglig
inane dum, tom
inanimate livlös
inappropriate olämplig
inasmuch ~ *as* eftersom
inaudible ohörbar
inaugurate inviga
inborn medfödd
incapable oduglig
incense rökelse; uppreta
incentive motiv, drivfjäder
incessant oupphörlig
incest blodskam
inch tum
incident händelse
incidental tillfällig
incipient begynnande
incite egga, sporra
incivility ohövlighet
inclement sträng, bister (om väder l. klimat)
inclination böjelse, lust
incline lutning; luta; **vara** benägen (böjd)
include innefatta
incoherent osammanhängande
income inkomst(er)
imcomparable oförliknelig
incompatible oförenlig
incompetent oduglig
incomplete ofullständig
incongruous oförenlig
inconsistent inkonsekvent
inconspicuous tillbakadragen
inconstant obeständig
inconvenient obekväm
incorporate införliva
incorrect oriktig
increase ökning; ökas
incredible otrolig
incredulous skeptisk
incriminate anklaga
incubat|e ruva; utveckla; **-ion** *(äv.)* äggkläckning
incur ådraga sig
incurable obotlig
indebted skyldig
indecent oanständig
indeed verkligen, jaså
indefinite obestämd
indelible outplånlig
indemnity skadestånd
indent inskärning; avtal; tanda; kontraktera
independence oberoende
indescribable obeskrivlig
index register; pekfinger
India Indien; **-n** indier; indisk; **(red) -n** indian, indiansk
indicate påpeka, visa
indict anklaga

indictment anklagelse
indifferent likgiltig
indigenous inhemsk
indigestion dålig matsmältning
indignant harmsen
indignity kränkning
indirect indirekt; lömsk
indiscreet obetänksam
indiscriminate kritiklös
indispensable oumbärlig
indisposition illamående
indistinct obetydlig
individual individ(uell)
indolent lat, loj
indoor inomhus, inne
induce förleda
indulge ge efter för
indulgence överseende, mildhet
industrious flitig, arbetsam
industry industri, flit
inebriate berusa(d)
inert slö, trög
inevitable oundviklig
inexcusable oförlåtlig
inexhaustible outtömlig
inexpedient otjänlig
inexpensive billig
inexperience oerfarenhet
inexpressible obeskrivlig
infallible ofelbar
infamous ökänd, skändlig
infamy vanära, skändlighet
infancy barndom
infant spädbarn
infantry infanteri
infatuation förblindelse
infection smitta, besmittelse
infer sluta s. till; innebära
inference slutsats
inferior under|ordnad; -lägsen
infernal djävulsk
infest hemsöka, plåga
infidel otrogen; tvivlare
infinite oändlig
infirm svag, vacklande
inflame upphetsa
inflate blåsa upp
inflexion böjning
inflict tillfoga
influence inflytande; påverka
influenza influensa
influx tillgång, inflöde
inform meddela; **-al** utan formaliteter; **-ation** upplysning; **-er** angivare
infringe överträda
infuriate upphetsa
infuse ingjuta
ingenious fyndig
ingenuity fyndighet
ingenuous frimodig, öppen
ingrained inrotad
ingratiate ställa sig in hos
ingratitude otacksamhet
ingredient beståndsdel
inhabit bebo
inhabitant invånare
inhale inandas
inherit ärva; **-ance** arv
inhibition hämning, förbud
inhuman omänsklig
iniquit|ous ond; **-y** orätt
initial begynnelse(bokstav)
initiate invigd; inviga
inject spruta in
injudicious omdömeslös
injunction åläggande
injure skada, såra
injury skada, kränkning
injustice orättvisa
ink bläck, trycksvärta
inkling aning, vink
inlaid inlagd
inland inlands-, inrikes
inlet inlopp, vik
inmate invånare
inn värdshus
innkeeper krögare
innate medfödd
innocent oskyldig, enfaldig
innovation nyhet(smakeri)
innumerable otalig
inoculate inympa
inquest (jur.) undersökning
inquir|e (för)fråga; **-y** förfrågan, undersökning, rannsakning

inquisitive nyfiken
insane vansinnig
inscription inskrift
inscrutable outgrundlig
insecure osäker
insensible okänslig
inseparable oskiljaktig
insert inrycka, inskjuta
inside insida, inre, inuti, inom; *turn ~ out* vända ut och in på
insight insikt
insignificant obetydlig
insincere ej uppriktig
insinuate antyda
insipid fadd, banal
insist vidhålla, hävda
insolence oförskämdhet
insolent oförskämd
insomnia sömnlöshet
inspect undersöka
inspire ingiva
install insätta; inviga
instalment avbetalning, bit, del, småportion
instance exempel; fall; instans; begäran; nämna
instant ögonblick(lig)
instead of i stället för
instep vrist
instigate anstifta
instil indrypa
instinct instinkt
institute institut; inrätta; börja; utnämna
instruct undervisa
instrument redskap, verktyg; **-al** verksam, bidragande
insubordinate uppstudsig
insufferable olidlig
insufficient otillräcklig
insular insulär
insulate isolera
insult förolämp|a, -ning
insuperable oövervinnelig
insurance försäkring
insure försäkra
insurgent upprorisk
insurrection uppror
intact oskadad, hel
integrity okränkbarhet; redbarhet
intellect intellekt, förstånd
intelligence intelligens, information, underrättelse(r); upplysning(ar)
intemperate omåttlig
intend ämna; mena, åsyfta
intense stark, intensiv
intention avsikt, syfte
interaction växelverkan
intercede träda emellan
intercept uppsnappa
interchange utbyt|e; -a
intercourse umgänge
interest intresse; ränta; intressera
interfere ingripa; hindra
interference (radio) störning
interim mellantid
interior inre, insida
interjection inkast, utrop, interjektion
interlace sammanfläta
interlude mellanspel
intermediate mellanliggande
interminable oändlig
intermission uppehåll
internal inre
interpose inskjuta, träda emellan
interpret tolka; förklara
interrogate utfråga
interrupt avbryta
intersperse inströ
interval mellanrum, paus, avbrott
intervene komma emellan
interview intervju(a)
intestine tarm, inälvor
intimacy förtrolighet
intimate innerlig; förtrogen; meddela; antyda
intimidate skrämma
into (in) i, upp i, ut i, fram i; till
intolerable outhärdlig
intoxicate berusa
intrench förskansa
intrepid modig
intricate invecklad
intrigue intrig; intrigera; väcka nyfikenhet
intrinsic inre, egentlig
introduc|e införa, presentera; **-tion** presen-

tation; inledning; införande
intrude tränga sig på
intrust anförtro
inundate översvämma
inure vänja, härda
invade infalla i, invadera; **-r** inkräktare
invalid invalid; sjuklig; göra till invalid; ogiltig
invaluable ovärderlig
invariable oföränderlig
invent uppfinna, uppdikta; **-ion** uppfinning, påhitt; **-or** uppfinnare
inventory varuförteckning, inventarium
invert vända om
invest placera; installera
investigate undersöka
investment (kapital)placering; belägring; beklädnad
inveterate inbiten
invigorate stärka
invincible oövervinnelig
invisible osynlig
invite inbjuda; anmoda
invoice faktur|a; -era
invoke anropa; nedkalla
involuntary ofrivillig
involve inveckla; indraga; innebära; *-d* intrasslad
inward inre; andlig; inåt
iodine jod
irate ilsken, vred
Ireland Irland
Irish irländska (språket), irländsk; **the** ~ irländarna; **-man** irländare
irksome tröttsam, tråkig
iron järn, strykjärn; järn-; hård; styrka
ironic(al) ironisk
ironmonger järnhandlare
irony ironi
irreconcilable oförsonlig
irregular oregelbunden
irrelevant ovidkommande
irreligious irreligiös
irreplaceable oersättlig
irrepressible okuvlig
irreproachable oklanderlig
irresistible oemotståndlig
irresolute obeslutsam
irrespective oavsett
irresponsible oansvarig
irrigate bevattna
irritate reta, förarga
island ö; refuge
isle ö; holme
isolate isolera
issue utgående; resultat; slut; emission; utgå; resultera; utsända; publikation; mål; fråga; *at* ~ olöst; oenig; *be at* ~ *(äv.)* stå på spel; *fatal* ~ dödlig utgång
isthmus landtunga, näs
it den, det; sig; *that's* ~ det var rätt, just det
italics kursivering
Italian italienare, italienska (språket); italiensk
Italy Italien
itch klåda; stark lust; känna klåda, begär; klia
item post, nummer, sak; notis; likaledes
itinerary rutt, resplan; väg-; rese-
its dess, sin, sitt, sina
itself (den, det, sig) själv
ivory elfenben; elfenbens-
ivy murgröna

J

jab stöt; stick; slag
jabber smörja; prata
jack domkraft; ~ *of all trades* tusenkonstnär
jackdaw kaja
jacket rock; jacka
jagged tandad
jail fängelse; fängsla
jam klämma; blockera; fastna; trängsel; radiostörning; sylt; *be in a* ~ vara i knipa
jamb sidopost (i dörr etc.)
janitor portvakt
January januari

Japan Japan; lackering
Japanese japan, japanska (språket); japansk
jar burk; skram|mel; **-la**
jargon jargong
jaundice gulsot
jaunt utfärd; **-y** flott
jaw käke; *(S)* prat(a)
jay skrika
jealous svartsjuk, avundsjuk
jeer hån; håna
jelly gelé
jeopardize äventyra
jerk ryck, stöt; rycka
jersey (ylle)tröja
jest skämt; skämta
jet jet, stråle; spruta
jet-plane reaplan
jetty pir, kaj, brygga
Jew jude; **-ess** judinna
jewel juvel, smycke
Jewish judisk
jib streta emot
jig jigg, livlig dans
jilt svika (i kärlek)
jingle klirra(nde)
job tillfälligt arbete; plats; sak
jobber *(äv.)* börsspekulant
jobbery missbruk av politisk makt
jocular skämtsam
jog stöt; stöta; ~ *o.'s memory* friska upp minnet
join hopfog|ning; **-a**; ansluta sig till
joiner möbelsnickare
joint led; stek; gemensam; förbinda; hopfoga; ~ *stock* aktiekapital; ~ *stock company* aktiebolag
joke kvickhet; skämta; *practical* ~ spratt
jolly glad, lustig; (iron.) skön
jolt skakning; skaka
jostle knuffa
journal dagbok, tidning
journey resa
jovial munter
joy glädje; **-ful, joyous** glad, glädjande
jubilation jubel
jubilee jubileum, jubel
judge domare, kännare; döma, bedöma, förmoda
judgment dom, mening
judicial rättslig
judicious välbetänkt; klok
jug kanna, krus
juggle trollkonst; jonglera, lura
juice saft; *(S)* elström, bensin
July juli
jumble virrvarr; röra ihop
jump språng; hoppa
junction förbindelse; järnvägsknutpunkt
juncture sammanfogning; (kritisk) tidpunkt
June juni
jungle djungel
junk skräp, bit, klump
jurisdiction domsrätt
jury jury, nämnd
just rättvis, noggrann; just, alldeles nyss; ~ *a moment* bara ett ögonblick
justice rättvisa, rätt
justify rättfärdiga
jut skjuta fram
juvenile ungdomlig

K

keel köl; kantra
keen ivrig; *(S)* ~ *on* kär i
keep hålla; bevara, hindra; föra (varor); underhåll(a)
keeper vakt, vårdare
keg kagge, kutting
kennel hund|koja, -gård
kerb trottoarkant
kernel kärna; nöt; korn
kerosene fotogen, petroleum
kettle kittel; *a pretty ~ of fish* en skön röra
key nyckel; tangent, klav; ~ *up* stimulera
keyhole nyckelhål
keynote grundton, klav

keystone slutsten; grund
kick sparka, stöta; spark, stöt; nöje; *get a ~ out of* få nöje av; ~ **-off** avspark
kid killing; *(S)* barnunge; lura, narra
kidney njure
kill döda, slakta, slå ihjäl
kin släkt; **next of ~** närmaste släkting
kind sort, natur; vänlig; ~ *regards* hjärtliga hälsningar
kindle tända, lysa upp
kindliness välvilja
kind|ly vänlig, välvillig; vänligt, älskvärd; **-ness** vänlighet, välvilja
kindred släkt(skap)
king kung
kingdom kunga|döme, -rike
kink fnurra; hugskott
kiss kyss(a)
kit utrustning
kitchen kök
kitten kattunge
knack talang, knep
knapsack ryggsäck
knave kanalje; knekt
knead knåda
knee knä; ~ **-cap** knäskål
knee-deep som räcker till knäna
kneel knäböja
knell klämt|ning; -a
knickers knä-, dam|byxor
knick-knack prydnadsföremål
knife kniv; skära
knight riddare; adelsman
knit sticka; rynka; knyta
knob knapp; *(S)* huvud
knock knack|ning; -a; slå; ~ *about* misshandla; resa omkring
knoll kulle
knot knut, rosett; knop; problem; knyta
knotty knutig, kvistig
know veta, känna (igen), kunna; *in the ~* invigd; *not that I ~ of* inte så vitt jag vet; ~ *what's what* veta besked; ~ *by sight* känna till utseendet; *get to ~* få veta
knowing kunnig, medveten
knowledge kunskap, kännedom; *to my ~* såvitt jag vet
known känd, bekant; vetat; *make ~* tillkännage
knuckle knoge; ~ *down* ge tappt

L

label etikett; pollettera
labial läppljud
laboratory laboratorium
laborious arbetsam
labour arbete, besvär; barnsnöd; utarbeta; utförligt behandla; ~ *exchange* arbetsförmedling **-ed** konstlad, tung
labourer (grov)arbetare
lace snör|e; -a; galon
lack brist; lida brist på
lacquer lack|fernissa; -era
lad pojke, karl
ladder stege
laden lastad, fylld
ladle slev, skopa; ösa
lady dam, fru, kvinnlig
ladylike förnäm, fin
lag bli efter, söla
laid up sängliggande
lair läger, lya, kula
laity *the ~* lekmännen
lake insjö
lamb lamm; lammkött
lame halt, lam, lytt
lament klaga(n); elegi
lamp lampa, lykta
lamp-post lyktstolpe
land land, jord, gods; landa; vinna
landing land(stig)ning; trappavsats
land|lady hyresvärdinna; **-lord** godsägare; husvärd; **-mark** gränsmärke; **-owner** jord-

ägare; **-scape** landskap; natur; **-slip** jordskred
lane allé, smal väg (gata)
language språk
languid matt, trög
languish avtyna, tråna
lanky gänglig
lantern lykta, lanterna
lap sköte, knä; varv; svepa om; skvalpa
lapse fel, återfall; förlopp; glida; förfalla
larceny stöld
lard svinister, späck
large stor, rymlig, vidsynt; *at* ~ i frihet, utförlig; **-ly** i hög grad
lark lärka; skoj; skoja
lash piskslag, snärt; ögonfrans; piska, slå; surra; ~ *out* slå omkring sig
lass flicka, tös
last (sko)läst; senaste, sist(a); *at* ~ slutligen, till sist, äntligen; ~ *but one* näst sist; ~ *year* i fjol
last hållbarhet; räcka
lasting varaktig; hållbar
latch dörrklinka; säkerhetslås; stänga, låsa; *on the* ~ olåst
latch-key portnyckel
late sen, för sen; *of* ~ nyligen; *the* ~ framlidne
latent latent, dold
lateral sido-(skott)
lath ribba, spjäla
lathe svarv, drejskiva
lather lödder; tvåla in
latitude omfång, breddgrad
latter sistnämnd; senare
lattice gallerverk
laugh skratt(a); ~ *in o.'s sleeve* skratta i mjugg; **-ing-gas** lustgas
launch ångslup; sjösätt|ning; -a; sätta i gång
laundry tvättinrättning, tvättkläder
laurel lager
lavatory toalettrum
lavish slösa(ktig)
law lag, rätt, regel; *lay down the* ~ vara dogmatisk
lawful laglig, rättmätig
lawless laglös
lawn gräsplan; batist
lawsuit rättegång
lawyer advokat, jurist
lax slapp, vag, lös
lay läge; lägga; sätta; duka; ~ *a bet* slå vad; ~ *o.'s hands on* hitta; ~ *by the heels* bura in; ~ *down* uppge, deponera; ~ *into (S)* prygla; ~ *it on thick* smickra; ~*-out* plan; ~ *off* permittera
layer lager, skikt
layman lekman
laz|iness lättja; **-y** lat
lead bly; blyerts; sänklod; sänke; *swing the* ~ simulera
lead ledning, försprång; leda, föra
lead|er ledare; **-ing** ledande, förande, viktigast
leaf blad, löv; klaff
leaflet flygblad; småblad
league förbund
leak läcka(ge); sippra ut
lean mager; luta, stödja
leap språng; hoppa; *by -s and bounds* med stormsteg
learn lära sig, studera; ~ *by heart* lära sig utantill; **-ed** lärd; **-ing** studium, bildning, vetande
lease arrende(tid); hyreskontrakt; (ut)hyra
leash koppel, rem
least minst; *at* ~ åtminstone; ~ *of all* allra minst
leather läder; *(S)* piska upp
leave lov, permission; *take* ~ *of* taga avsked
leave lämna; avresa
leaven surdeg; syra
lecture föredrag; föreläsa
ledge hylla, klipprev
ledger huvudbok
lee läsida; **-ward** lä

leek purjolök
leer snegla|nde; skela
left lämnade, lämnat, kvarlämnad (→ **leave**); vänster
leg ben; *pull a p.'s ~* narra, driva med ngn
legacy legat; donation; arv
legal laglig, rättslig
legend sägen, inskrift
legible läslig
legion legion; stort antal
legislation lagstiftning
legitimate legitim, laglig, rättmätig; legitimera
leisure fritid, tid
lemon citron
lend låna
length längd; *at ~* utförligt; slutligen; *go all -s* gripa till alla medel
lenient mild, fördragsam
lens lins; objektiv (foto)
Lent fastan, fastlagen
leper spetälsk
leprosy spetälska
lesion (organ)skada
less mindre; **-en** förminska
lesson lektion, läxa
lest för att icke, ifall
let hinder; *without ~ or hindrance* utan minsta hinder; *be ~ off* slippa
let låta, uthyra; *~ down* svika; *~ oneself go (äv.)* koppla av; *~ go* släppa; *~ into* inviga; *~ on* skvallra; *~ out* hyra ut, släppa ut
lethargy slöhet, apati
letter bokstav, brev
lettuce sallad
level nivå, jämnhöjd; vattenpass; *~ o.s. to* anpassa sig efter; *o.'s ~ best* sitt yttersta
lever hävstång; spak
levity lättsinne
levy skatteuppbörd, uppbåd
lewd liderlig
liability ansvar; skyldighet
liable ansvarig, utsatt
liaison förbindelse; kontrakt
liar lögnare
libel ärekränkning
liberal givmild; liberal
liberation befrielse
liberty frihet
library bibliotek
licence licens, tillstånd, körkort; tygellöshet
license auktorisera
licentious tygellös
lick slick|ning; -a; överträffa; *~ into shape* hyfsa; *as hard as he could ~* så snabbt som han kunde röra benen; *it -s me* det går över mitt förstånd
lid lock; *(S) put the ~ on* komma bägaren att rinna över
lie lögn; ljuga; läge; ligga; *~ down* lägga sig
lieutenant löjtnant
life liv; **-belt** livbälte
lifeless livlös
lift hiss; hjälp; lyfta
light ljus, belysning; tända; (upp)lysa; **northern -s** norrsken
light lätt, lättsinnig; *make ~ of* bagatellisera
lighten lätta; ljusna; blixtra
lighthouse fyrtorn
lightning blixt
like like, make; lika, lik; som, liksom, liknande
like tycka om, gärna vilja
likelihood sannolikhet
likely sannolik; lämplig
likeness likhet
likewise likaledes
lilac syren; lila
lily lilja
limb lem; trädgren; led
lime lind, kalk; kalka
limit gräns; begränsa; *(S) that's the ~* det är då höjden!; **-ed** begränsad; inskränkt
limp slapp; halta(nde)

line linje, rad, snöre, fodra (t.ex. rock); *it is out of my* ~ det hör icke till mitt område; *it is hard -s on him* det är synd om honom
linen linnetyg; linne-
liner (ocean)ångare; **air**-trafikflygplan
linger dröja, tveka
lining foder
link länk; led; ögla; manschettknapp; förena
links strandhed, golfbana
linseed linfrö
lint linneskav
lion lejon
lip läpp; rand; *(S)* oförskämdhet; ~ *-service* tomma ord
lipstick läppstift
liquid flytande; klar; vätska
liquor sprit
liquorice lakrits
lisp läsp|ning; -a
list lista, förteck|ning; -a
listen lyssna; ~ *in* lyssna på radio
listless trött, liknöjd
literal bokstavlig
literary litterär
lithe smidig, böjlig
litigation process
litre liter
litter bår; oreda; skräp; kull (av djur)
little liten, smula, ringa
live leva, bo; levande; glödande; ~ *wire* strömförande ledning, *(S)* energisk person
lively livlig, livfull
liver lever
livid askgrå, dödsblek
living levnad, levebröd
lizard ödla
load börda, vikt; last(a)
loaf bröd; sockertopp; slå dank
loan lån, låna (ut)
loathe avsky, vämjas vid
lobby hall, korridor
lobster hummer
local lokal-, orts; ~ *government* kommunal självstyrelse
locate lokalisera, placera
lock hårlock
lock lås; sluss; låsa; ~ *up* låsa till; stänga (in); ~, *stock and barrel* rubb och stubb
locket medaljong
locust gräshoppa
lodge grindstuga; ordensloge; inhysa
lodger inneboende
lodging(s) logi, bostad
loft vind, loft; **-y** hög, imponerande, upphöjd
log träkubb; logg
loggerheads *be at* ~ vara osams
logic logik; **-al** logisk
loiter driva, söla
loll vräka sig
lone|ly, -some enslig, ensam
long lång; länge; längta; *the* ~ *and the short of it* summan av alltsammans; ~ *odds* stora chanser; ~ *ago* för länge sedan
longing längtan, längtansfull
look blick, utseende; se, synas, se ut; ~ *for* leta efter; ~ *forward to* glädja sig åt; ~ *sharp* skynda på
looking-glass spegel
loom vävstol; skymta fram
loop ögla, slinga
loop-hole skottglugg
loose lös; lösa; *be on the* ~ vara på vift; *be at a* ~ *end* slå dank
loot byte; plundra
lop sloka med; kapa av
lop-sided skev
lord lord, herre; **-lieutenant** landshövding; *his -ship* hans nåd
lorry lastbil; **breakdown** ~ bärgningsbil
lose förlora, tappa; ~ *o.'s temper* bli ond; *lost in* fördjupad i

loss förlust; *be at a* ~ vara villrådig
lot lott; parti; *the* ~ alltsamman; *a bad* ~ odåga
lotion tinktur; hårvatten
lottery lotteri
loud högljudd, skrikande
lounge hall (i hotell); soffa; flanera(nde)
louse (pl. *lice*) lus
lout drummel
love kärlek; kär hälsning; älska, tycka om; *in* ~ förälskad; **-r** älskare
loveliness ljuvlighet, skönhet
lovely förtjusande, älsklig, söt, härlig
low låg, djup, oädel; *in* ~ *water* utan pengar; *in* ~ *spirits* nedstämd
low-down *(S)* sanningen
lower lägre; sänka
lowly ödmjuk, ringa
Ltd. AB (→ limited)
lubricate olja in, smörja
lucid lysande, klar
luck lycka, tur, slump
lucky lycklig
ludicrous löjlig, absurd
lug ryck(a); släpa, draga
luggage bagage
lukewarm ljum
lull avbrott; vyssja, lugna
lullaby vaggsång
lumber skräp; timmer; vräka ihop; lufsa
lumbering tung, klumpig
luminous klar; ~ *dial* självlysande urtavla
lump klump, massa, bit
lunacy vansinne
lunatic vansinnig
lung lunga
lurch kräng|ning; **-a**, rulla; *leave in the* ~ överge
lure lockelse; locka; lura
lurid kuslig; glödande; brandröd
lurk dölja sig; ligga på lur
lust åtrå; begär
lustre glans, lyster; ära
lusty kraftig, riklig
luxury lyx
lying lögnaktig, falsk → **lie**
lyric(al) lyrisk

M

machinate intrigera
machine maskin; ~ **-gun** kulspruta
machinery maskineri
mackintosh regnrock
mad vansinnig, arg, ond
madness vansinne
magazine magasin, tidskrift
maggot (ost)mask
magic trolldom; magisk; **-ian** trollkarl
magistrate ämbetsman, domare
magnificent storartad
magnify förstora
magnitude storlek, vikt
magpie skata
mahogany mahogny
maid flicka, jungfru
maiden ogift kvinna
mail post; sända med post
main huvud-; viktigast; *in the* ~ i huvudsak
mainland fastland
mainly huvudsakligen
maintain uppehålla, hävda
maize majs
majestic majestätisk
majesty majestät
major större; dur; major; (jur.) myndig person
majority majoritet; myndighetsålder
make göra; tillverka; utgöra; bli; fabrikat; *on the* ~ profithungrig; ~ *a clean breast of it* tillstå ärligt; ~ *clear* klargöra; ~ *good* ersätta; ~ *no bones about doing* inte göra några svårigheter;

off with stjäla; ~ shift *with* klara sig; ~ *up o.'s mind* bestämma sig; ~ *up to* smickra
maker tillverkare
makeshift nödfallsutväg
malady sjukdom
male hanne, man; manlig
malice illvilja, elakhet
malicious elak, skadeglad
malign illvillig; elakartad; baktala
mallet klubba
maltreat misshandla
man man, människa, tjänare; bemanna
manage behandla, leda, klara; **-ment** ledning
manager direktör, disponent
mane man, tjockt hår
manger krubba
mangle mang|el; -la; lemlästa, fördärva
manhood mannaålder; mandom
mania vanvett, mani
maniac galning; vansinnig
manifest uppenbar(a)
manifold mångfaldig
manipulate hantera
mankind mänskligheten
manner sätt, vis, stil
manor herrgård
mansion (ståtlig) byggnad
mantelpiece spiselkrans
mantle kappa, mantel
manual handbok; hand-
manufacture fabrikat; tillverka
manure gödsel; gödsla
manuskript manuskript handskrift; handskriven
many många, åtskilliga
map karta
maple lönn
marble marmor; (spel)-kula
march marsch(era)
March mars
mare sto; *-s'-nest* chimär
margin marginal, kant
marine flotta, marin; marin-; **-r** sjöman
maritime sjö-; kust-
mark märke, tecken, mål; märka, markera; *I am not up to the* ~ jag är inte i form; *make o.'s* ~ utmärka sig
market torg, marknad
maroon rödbrun; lämna åt sitt öde
marriage äktenskap
married gift
marry gifta sig med
marsh kärr
marshal marskalk
martial krigisk, militär-; ~ **law** ståndrätt
marvel under; förundra sig
marvellous storartad
masculine manlig, manhaftig
mash mos, mosa, krossa
mask mask, maskera
mason (fri)murare
mass mässa; massa; samla; *-production* tillverkning på löpande band
massacre blodbad, massaker; nedgöra
master herre, mästare, husbonde; bemästra
masterly mästerlig
masterpiece mästerverk
mastery övertag
mat matta; matt (yta)
matted tovig
match tändsticka; ~ **-box** tändsticksask
match like, jämlike, tävling, parti, giftermål; passa ihop, harmoniera
mate kamrat, make; (om fåglar) para sig
material ämne, tyg; kroppslig; väsentlig
maternal moderlig; moders-; *maternal uncle* morbror
mathematics matematik
matriculation studentexamen
matrimony äktenskap

matron fru; föreståndarinna
matter stoff, sak, ämne, vikt; ha betydelse; *a ~ of course* en självklar sak; *he does not mince -s* han talar rent ut; *matter-of-fact* saklig
mattress madrass
mature mogen, mogna
maul misshandla
May maj; hagtorn
may kan, må, få, torde
mayor borgmästare
maypole majstång
maze labyrint, virrvarr
me mig; jag; *it's ~* det är jag
meadow äng
meagre mager; torftig
meal måltid; grovt mjöl
mean ringa, låg, gemen
mean medeltal; *-s* medel; *by all -s* för all del; *by no -s* visst inte; *by -s of* medelst; *ways and -s* utvägar; *in the -time* under tiden; *-while* under tiden
mean tänka, mena, betyda
meaning betydelse, mening
measles mässling
measure mått, rytm, åtgärd, mån, lag; mäta; *made to ~* sydd efter mått
meat kött; mat
mechanic mekaniker
mechanical mekanisk
medal medalj
meddle (in) blanda sig i
medical medicinsk, läkar-
medi(a)eval medeltida
mediocre medelmåttig
meditate meditera, överväga, begrunda, fundera
Mediterranean Medelhavs-; **the ~** Medelhavet
medium medelväg; medium; medel-; *through the ~ of* genom
medley blandning; brokig
meek ödmjuk
meet möta(s), träffa
meeting möte, församling
mellow mogen, mogna
melt smälta, upplösa
member medlem; led
memorandum promemoria
memorial minnesmärke
memory minne, erinring
menace hot, fara; hota
mend reparera, stoppa
menial tjänare; tjänar-
mental själslig, sinnes-
mention omnämnande; nämna
mercenary legosoldat; vinningslysten
merchandise (handels)-varor
merchant köpman
mercury kvicksilver
mercy barmhärtighet
mere blott och bar, ren
merge slå ihop
merit förtjän|st; -a
merry munter, livlig; **~-go-round** karusell
mesh maska (i nät)
mesmerize hypnotisera
mess röra; oordning; knipa; smutsa ner; *~ about* knåpa
message budskap, besked
messenger budbärare
meter mätare; (am.) meter
method metod
meticulous noggrann
mew jama(nde); *-s* stallbyggnader
mice råttor, möss (pl. av **mouse**)
middle mitt; medel-
midge mygga
midnight midnatt
midway halvvägs
midwife barnmorska
might kraft, makt; *with ~ and main* med all kraft
might kunde, måtte
mighty mäktig, kraftig
migrate flytta, utvandra
mild mild, svag, blid

mile (engelsk) mil (1609 m)
military militär; ~ *service* värnplikt
milk mjölk; mjölka; *cry over spilt* ~ sörja över saker som ej kan ändras
mill kvarn, fabrik, vals; slagsmål; mala, valsa
millinery modevaror
mimic härmande; låtsad; falsk
mince finhacka; tala tillgjort; trippa
mind själ, sinne, minne, avsikt, åsikt, lust; akta sig; sköta, påminna; bry sig om; *to my* ~ enligt min mening; *never* ~! bry dig inte om det; *do you* ~ *my smoking?* har ni något emot att jag röker?
mine gruva, förråd; gräva
mine min, mitt, mina
miner gruvarbetare
mineral mineral(isk)
mingle blanda (sig i)
mining gruvdrift, bergsbruk; gruv-, bergs-
minister minister, präst; hjälpa till
ministry departement; prästämbete
minor omyndig; mindre; (*mus.*) moll
mint mynta; mynt(verk); utmynta
minute minut; rapport; minutiös; minimal, obetydlig; -s protokoll
miracle under(verk)
mire kärr; smuts, dy
mirror spegel; avspegla
mirth munterhet
misapprehension missuppfattning
misbehaviour dåligt uppförande
miscarriage misslyckande; missfall; missgrepp
miscellaneous blandad; diverse
mischief förtret; elakhet; åverkan, ofog
misconception falskt begrepp; missuppfattning
misconduct förseelse; vansköta
misconstruction feltolkning, misstydning
misdirect missleda; felsända
miser gnidare
miserable eländig
misery elände; lidande
misfit illa passande
misfortune olycka
misgiving(s) farhågor
misgovern missköta
mishap missöde
mislay förlägga
mislead förleda, vilseleda
mismanage förfuska
misplace felplacera
misprint tryckfel
misrepresent feltolka
miss bom, saknad; sakna; gå miste om; ~ *the train* komma för sent till tåget; *several persons were missing* flera saknades
Miss fröken
missile kastvapen; **quided** ~ robot med styranordning
missive skrivelse
mist dimma, regntjocka
mistake misstag, fel; missförstå; ~ *for* förväxla med
mistletoe mistel
mistress husmor, lärarinna, älskarinna
misty dimmig, disig
misunderstand missförstå
misuse missbruk
mite smula; pyre; skärv
mitigate lindra, dämpa
mitten vante
mix blanda; umgås; ~ *up* förväxla; **-ed school** samskola
moan klagan; klaga
mob mobb; ofreda, förfölja
mobile rörlig
mock hån; oäkta; låtsad; sken-; håna, trotsa

mode sätt, mod; modus
model modell, mönster; modellera
moderate moder|at; -era
modest blygsam
modify modifiera
moist fuktig; **-ure** fuktighet
mole mullvad; födelsemärke
molest ofreda, antasta
moment ögonblick, vikt; *of no* ~ oväsentlig; *on the spur of the* ~ på rak arm
monastery munkkloster
Monday måndag
money pengar; ~ **-order** postanvisning
mongrel bastard, oäkta
monk munk
monkey apa; ~*(about) with* fingra på
monopoly monopol
monotony enformighet
monster vidunder, missfoster, odjur
month månad
mood sinnesstämning; (gram.) modus
moon måne; slå dank; *once in a blue* ~ sällan eller aldrig
moor hed; förtöja
moose (amerik.) älg
mop svabb; torka av
mope vara dyster
moral moral; seder; moralisk, sedlig
moralize moralisera
morbid sjuklig
more mer, mera, fler
moreover dessutom
moribund döende
morning morgon, förmiddag; *this* ~ i morse
morose surmulen
morsel bit, smula
mortal människa, dödlig, döds-
mortar murbruk
mortgage inteckn|ing; -a
mortify kränka; angripas av kallbrand
mortuary bårhus
moss mossa
most mest; störst; det mesta, de flesta
moth mal, nattfjäril
mother moder, mor; ~*-in-law* svärmor; ~*-of-pearl* pärlemo(r)
motion rörelse; lagförslag, vinka; ge tecken
motionless orörlig
motor motor, bil; köra (bil)
mottle göra spräcklig
motto valspråk, devis
mould mögel; mylla; gjutform; forma
moulder förmultna
moulding listverk, kant
mouldy murken, möglig
mound jordhög
mount berg; riddjur; pappkartong; bestiga; montera
mountain berg; **-eer** bergsbo, bergsbestigare
mountainous bergig
mourn sörja
mourner sörjande
mourning sorg(dräkt)
mouse (pl. **mice**) mus
mouth mun, mynning; grimasera
movable rörlig, flyttbar
move rörelse, drag; röra (sig); flytta; föreslå
movies *(S)* biograf
mow meja, skära, klippa
Mr. (Mister) herr
Mrs. (Mistress) fru
much mycket; *I thought as* ~ jag kunde just tro det
mud gyttja; **-dy** smutsig
muddle förvirra
mudguard stänkskärm
muffle inhölja, dämpa; mule
mug mugg; *(S)* ansikte; idiot; plugga
mule mulåsna
multiply multiplicera
multitude mängd
mum stilla! tyst!
mumble mummel; mumla
mummy mumie
mumps påssjuka
munch mumsa

mundane världslig
municipal kommunal
munition ammunition
murder mord; mörda
murky mörk, dyster
murmur mum|mel; -la
muscle muskler
muse grubbla, fundera
mushroom champinjon
musician musik|er; -ant
musical musikfilm; musik-; musikalisk
musician musik|er; -ant
must vinmust; måste; ~ *not* får inte
mustard senap
muster mönstr|ing; -a; samla
musty möglig, unken
mute stum, tyst; dämpa
mutilate lemlästa
mutiny myteri
mutter mummel; mumla
mutton fårkött
mutual ömsesidig
muzzle mule, mynning, munkorg; få att tiga
my min, mitt, mina
myrtle myrten
myself mig (själv); *you and* ~ du och jag (själv)
mystery mysterium
myth myt

N

nag häst; hacka; gnata på
nail nagel, spik; spika
naïve naiv
naked naken
name namn, rykte; kalla, benämna; **Christian** ~ förnamn; **family** ~ efternamn
namesake namne
nap lur; ludd; lugg
nape nacke
napkin servett
narrate berätta
narrative berättelse
narrow trång, smal
nasty snuskig, obehaglig
national nationell, national-, stats-
nationalize socialisera
native infödd, medfödd, födelse-; inföding
natural naturlig, otvungen
nature natur, väsen, art
naught ingenting, noll(a)
naughty elak, okynnig
nausea äckel, avsky
nautical nautisk
naval skepps-, örlogs-, sjö-
navigate navigera
navy flotta, marin
near nära, nästan
neat boskap; nätt o. fin, ren, skicklig; oblandad
necessary nödvändig
necessity nödvändighet
neck hals, nacke
necklace halsband
need behov, nödtvång
needle nål, stift, barr
needless onödig
needlework sömnad
nefarious skändlig
neglect försumm|else; -a
negotiate underhandla
negro neger
neigh gnägga
neighbour granne
neither ingendera; ~. . . *nor* varken . . . eller; heller
nephew bror-, syster|son
nerve nerv, kraft, mod; fräckhet
nest bo; tillflyktsort
net nät; netto; fånga i nät
network nätverk
neuter neutrum
never aldrig, alls icke; **-theless** icke desto mindre
new ny, färsk
news nyhet(er); ~ **-agency** telegrambyrå
newsboy tidningspojke
newspaper tidning
newsreel journalfilm
next näst, närmast
nib spets; stålpenna
nibble knapra, nappa, nafsa (efter)
nice fin; trevlig, vacker
niche nisch

nick skåra; *in the ~ of time* i grevens tid
nickname öknamn, smeknamn
niece brors-, syster|dotter
nigh nära, nästan
night natt, kväll; **first ~** premiär
nightfall nattens inbrott
nightingale näktergal
nimble flink, pigg, vig
nine nio
nip nyp(a); knipa; frostskada
nitrogen kväve
no nej, ingen, intet; *in ~ time* omgående
nobility högadel; ädelhet
noble adelsman; adlig, ädel
nobody ingen
nocturnal nattlig
nod nick; nicka
noise larm, buller, stoj
nominal nominell, namn-; så kallad
nominate utnämna
nonchalant likgiltig
none ingen, intet; *~ the less* icke desto mindre
nonplussed förbryllad
non-stop oavbruten
nook vrå, hörn
noon middag(stid)
noose snara, fånga
nor ej heller; *neither ... ~* varken ... eller
north norr, nord, norden
Norway Norge
Norwegian norrman, norska (språket), norsk
nose näsa, vädra; *~-dive* störtflygning
nostril näsborr
not icke, inte, ej; *~ half* långt ifrån
notable märklig
notation beteckningssätt
notch hack, skåra, poäng-
note märke, notis; **kort** anteckning, brev; ton; sedel; beakta, anteckna
noted bekant, välkänd
notepaper brevpapper
nothing ingenting
notice kungörelse; uppsägning; beaktande; märka, konstatera
notify underrätta
notion begrepp, idé
notorious allmänt känd; ökänd
notwithstanding oaktat
nought intet, icke alls
noun substantiv
nourish nära, uppföda
novel roman; ny
novelty nyhet
November november
novice nybörjare
now nu; *~ and again* då o. då; *~ then!* se så!
nowadays i våra dagar
nowhere ingenstädes
nozzle munstycke, nos
nuance nyans
nucleus kärna
nude naken, bar
nudge knuff(a); stöt(a)
nuisance besvär, oväsen, obehag
nullify upphäva
numb stel
number nummer, siffra, antal; räkna, omfatta
numerous talrik
nun nunna
nuptials bröllop, vigsel
nurse barn-, sjuk|sköterska; sköta, vårda
nursery barnkammare
nut nöt; skruvmutter
nutcrackers nötknäppare
nutmeg muskott
nutriment näring, föda
nutrition näring
nutrit|ious, -ive närande
nutshell nötskal; *in a ~* i korthet

O

oak ek
oar åra
oasis oas
oath ed; svordom
oat(s) havre
obedient lydig, hörsam
obey lyda, hörsamma

obituary dödsnotis
object ting, föremål, avsikt; invända
objection invändning
objectionable misshaglig
objective saklig; mål
obligation förpliktelse, skyldighet, vänlighet
oblige förbinda, tvinga; göra en tjänst; *much -d* tack så mycket
oblique sned, indirekt
obliterate utplåna
oblivion glömska
oblong avlång
obnoxious avskyvärd
obscene oanständig
obscure otydlig, mörk
observation iakttagelse, anmärkning, yttrande
observatory observatorium
observe iakttaga, yttra
obsess anfäkta, oroa
obsolete föråldrad
obstacle hinder
obstinate envis
obstruct spärra, hindra
obtain få, erhålla, vinna
obtuse trubbig, slö
obviate undanröja
obvious tydlig, påtaglig
occasion tillfälle, anledning, behov; föranleda; **-al** tillfällig, enstaka
occupant innehavare
occupation yrke; sysselsättning; besättande
occupy sysselsätta; besätta; inneha
occur förekomma, finnas
occurence händelse
October oktober
oculist ögonläkare
odd udda, extra; konstig
odious motbjudande
odour lukt, doft; rykte
of av, för, i, från, på; ~ *course* naturligtvis
off bort, av, från; *an ~ chance* en svag möjlighet; *be ~* gå sin väg; *be well ~* ha det bra ställt
offal avfall, skräp
offence anstöt; förseelse
offend kränka; fela; bryta
offensive sårande; offensiv
offer anbud; (er)bjuda
offhand genast; ogenerad
offering gåva; offer
office kontor, ämbete
officer ämbetsman, officer
official ämbetsman, tjänsteman; officiell
officious fjäskig
offset motvikt; telning
offspring avkomling
often ofta
ogre jätte, troll
oil olja, tran
oilcloth vaxduk
oilskin oljetyg, vaxduk
ointment salva
old gammal; **~-fashioned** gammalmodig
olive oliv|(träd), -grön
ominous olycksbådande
omission utelämnande
omit utelämna
omnipotent allsmäktig
omniscient allvetande
on om, på, över, vid
once en gång; ~ *and again* gång efter annan; *at ~* genast
one en, den, enhet, man, ena, ense, en viss
onerous besvärlig
oneself sig (själv)
onion lök
onlooker åskådare
only endast; bara, enda, blott
onset anfall, ansats
onslaught angrepp, anlopp
onward(s) fram(åt), vidare
ooze dy; sippra fram
opaque ogenomskinlig
open öppen, öppna
open-handed frikostig
open-hearted öppenhjärtig
opening öppn|ing; -ande
operate operera, verka
operative arbetare; aktiv
operator mekaniker

opinion åsikt, uppfattning
opponent motståndare
opportune läglig, lämplig
opportunity tillfälle
oppose motsätta sig
opposite motsats; motsatt; mitt emot
opposition mot|stånd; -sats
oppress undertrycka
optician optiker
option valfrihet
opulent välmående, rik
or eller; eljest
oracle orakel
oral muntlig
orange apelsin; orangefärg
oration tal
orator talare
orb klot, sfär; **-it** (astr.) bana; ögonhåla
orchard fruktträdgård
orchestra orkester; ~ *stalls* första parkett
ordain föreskriva; bestämma; prästviga
ordeal eldprov; gudsdom
order ordning, order, klass, beslut, orden; ordna, befalla; *out of* ~ i oordning; *money* ~ postanvisning
ordinary vanlig
ore malm; (ädel) metall
organ organ; orgel
orifice mynning
origin ursprung, uppkomst
original original; ursprunglig, egendomlig
ornate prydlig, sirlig
orphan föräldralös
ostensible skenbar
ostentatious prålig
ostrich struts
other annan, andra, annorlunda; *each* ~ varandra; *the* ~ *day* häromdagen; *every* ~ *day* varannan dag
otherwise på annat sätt, annars, eljest
ought bör, borde, skulle
ounce uns (vikt)
our, ours vår, vårt, våra
ourselves oss själva
oust bortköra
out ut, ute, förbi, från, utom, slut, bort, borta; ~ **breath** andfådd
outbid överbjuda
outboard utombords
outbreak utbrott
outburst utbrott
outcast utkastad, hemlös
outcome resultat; utslag
outcry anskri, larm
outdo överträffa
outdoor utomhus
outer yttre
outfit utrust|a; -ning
outflow avlopp, utlopp
outgoing avgående
outgrow växa ur; lämna bakom sig
outhouse skjul
outing utflykt
outlandish underlig
outlaw fredlös
outlay utgift(er)
outlet utlopp
outline översikt; skissera
outlook utsikt
outnumber överträffa i antal
outpost förpost
output tillverkning
outrage våld, skymf; begå våld
outright rent ut
outset början
outside utsida, yttre; utanför, ute
outskirts utkanter
outspoken frispråkig
outstanding framstående
outstretch utsträcka
outstrip distansera
outward utvärtes
outwear nöta ut
outweigh uppväga
outwit överlista
oven ugn
over över, ovanför, på andra sidan; alltför; ~ *again* ännu en gång, om igen
overawe imponera på
overbalance stjälpa
overbear övervältdiga, kuva

overcast betäcka; mulen
overcharge överbelasta; överdebitera
overcoat överrock
overcome övervinna
overdo överdriva; uttrötta; koka för hårt
overdraft överskridande av bankkonto
overdress utstyra
overdue försenad
overflor överflöda
overgrown över-, för|vuxen
overhaul undersöka
overhead ovanpå; luft-
overhear råka få höra
overjoyed överförtjust
overladen överlastad
overland landvägen
overlap skjuta ut över
overleaf på andra sidan
overload överbelasta
overlook förbise
overlord överherre
overplus överskott
overpower överväldiga
overrate övervärdera
overreach försträcka
override rida igenom; åsidosätta
overrule behärska; ogilla
overrun översvämma; överskrida
oversea(s) *på andra sidan* havet; transmarin
overseer inspektor
overshadow överskugga
overshoe galosch
overshoot skjuta över
oversight förbiseende
oversleep försova sig
overspread utbreda sig över
overstate överdriva
overstep överskrida
overstrung överspänd
overt öppen, offentlig
overtake köra om; drabba
overtax överbeskatta
overthrow kullkasta
overtime övertid
overture förslag, anbud; uvetyr; *make -s* inleda underhandlingar med
overturn välta omkull
overvalue överskatta
overweight övervikt
overwhelm överväldiga
overwork överanstränga
owe vara skyldig; **owing to** på grund av
owl uggla; dumbom
own egen; äga; erkänna
owner ägare
ownership äganderätt
ox (pl. *oxen*) oxe
oxidize oxidera
oxygen syre
oyster ostron

P

pace **gång, steg; skrida**
pacific fredlig; *the P~* Stilla Havet
pacify lugna, stilla
pack packe; packa; ~ **of cards** kortlek
packet paket
pact fördrag, pakt
pad underlag; pappersblock; dyna; stoppa, vaddera
paddle padd|el; -la; vada
paddock hästhage; sadelplats
padlock hänglås
pagan hedn|ing; -isk
page sida; blad; piccolo
pageant festtåg
pail ämbar, spann, hink
pain smärta, möda
painful smärtsam
paint färg, smink; **måla; wet** ~ nymålad; **-ing** tavla, målarkonst
pair par; para ihop
palace palats
palate gom, smak
pale stake; blek, matt; **turn** ~ blekna
paling plank, staket
pall bårtäcke; bli övermätt, trött
palliate lindra, förmildra
pallid blek
palm handflata; palm; triumf; lura, muta
palpable kännbar, påtaglig

palpitate pulsera; darra; hjärtklappning
palsy slag; förlama
paltry eländig
pamper klema bort
pamphlet broschyr
pan penna, skål; ~ *out* ge resultat
pandemonium oväsen
pane fönsterruta
panel ruta; fält; panel
pang stickande smärta
pant flämt|ning; -a
pantry skafferi
pants kalsonger
pap barnvälling
papacy påvedöme
paper papper, tidning, avhandling, dokument, examensuppgift; ~ **-mill** pappersbruk
paper-weight brevpress
par pari
parable liknelse
parachute fallskärm
parachutist fallskärmshoppare
parade prål, promenad; uppvisa
paraffin fotogen
parallel *(äv.)* jämföra, motsvara; *draw a* ~ göra en jämförelse; *without* ~ utan motstycke
paramount förnämst
parapet bröstvärn
paraphernalia tillbehör
paraphrase omskriva
parcel paket
parch förtorka
parchment pergament
pardon förlåt|else; -a; *I beg your* ~ förlåt, vafalls?
pare klippa, skala
parent fader, moder; rot, upphov; -s föräldrar; ~ *company* moderbolag
parish socken
parity paritet, likhet
parlour vardagsrum
parochial socken-; småsinnad, inskränkt
parole hedersord; lösen
parrot papegoja
parsley persilja
parsnip palsternacka
parson kyrkoherde, präst
part (an)del; roll; parti; dela; skilja; *-s* begåvning
partake deltaga, intaga; förtära
partial delvis; partisk; *be* ~ *to* vara svag för; **-ity** partiskhet, förkärlek
participate deltaga
particle smådel
particular detalj; särskild; egendomlig; noggrann, utförlig; *in* ~ i synnerhet
parting åtskiljande; skilje-
partisan anhängare; partigängare
partition delning; skiljevägg; dela
partner deltagare; kompanjon; medspelare; **-ship** kompanjonskap
partridge rapphöna
party parti; deltagare; bjudning
pass (res)pass; godkännande; vändpunkt; passera; gå; förgå; gälla; hända; räcka; ta (examen)
passable framkomlig, någorlunda god
passage genomresa, färd, biljett; övergång; väg; ställe i en bok; ordväxling
passionate passionerad,
passer-by (en) förbigående
passion lidelse, längtan, vrede
passionate passionerad häftig, hetsig
passive passiv; passivum
passport pass; lejdebrev
password lösen
past förfluten tid; utom, förbi, över; förfluten
paste deg; klist|er; -ra
pastime tidsfördriv
pastor kyrkoherde

pastry bakelse, pastej
pasture bete; beta
pat klapp; lämpligt, precis; klappa, trippa
patch lapp, flik; lappa; bilägga; *it's not a ~ on* det är ingenting mot
patent patent(era); tillgänglig, öppen, tydlig
paternal faders-, faderlig
path väg, stig, gång
pathetic rörande
patience tålamod
patient patient; tålig
patrol patrull(era)
patron gynnare, kund
patronage beskydd
patter smattra(nde)
pattern mönster
paunch buk, mage
pauper utfattig person
pause paus, avbrott; pausera; tveka, dröja
pave stenlägga; bana väg; **-ment** trottoar
paw tass; fingra på
pawn (schack) bonde; pant (-sätta); **-broker** pantlånare
pay lön; betala; inbringa; **~ attention to** fästa uppmärksamhet vid
payable betalbar, lönande
payment betalning, lön
pea ärt(a)
peace fred, frid, lugn; **make ~** sluta fred
peaceable fredlig
peaceful fridfull
peach persika
peacock påfågel
peak spets, topp
peal klockspel; skalla(nde); brak, dunder, brus(a)
pear päron
pearl pärla
peasant bonde, lantarbetare
peat torv
pebble kiselsten, småsten
peck picka, hacka
peculiar egendomlig
pecuniary penning-
pedal trampa (på pedal)
pedantic petig
peddle idka gårdfarihandel
pedestrian fotgängare
pedigree stamtavla
peel skal; skala (av)
peep titta, kika
peer like; medlem av högadeln; stirra, titta
peerless makalös
peevish kinkig, vresig
peg pinne; pligg, skruv
pellet liten kula; piller
pell-mell huller om buller
pelt kasta på; piska
pen kätte, bur; instänga
pen penna; stil; skriva
penalty straff, vite
pencil blyertspenna
pendant hängsmycke, motstycke
pending oavgjord, anhängig, i avvaktan på
pendulum pendel
penetrate genomtränga
penetration skarpsinne
penguin pingvin
peninsula halvö
penitence ånger
penitent botfärdig
penknife pennkniv
pension pension(era)
pensive tankfull
penury armod, brist
people folk, nation
perambulator barnvagn
perceive märka, uppfatta
percentage procent
perceptible märkbar
perception iakttagelseförmåga
perch (höns)pinne, stång; abborre
percussion slag, stöt
perdition fördärv
peremptory bestämd
perennial beständig; flerårig
perfect fullkomlig, fullborda; perfektum
perfidious svekfull
perforate perforera
perform utföra, uträtta, fullgöra
performance föreställning; utförande; prestation

perfume doft, parfym(era)
perfunctory likgiltig
perhaps kanske
peril fara
period period, tidrymd; (gram.) mening, punkt
periodical periodisk (tidskrift)
perish omkomma, förgås; **-able** ömtålig, förgänglig
perjury mened
permeate genomtränga
permit tillstånd; tillåta
pernicious fördärvlig
perpendicular lodrät
perpetrate begå, föröva
perpetual oavbruten
perplex förvirra
perquisite biinkomst
persecute förfölja
persevere framhärda
persist fasthålla
person person; *in* ~ personligen
personal personlig; **-ity** personlighet
personnel personal
perspicacious skarpsinnig
perspicacity skarpblick
perspiration svettning
perspire svettas
persuade övertyga
persuasion övertygelse
pert näsvis, fräck
pertain tillhöra, angå
pertinent tillämplig
perturb störa, oroa
peruse genomläsa
pervade tränga genom
pervers|e vrång, abnorm, vresig, tvär; **-ity** onaturlighet; ondska
pervert för|vända, -föra
pervious genomtränglig
pest pest; plågoris
pester plåga, oroa
pestiferous pestförande
pestilence pest(smitta)
pestle mortelstöt
pet älsklingsdjur; favorit; älskling; kela med
petal kronblad
petition anhålla(n)
petrify förstena
petrol bensin
petroleum bergolja
petticoat underkjol
petty obetydlig; underordnad; ~ *cash* småbelopp
petulance retlighet
petulant misslynt, otålig
pew kyrkbänk
pewter tenn(legering)
phantom fantom, spöke
phase fas, skede, skifte
pheasant fasan
phenomenon fenomen
phlegm tröghet; slem; **-atic** flegmatisk
phone telefon; ringa, telefonera
phonetic fonetisk
phosphorus fosfor
phrase fras, uttryck
physic läke|konst; -medel; **-al** fysisk; kropps-
physician läkare
physics fysik
physique fysik, kroppsbeskaffenhet
pick hacka, peta, plocka, rensa; välja; val; ~ *and choose* välja noga; ~ *up* tillfriskna, lära sig; **-axe** hacka
picket påle; postering
pickle saltlake; klämma; *be in a* ~ vara i dilemma
pickpocket ficktjuv
picture tavla, bild; avbilda, måla; **-s** *(äv.)* bio
picturesque pittoresk
pie pastej
piece stycke, bit; pjäs; mynt; laga; förena; **-work** ackordsarbete
piecemeal styckevis
pier pir, kaj; bropelare
pierce genomtränga
piety fromhet
pig svin
pigeon duva; ~ **-hole** fack
pike spjut; gädda
pile stapel, hög; uppstapla
pilfer snatta
pilgrimage vallfart
pill piller
pillage plundr|ing; **-a**

pillar stolpe, pelare; ~ **-box** brevlåda
pillion damsadel; baksäte
pillow kudde; dyna
pillow-case örngottsvar
pilot lots; pilot; föra
pimple finne, blemma
pin (knapp)nål; fästa
pinafore (barn)förkläde
pincers (knip)tång; klo
pinch nyp; klämma; nypa; snåla; *(S)* stjäla; *at a ~* i nödfall
pincushion nåldyna
pine barrträd; tall; avtyna; tråna
pine-apple ananas
pine-cone tallkotte
pink nejlika; ljusröd
pint halvliter
pioneer pionjär; banbrytare; bana väg
pious from
pip (frukt) kärna; *it gives me the ~* det gör mig sjuk
pipe pipa; rör; fågelsång; vissla, vina; **-cleaner** piprensare
pique förtrytelse; såra
pirate sjörövare
piston kolv
pit grop, hål(a), gruva; (teat.) parterr; hetsa
pitch beck(a); höjd, grad, tonhöjd; kasta, slå upp; tumla; (mus.) stämma
pitcher handkanna, kruka
piteous sorglig, ömklig
pitfall fallgrop
pity medlidande; beklaga; *it is a ~* det är synd
pivot medelpunkt; svänga
placard anslag, löpsedel
placate blidka, försona
place plats, ort; placera; *in the first ~* för det första; *in ~ of* i stället för; *take ~* äga rum
placid fridsam, mild
plague pest
plaice rödspätta
plaid pläd, schal
plain slätt; jämn, tydlig, uppriktig; jämna
plain-dealing redbarhet
plaintiff kärande
plait veck; (hår)fläta; fläta
plan plan, utkast; planera
plane hyvel; plan; flygmaskin; platan; jämna
plank planka; *(S)* punga ut med, betala
plant växt; maskineri; sätta, plantera
plantation plantage
plash vattenpuss; plask(a)
plaster plåster; murbruk
plate tallrik; platta, plåt
platitude banalitet
plausible antaglig; sannolik
play spel(a), lek(a); skämt(a); pjäs; svängrum; gång; verksamhet
player spelare
playground lekplats
plaything leksak
plea svaromål
plead försvara, tala för
pleasant behaglig, angenäm
please behaga, glädja; *~!* var så god
pleasure nöje, glädje, behag
pleat veck; vecka
pledge pant, säkerhet; skål; löfte; pantsätta; lova, förbinda sig
plenty riklig mängd
pliant smidig, foglig
pliers flacktång
plight tillstånd, belägenhet
plod gå tungt; knoga
plot tomt; komplott; intrig; konspirera, planera
plough plog; plöja; *(S)* kugga(s); **-share** plogbill
pluck mod; plocka; rycka; hämta; kugga
plug propp; stickkon-

takt; plugga igen; *(S)* skjuta, sätta en kula i
plum plommon
plumage fjädrar
plumb lod; lodrät; riktig, precis; loda, sondera
plumber rörarbetare
plume fjäder; pryda; plocka
plump fyllig
plunder plundr|ing; -a
plunge störta, dyka ned
plush plysch
ply använda, bedriva
p. m. (post meridiem) e. m. (eftermiddagen)
pneumonia lunginflammation
poach tjuv|jaga, -fiska; *-ed eggs* förlorade ägg
pocket ficka, stoppa i fickan
pod skida, balja; sprita
poetry poesi, dikter
poignant skarp, bitter
point punkt, prick, huvudsak; udd; spetsa, framhäva; rikta; sikta med; peka, påpeka; **-s** växel (på spår); *at (on) the ~ of* nära att; i begrepp att; ~ **-blank** snörrät; rättfram
pointer pekpinne, visare, fågelhund
poise balans(era)
poison gift; förgifta
poke säck; *buy a pig in a ~* köpa grisen i säcken
poke knuffa; röra om; ~ *fun at* driva med; ~ *about* larva omkring
poker eldgaffel
Poland Polen
polar pol-; ~ *bear* isbjörn
Pole polack; pol; påle
policy politik, taktik; försäkringsbrev
polish polityr, glans; polera; förfina
Polish polska (språket); polsk
polite artig
political politisk; ~ *economy* nationalekonomi
politics politik
poll huvud, beskära; rösta, röstning
pollute orena, vanhelga
pond damm
ponder överväga; **-ous** tung, mödosam
pool pöl, damm, pott; sammanslå (kapital)
poor fattig, arm, stackars
pop knall(a); skjuta; pantsätta; ~ *in* titta in
pope påve
poplar poppel
poppy vallmo
populace massa, hop
popular folk-; allmän-
population befolkning
porch portal, täckt ingång
porcupine piggsvin
pore por; stirra, ~ *over* (flitigt) studera
pork svinkött, fläsk
porous porös
porridge gröt
port hamn; babord; portvin
portable bärbar, flyttbar; ~ *typewriter* reseskrivmaskin
portent järtecken
porter portvakt; **bärare**
portfolio portfölj
port-hole hyttglugg, skottglugg
portico pelargång
portion del(a); portion; hemgift
portly ståtlig; fetlagd
portmanteau kappsäck
Portuguese portugis, portugisiska (språket), portugisisk
pose pose, konstlad ställning; framställa; posera
pose göra förlägen, snärja
position ställning, plats, anställning
possess inneha, äga
possession besittning

possibility möjlighet
possible möjlig, eventuell
post stolpe; anslå; tillkännage
post post; kurir; skynda; posta; bokföra; informera; **-card** brevkort; **-mark** poststämpel; **-office** postkontor
postage porto; ~ *stamp* frimärke
poster löpsedel, affisch, plakat
posterior senare, bak(del)
posterity eftervärld
posthumous postum; efterlämnad
postman brevbärare
postpone uppskjuta
posture hållning; posera
pot gryta; mugg; burk; plantera i kruka; skjuta ned
potato potatis
potent stark, kraftig
potential möjlig
potter knåpa
pottery krukmakeri; lergods
pouch påse; pung
poultice grötomslag
poultry fjäderfä
pounce slå ned; gripa
pound pund; stöta (sönder)
pour hälla; ösa, servera
pout se surmulen ut
poverty fattigdom
powder pulver, krut
power makt; förmåga; befogenhet
practical praktisk; ~ **joke** spratt, puts
practice praktik, övning, praxis; bruk
practise praktisera, utöva
praise pris(a); beröm(ma)
pram barnvagn; pråm
prance dansa (om häst); kråma sig
prank upptåg; styra ut
prattle pladdra, prata
pray bedja; **-er** bön
pre- förut-, för
preach predika
precarious osäker; farlig
precaution försiktighet
precede gå före
precedent föregående; precedensfall; prejudikat; *without* ~ utan motstycke
precept regel, föreskrift
precinct område, gräns
precious dyrbar
precipice brant; bråddjup
precipitate nedstörta(nde)
precise precis, noggrann
preclude spärra; utesluta; hindra
precocious brådmogen, lillgammal
precursor föregångare
predecessor företrädare
predict förutsäga
predispose predisponera
predominate dominera, härska
pre-eminent framstående
preface företal, förord
prefer föredraga
preferably helst
preference förkärlek
preferment befordran
prefix förstavelse, prefix
pregnant havande; innehållsrik; skickelsediger
prejudice förfång; fördom
preliminary inled|ning; -ande, förberedande
premature för|tidig; -hastad
premier främst, först; Premiärminister
premise försats; **-s** gård, hus, lokal, fastighet
premium pris; premie
preoccupied tankfull
prepare förbereda
prepay förutbetala
preponderate ha övervikt
prepossessing sympatisk
preposterous orimlig
prerequisite förutsättning

prerogative privilegium
prescribe föreskriva
presence närvaro; ~ *of mind* sinnesnärvaro
present närvarande (tid); nuvarande; föreställa; fram|bära, -lägga; överlämna; visa; gåva
preserve vårda, bevara, konservera; sylt; jaktmarker
preside presidera
press tryck; trängsel; jäkt; pressa; trycka; tränga; tvinga
pressure tryck(ning)
presume drista sig; förmoda
presumption förutsättning; djärvhet
presuppose förutsätta
pretence anspråk(sfullhet); förevändning
pretend låtsa; göra anspråk på
pretext förevändning
pretty nätt, vacker; tämligen, någorlunda
prevail få överhanden, råda
prevaricate slingra sig
prevent förhindra
previous föregående; ~ *to* innan, förrän; **-ly** på förhand
prey rov; byte; plundra
price pris, värde; **-less** ovärderlig; oskattbar
prick stick; prick; sticka
prickle tagg
pride stolthet
priest präst
prig egenkär person, pedant
prim pryd, stel
primary primär; ~ *school* folkskola
prime först; prima, främst
primer elementarbok
primrose gullviva
principal chef; rektor; kapital; förnämst
principle princip; grundsats
print tryck; kopia; trycka; *out of* ~ utsåld
printer (bok)tryckare
printing-office tryckeri
prior tidigare, äldre
prison fängelse
prisoner fånge
private enskild; menig; *in* ~ mellan fyra ögon
privation brist, nöd
prize pris, belöning; värdera, skatta; bända
probable sannolik, trolig
probation prövning; villkorlig dom; **-er** novis; aspirant
probe sondera, undersöka
proceed fortfara; förfara
process gång, förlopp; process, procedur
proclaim proklamera
procrastinate uppskjuta
procure skaffa
prod stick(a); stöt(a); egga
prodigal slösaktig
prodigy under; vidunder
produce framställa; tillverka; frambringa; alstra
producer *(äv.)* regissör
product produkt, alster
profane ogudaktig; vanhelga
profess förklara; utöva; erkänna; **-ion** förklaring; bekännelse; yrke
professional fack-; fackman; yrkessportsman
proficient skicklig
profit vinst, fördel; gagna, dra fördel av
profiteer (kristids)jobbare
profligate rucklare; lastbar, utsvävande
profound djup(sinnig)
profuse överflödande; riklig
progress (göra) framsteg
prohibit förbjuda
project plan, förslag; föreslå, göra utkast
prolific fruktbar
prolong förlänga
prominent framstående
promiscuous blandad
promise löfte; lova

promontory (hög) udde
promote befordra, upphöja; grunda
prompt punktlig, snabb; egga; sufflera
prone framstupa; raklång; benägen
prong (gaffel)spets
pronoun pronomen
pronounce uttala; förkunna
pronunciation uttal
proof prov, bevis, korrektur; säker, fast, ogenomtränglig
prop stöd; stödja
propagate propagera; utbreda, sprida
propel framdriva
proper egen, egentlig, passande, vederbörlig, anständig
property egendom
propitiate blidka; försona
propose föreslå; fria
proprietor ägare
propriety lämplighet; anständighet
proscribe landsförvisa; förbjuda
prosecute fullfölja; utföra; åklaga
prospect vy, utsikt; forska
prosper trivas, lyckas
prostrate nedslagen; utsträckt; slå ned; utmatta
protect beskydda, bevara
protest protest(era); bedyra
protract förlänga
protrude skjuta ut
proud stolt
prove pröva, bevisa, visa sig (befinnas) vara
proverb ordspråk
provide förse, skaffa, sörja för; *-d that* förutsatt att
province provins; fält; fack
provision försorg; förråd, proviant
proviso förbehåll; **-ry** villkorlig; tillfällig
provoke (upp)reta; framkalla
prowl stryka omkring
proximity närhet
proxy ombud; fullmakt
prudent klok, försiktig
prune sviskon; (av)kvista
pry kika, snoka
psychic psykisk
pub → **public-house**
puberty pubertet
public allmänhet; offentlig; folk-, allmän
publican krogvärd
publication utgivande; offentliggörande
public-house krog, värdshus
publicity reklam
publish publicera, utgiva, offentliggöra
publisher förläggare, utgivare
pucker rynk|ning; -a
puddle vattenpuss; söla ned; grumla
puerile barnslig
puff pust, vindstöt; pusta; (upp)blåsa
pugnacious stridslysten
pull drag(a); ryck(a); slita; (hand)tag; klunk; ~ *through* gå igenom; lyckas; klara; *(S)* hemligt inflytande
pulley block, talja
pulp (trä)massa; krossa
pulpit predikstol
pulse puls(era)
pump pump(a)
pumpkin pumpa (växt)
pun ordlek
punch håljärn; slag; *(S)* kraft; slå
punctual punktlig
punctuate interpunktera
puncture styng; punktering; punktera
pungent stickande, skarp; bitande
punish straffa
punishment straff
punt ekstock; staka fram
puny klen, späd, liten
pup(py) valp
pupil elev, lärjunge, pupill

purchase köp; köpa
pure ren; äkta; idel; bara
purely ren; helt enkelt
purgatory skärseld
purge rening; laxativ; rena; rensa
purify rena
purity renhet
purple purpur
purport betydelse, mening; betyda; avse
purpose syfte, verkan, avsikt; ämna; *on* ~ avsiktligt; *to no* ~ förgäves
purr spinna(nde) (om katt)
purse börs; portmonnä, kassa; dra ihop
pursue förfölja; eftersträva; fortsätta; utöva
push stöt, knuff; energi; reklam; stöta, knuffa, driva; fullfölja
pushing driftig; framfusig
put sätta, ställa, lägga, hälla, stoppa; uttrycka; ~ *down* skriva upp; ~ *in for* ansöka om; ~ *up at* ta in hos; ~ *up with* tåla
putrefy ruttna
putrid rutten; ruskig
puzzle bryderi; gåta; pussel; förbrylla
pygmy dvärg

Q

quack kvacksalvare; charlatan; snattra
quadrangle fyrhörning; gård *(i palats o. dyl.)*
quadruped fyrfotadjur
quail vaktel; bäva
quaint ovanlig; kuriös; lustig; gammaldags
quake skalv; skakning; skaka; darra
qualify kvalificera; begränsa; mildra; utbilda sig
quality kvalitet, sort; egenskap; hög rang
qualm kväljningar; oro; **-s** samvetskval
quantity kvantitet, mängd, antal
quarantine karantän
quarrel gräl(a); **-some** grälsjuk
quarry rov, byte; stenbrott; bryta
quart stop
quarter fjärdedel; kvartal; håll; bostad; pardon; avdela; inkvartera; *in high -s* på högre ort; **-deck** akterdäck
quartet kvartett
quartz kvarts
quaver darra; tremulera
quay kaj
queen drottning
queer underlig; tvivelaktig; homosexuell; *(S)* fördärva
quell undertrycka; stilla
quench släcka; dämpa
querulous klagande
query fråga; tvivla
quest söka(nde)
question fråga; problem; ämne; sak; fråga; betvivla; ifrågasätta; ~ **-mark** frågetecken
queue (bilda) kö
quibble ordlek; ordrytteri; krångla
quick kvick; livlig snabb; hetsig; ~ **-witted** kvicktänkt
quiet stillhet; ro, vila; lugn; stilla; hemlig; fridfull; lugna
quill vingpenna; (herde) pipa
quilt sängtäcke; stoppa; vaddera
quinine kinin
quire bok (papper) (= 24 ark)
quit klar, kvitt; lämna; uppge
quite alldeles; helt
quits kvitt
quiver koger; darrning; skälva, darra

quiz skämt; driva med; betrakta spefullt; förhöra
quotation citat
quote anföra; citera; offerera; -s citationstecken

R

rabbit kanin
rabble folkhop, pack
race löpning, tävling; kappas; löpa; ras, släkte
race-course kapplöpningsbana
rack ställ; hylla; sträckbänk; pinas; ~ *o.'s brains* bråka sin hjärna
racket oväsen; nöjesliv; *stand the* ~ ta följderna
radiate (ut)stråla; sprida
radiator värme-element; kylare på bil
radical rot-; grund-; radikal
R.A.F. (Royal Air Force) engelska flygvapnet
raffle raffel; lotta bort
raft timmerflotte
rafter taksparre
rag trasa; bråk; skoja med
rage raseri; rasa; *be (all) the* ~ vara senaste modet
ragged trasig
raid angrepp; göra en räd
rail stång; skena; räls; reling; vara ovettig; *by* ~ på järnväg
railing räcke; staket
railroad (am.), **railway** järnväg
rain regn(a); ~ *cats and dogs* hällregna
rainbow regnbåge
raincoat regnkappa, regnrock
rainfall regnskur
raise höja, uppresa, lyfta
raisin russin
rake räfsa; kratta; rucklare, vällusting
rally återhämtning; uppgång; återuppliva; (åter)samlas
ram bagge; ramm; slå (stöta, driva) ned (in)
ramble strövtur; ströva omkring
rampant vild; hejdlös; *be* ~ gripa omkring sig
ramshackle fallfärdig
rancid härsken
random på måfå
range rad; skjutbana; bergskedja; verkningskrets; skotthåll; kokspis; uppställa; variera
rank rad; led; grad, rang; ordna; räknas; yppig; vidrig; *the -s* de meniga
ransom lösen; friköpa
rap rapp; smäll; knackning; slå; knacka
rapid hastig; brant; fors
rapture extas; förtjusning
rare rar, sällsynt
rascal lymmel, skojare
rash utslag; obetänksam
rasp rasp(a); riva; reta
raspberry hallon
rat råtta; överlöpare; *smell a* ~ ana oråd
rate mått, skala; pris; tariff; rang; kommunalskatt; värdera; gräla på; ~ *of exchange* kurs; *at any* ~ i varje fall
rather snarare, rätt, hellre; ja visst!
ratify stadfästa, bekräfta
ratio förhållande
ration ranson(era)
rational förnuftig
rattle skrammel; skramla; förvirra
rattlesnake skallerorm
raucous sträv
ravage ödelägga
rave yra; svärma för; vara tokig i; *(om hav o. vind)* rasa
raven korp

ravenous glupsk
raw rå; oblandad; oerfaren
ray stråle; sken, ljus
rayon konstsilke
razor rakkniv; *safety* ~ rakhyvel
reach räckhåll; förmåga; sträcka ut; räcka; nå
react återverka
reaction återverkan; motstånd; omslag
read läsa, studera; tyda
readily villigt, gärna
ready färdig; villig; benägen; *be* ~ *to (äv.)* vara nära att; ~ *money* kontanter; **-made** konfektion
real verklig, äkta
reality verklighet
realize förverkliga; inse; inbringa; realisera
realm rike
ream ris (papper = 480 ark)
reap skörda; **-er** skördekarl, skördemaskin
rear höja; uppbygga; uppfostra, odla; bakre del
reason skäl; förnuft; förstånd; rimlighet; resonera; *by* ~ *of* på grund av
reassure lugna
rebate rabatt; rabattera
rebel uppror|sman; **-isk**
rebellion uppror
rebound återstudsa
rebuff avslag; avvisa
rebuild återuppbygga
rebuke tillrättavis|ning; -a
recall upphäva(nde); återkalla, erinra sig; *beyond* ~ oåterkallelig(t)
recede gå tillbaka
receipt kvitto; mottagande; kvittera
receive erhålla, mottaga
recent färsk, nyare
recently nyligen
reception mottagande
recess rast; vrå; alkov
recipe recept
reciprocate gengälda; utbyta
reciprocity ömsesidighet
recite uppläsa
reckless hänsynslös
reckon (be)räkna; anse
reclaim återkalla; förbättra; uppodla
recline lägga ned, vila
recognize känna igen; erkänna
recoil rekyl; återfalla
recollect erinra sig
recollection hågkomst
recommend rekommendera
recompense ersätt|ning; -a
reconcile försona
reconsider ånyo överväga
reconstruct ombilda, nydana
record uppteckning; protokoll; urkund; rekord; grammofonskiva; inregistrera; inspela
recorder bandspelare; registreringsapparat
recourse tillflykt
recover återvinna; tillfriskna
recreation rekreation, förströelse
recruit rekryt, nykomling; rekrytera; förnya; hämta sig
rectify rätta
rector kyrkoherde, rektor
recumbent liggande
recuperate hämta sig
recur komma igen
red röd; **bright** ~ högröd; **turn** ~ rodna
redeem inlösa; återlösa
redouble fördubbla
redress gottgör|else; -a
reduce förvandla; bringa; minska; banta; nedsätta
reduction inskränkning
redundant överflödande
reed vass, rörflöjt
reef rev; klipp-, sand|rev

reek stank; stinka
reel härvel; rulle; (skotsk) dans; vackla; rabbla upp
refer hänföra; hänvisa; omnämna; åsyfta
referee (skilje)domare
reference hänvisning; hänsyn; anspelning
refine rena; förfina
reflect reflektera; avspegla; kritisera
reflection reflektering; återspegling; kritik
reform reform(era)
refractory motspänstig
refrain refräng; avhålla sig
refresh uppfriska
refreshment vederkvickelse; **-s** förfriskningar
refrigerator kylskåp
refuge tillflykt
refugee flykting
refund återbetala, ersätta
refuse neka, avslå; skräp, avfall; värdelös, skräp-
refute vederlägga
regain återfå
regal kunglig
regard blick; avseende; hänsyn; aktning; betrakta; beträffa; **-s** hälsningar; *as -s* vad beträffar; *in ~ to* angående; ***with kind -s*** med hjärtliga hälsningar
regardless utan hänsyn
regenerate pånyttföda(s)
regent regent; regerande
region trakt; område
register register, längd; ventil; registreringsapparat; registrera; pollettera; (post.) rekommendera
regret sorg, ånger, sakna(d); beklaga, ångra
regular regelbunden
regulate ordna, styra
regulation regel, bestämmelse
rehearsal uppläsning; repetition
rehearse upprepa, repetera, öva in
reign regering; regera
reimburse återbetala, ersätta
rein tygel
reinforce förstärka
reindeer ren (djur)
reinstate återinsätta
reiterate upprepa ånyo
reject förkasta; avslå
rejoice glädja (sig)
rejoinder genmäle, svar
relapse återfall(a); åter insjukna
relate berätta; sätta i samband; **-d** besläktad
relation förhållande; släkting, berättelse
relative släkting; relativpronomen; relativ
relax lossa på; mildra; koppla av
relay ombyte; återutsända; *~ race* stafettlöpning
release frigivning; befrielse; frigiva; befria
relent mjukna, vekna
relentless obarmhärtig
relevant passande, tilllämplig
reliable pålitlig
relic relik
relief lättnad; understöd; avlösning; relief
relieve befria; lätta; lugna
relinquish lämna; avstå från
relish smak; behag; krydda, smaka
reluctant ovillig
rely lita (**on** på)
remain återstå; förbli
remainder rest, återstod
remark anmärkning, yttrande; iakttaga; anmärka
remedy botemedel, bot(a)
remember minnas; *~ me to him* hälsa honom från mig
remembrance minne, suvenir, hågkomst
remind påminna, erinra

reminiscence minne
remit förlåta; översända; remittera
remnant rest, återstod
remodel omforma
remorse samvetskval, ånger
remote avlägsen
remove (för)flytta; undanröja
remuneration lön, ersättning
rend slita, riva (sönder), splittra, rämna
render återgälda; tolka; överlämna; avgiva; göra
renew förnya
renounce avstå från; förneka
renovate förnya
renown ryktbarhet; **-ed** ryktbar, berömd
rent spricka; hyra; (ut)-arrendera
repair lagning; ersättande; skick; laga; ersätta; gottgöra; läka
reparation återställande
repartee kvickt svar
repayment återbetalning
repeal avskaffa(nde); återkalla
repeat upprep|ning; **-a**
repel driva tillbaka
repent ångra (sig)
repentance ånger
replace sätta tillbaka; ersätta
replenish påfylla
reply svar(a)
report rykte; rapport; betyg; knall; rapportera; referera; ~ *o.s.* anmäla sig
repose ro, lugn; vila (sig)
repository förvaringsrum
represent föreställa; skildra; uppföra; representera; framhålla
representative representant; typ; typisk; föreställande
repress undertrycka, hejda
reprieve frist; ge frist
reprimand tillrättavisning; klandra
reprint omtryck(a)
reproach klander; skam; förebrå
reproduce ånyo frambringa; återge; fortplanta
reproof förebråelse
reptile kräldjur; reptil
repudiate förkasta
repugnant motbjudande
repulse avslag, bakslag; avslå
repulsive frånstötande
reputation anseende; rykte
request begäran; efterfrågan; begära; bedja
require kräva; behöva
requisite behov; nödvändig
rescue räddning; rädda
research sökande; forskningsarbete; forska
resemble likna
resent harmas över
resentment harm; förbittring
reserve reserv; förbehållsamhet; reservera; spara; förbehålla; *wildlife* ~ fridlyst område, viltreservat
reside bo; tillhöra
residence boende; bostad
residue rest; återstod
resign avgå, avstå
resilient elastisk
resist motstå
resistance motstånd
resolute beslutsam
resolution lösning; föresats; beslut(samhet)
resolve beslut; upplösa; lösa; besluta
resort ort; tillflykt; tillgripa; besöka
resound genljuda
resource tillgång; utväg; rådighet
respect hänseende; hänsyn; aktning; **-s** hälsningar; akta; respektera
respiration andning
respite uppskov, frist

resplendent glänsande
respond svara; ~ *to* vara känslig för
response svar; reaktion
responsibility ansvar
responsible ansvarig; vederhäftig
rest rest; förbli; vila; stöd; vila (sig)
restless rastlös, otålig
restore återställa, iståndsätta
restrain avhålla, hindra
restrict begränsa, inskränka
result resultat; resultera; följa
resume återta; åter börja; sammanfatta
resuscitate återuppväcka
retail detaljhandel; sälja *i minut*
retain kvarhålla; bevara
retaliate vedergälla
retard fördröja; hindra
reticence förtegenhet
retinue följe
retire dra sig tillbaka; retirera, ta avsked; pensionera
retort skarpt svar; ge svar på tal
retreat återtåg; avgång; tillflyktsort; retirera; vika tillbaka
retribution vedergällning
retrieve återvinna(nde); apportera; rädda
retrospect återblick
return återkomst; anmälan; återbetalning; åter|komma, -gå; skicka tillbaka; ~ *(ticket)* returbiljett; *many happy -s (of the day)* hjärtliga lyckönskningar på födelsedagen; *by* ~ med omgående
reunion återförening; sammankomst
reunite återförena(s)
reveal avslöja; visa
revel fest; festa
revelation uppenbarelse, avslöjande
revenge hämnd; hämnas
revengeful hämndlysten
reverence vördnad; vörda
reverend högvördig (titel för prästman); vördnadsvärd
reverse motsats; frånsida; motgång; omvänd, motsatt; vända om
reversible vändbar
revert återgå
review revy; granskning; recension; överblick(a); recensera
reviewer recensent
revise revidera
revive åter bringa till liv; förnya, uppfriska
revoke återkalla; (kortsp.) ej bekänna färg
revolt uppror; resa sig; bli upprörd
revolting upprorisk; motbjudande
revolution rotation, varv, revolution
revolve rotera
reward belöning, ersättning; belöna
rhubarb rabarber
rhyme rim, vers; rimma
rhythm rytm, takt
rib revben; spröt
ribbon band; remsa; *in ~s* i trasor
rice ris, risgryn
rich rik; fruktbar; riklig
riches rikedom(ar)
rickety ledsvag; ostadig
rid befria; *get ~ of* göra sig fri från
riddle gåta
ride ritt, åktur; rida; åka
rider ryttare, cyklist
ridge rygg, upphöjning
ridiculous löjlig
riffraff slödder, patrask
riffle räffla; gevär; ~ -range skjutbana
right rätt; rak; höger sida; rät; riktig; höger; rakt; göra rak; gottgöra; *be all* ~ vara

som sig bör; ~ *of way* förkörsrätt
righteous rättskaffens
right-handed högerhänt
rigid styv; sträng
rigour stränghet
rill rännil, liten bäck
rim hjulring, fälg, kant; kanta
rind skal, svål, kant
ring ringning, klang; påringning; ringa; genljuda; ~ *up (off)* ringa upp (av) (tel.)
rink skridskobana
rinse skölj|ning; -a
riot upplopp, oordning; utsvävning(ar); orgie(r)
rip reva; riva; skjuta full fart
ripe mogen; ~ *age* hög ålder; **-n** mogna
ripple krusning; vågskvalp; krusa; porla
rise uppgång; stigning; stegring; uppståndelse; stiga upp; resa sig; ökas; avslutas; *give ~ to* ge upphov till; ~ *to the occasion* visa sig situationen vuxen
risk fara; risk(era), våga
rival konkurrent
river flod, ström
rivet nit; nita
roach mört; *as sound as a ~* pigg som en mört
road väg; **-side** vägkant; **-way** körbana
roam ströva omkring
roar ryta(nde); dån(a)
roast stek(a); rostad
rob röva, plundra
robin rödhakesångare
rock klippa; vagga; gunga; *peppermint ~* polkagris
rocket raket
rocky klippig; ostadig
rod stång; spö
roe rom; rådjur
rogue skojare; skälm
roll rulle; register; bröd; vals; rullning; rulla
roller rulle; vält; ~ **-skates** rullskridskor
romance romantisk berättelse; fabulera
romp ostyring; vild lek; rasa; stoja
roof tak; täcka
room rum; plats; möjlighet
roost höns|stång; -hus
root rot; upphov; slå rot
rope rep; sträng; ~ *in (äv.)* få på sin sida; ~ *off* avspärra med rep; *know the -s (S)* förstå sig på saken; *give a p. ~* lämna ngn fria tyglar
rose ros; rosett; rosa; *under the ~* i hemlighet
rot röta; ruttna; *(S)* skoja; strunt
rotation *(äv.)* växelföljd
rotund rund; fulltonig
rough ojämn mark; buse; skrovlig; lurvig; svår; bister; rå; grov; ~ *it* slå sig fram; *have a ~ time* fara illa; ~ *and ready* primitiv; ~ *copy* utkast; koncept
roughly grovt; enkelt; på ett ungefär
round klot; kretslopp; rundsång; omgång; rond; rund; jämn; rundlig; duktig; omkring; runt(om); ~ *up* inringa; samla; *the daily ~* dagens vanliga bestyr; *go the ~* cirkulera; *all the year ~* hela året om; *come ~* titta in; hämta sig; ta reson; *all ~* på alla håll; *come (get ~ a p.* vinna ngn för sig; **-about** karusell
rouse väcka; uppröra
rout vild flykt; larmande folkmassa; slå på flykten
route rutt
rove ströva omkring
rover vandrare
row rad; gata; rodd(tur);

ro; bråk; gräl; ovett; skälla ut; *what's the ~ ?* vad står på?
royal kunglig
royalty kunglighet
rub gnidning, frottering; svårighet; förargelse; gnida, frottera; *~ up* friska upp; *~ along* arbeta sig fram; *~ a p. the wrong way* stöta sig med ngn; *there's the ~* det är just svårigheten
rubber massör; gummi; (kortsp.) robbert; spel; **-s** galoscher
rubbish skräp; avfall; strunt
ruby rubin(röd)
rudder roder
ruddy rödblommig
rude obildad; ohövlig; våldsam; primitiv; grov; stark
ruffian skurk
ruffle krås; krusning; oro; rufsa till; uppröra; rynka
rug filt; (mindre) matta
rugged knagglig; fårad; barsk
ruin undergång; förstöra; förföra; *-s (äv.)* spillror
rule regel; bruk; föreskrift; makt; linjal; leda; härska över; avgöra; linjera; *~ out* utesluta; *as a ~* i regel
ruler härskare; linjal
rum rom; *(S)* konstig
rumble mullrande, dån; mullra, dåna
rummage genom|söka(nde), -leta(nde)
rumour rykte
rump bakdel; rest
rumple nedskrynkla
run löpning; tur; fortgång; typ; efterfrågan; bana; springa; rusa; löpa; *(om färg)* slå igenom; låta; gälla; spelas; sköta, leda; *be ~ down (äv.)* vara utmattad; *in the long ~* i längden; *~ -about* liten bil
runaway flykting, desertör
rung stegpinne
runway *(flyg)* startbana
rupture brytning; bråck; klyfta; brista; spräcka
rural lantlig, lant-
rush säv; rusning; rusa; hetsa
Russia Ryssland
Russian ryss, ryska (språket); rysk
rust rost; rosta
rustic lantbo; lantlig
rustle prassel; prassla
rusty rostig; rostfärgad; förargad; hes; ur form
rut hjulspår; *be in a ~* gå i gamla spår
ruthless obarmhärtig
rye råg

S

sable sobel
sabre sabel
sack plundr|ing; -a; säck; *get the ~* få sparken
sacred helig, invigd
sacrifice offer; uppoffring; (upp)offra
sad sorgsen, vemodig
saddle sadel; sadla; belasta, avlasta
safe kassaskåp, matskåp; säker; oskadd
safety säkerhet; **~-pin** säkerhetsnål
sag sjunka (ihop)
sagacity skarpsinne
sage vis; klok
sail segel; segla
sailor sjöman; *be a good ~* tåla sjön bra
saint helgon; sankt(a)
sake skull; *for a p.'s ~* för ngns skull
salary lön
sale försäljning; realisation; *on ~* till salu
salesman försäljare
salient utskjutande

saliva spott, saliv
sallow (gul)blek; sälg
sally utfall; kvickhet
salmon lax
saloon salong(svagn); krog
salt salt(a); ~ *of lemon* citronsyra
salubrious hälsosam
salutary nyttig
salute salut(era); hälsa
salvage bärgning; rädda
salvation räddning; frälsning; *S~ Army* Frälsningsarmén
same samme; *all the ~* i alla fall; *much the* ungefär detsamma
sample prov(bit); pröva
sanction bekräftelse, gillande; bekräfta; gilla
sand sand(a)
sandwich (dubbel)smörgås; skjuta in; ~ **-man** reklambärare
sane klok, sund
sanguinary blodig; blodtörstig
sanguine blod-; blodfull; hoppfull
sanitary sanitär
sanity sunt förstånd
Santa Claus jultomten
sap växtsaft; undergräva; underminera
sapphire safir(blå)
sarcasm stickord
sarcastic spydig
sash skärp; fönsterram
satchel skolväska
satellite drabant
satiate mätta; övermätta
satisfaction tillfredsställelse; gottgörelse
satisfactory tillfredsställande
satisfy tillfredsställa
saturate genomdränka
Saturday lördag
sauce sås; nosighet
saucepan kastrull
saucer tefat
saucy nosig, näsvis
saunter flanera(nde)
sausage korv
savage vilde; vild, grym
save rädda; spara; bevara; utom, med undantag av; ~ *for* utom
savings besparingar; ~ **-bank** sparbank; ~ **-box** sparbössa
saviour frälsare
savoury välsmakande
saw såg(a)
sawdust sågspån
sawmill sågverk
say säga; påstå; läsa; ~ *on!* fortsätt; *I ~* hör på!
saying ordspråk; yttrande
scab skorpa; skabb; strejkbrytare
scaffold byggnadsställning; schavott
scald skålla
scale vågskål; väga; skala; måttstock; fjäll(a); skal; pannsten, tandsten; klättra upp för; **-s** våg
scamp skojare
scan granska
scandal skandal; anstöt
Scandinavian skandinav; skandinavisk
scanty knapp
scapegoat syndabock
scar skråma, ärr
scarce knapp; sällsynt; *make o.s. ~* försvinna
scarcely knapp|t, -ast
scare skräck; skrämma
scarf halsduk
scarlet scharlakan(srött); ~ *fever* scharlakansfeber
scatter sprida; skingra
scavenger gatsopare
scenery dekorationer; natur
scent doft; spår; *put off the ~* leda på villospår
schedule lista; tabell; förteckning; schema
scheme schema; förslag; planera
scholar lärjunge; lärd
scholarship lärdom; stipendium
school skola; undervisa; **public** ~ internatskola; **-fellow** skolkamrat; **-master** lärare

schoolmistress lärarinna
schooner skonare
sciatica ischias
science vetenskap
scientist vetenskapsman
scissors sax
scoff hån; håna
scold argbigga; gräla (på)
scolding grälsjuk
scone bulle
scoop skopa; vinst; ösa; urholka; *(S)* inhösta
scope omfång; synkrets
scorch sveda; förbränna
score skåra; tjog; märke; skuld; partitur; göra skåror; stryka över; vinna; *on that* ~ vad det beträffar; *on the* ~ *of* med hänsyn till
scorn hån(a); förakt(a)
Scot skotte
Scotch skotska (språket); skotsk; **the** ~ skottarna; **-man** skotte
scoundrel skurk, lymmel
scour skura, rengöra; fara; genomströva
scourge hemsök|else; -a
scout kunskapare, spejare; scout; speja
scowl se bister ut; rynkad panna
scraggy skranglig, mager
scramble rusning; klättra; kivas; **-d eggs** äggröra
scrap bit, smula; stump; *(S)* gräl; kassera; slåss; **-s** rester
scrape skrapning; klämma; skrapa; ~ *through* krångla sig igenom
scratch klösa; riva; skrapa; rispa; startlinje; utan handikapp; *come up to* ~ inte svika
scrawl klott|er; -ra
scream skrik(a); *(S)* skoj;
screech skrik; skrika
screen skärm; skydd; duk; skiljegaller; skydda; visa film; blända av
screw skruv; propeller; *(S)* lön; skruva; driva upp
screwdriver skruvmejsel
scribble klott|er; -ra
Scripture den Heliga Skrift; bibel; helig bok; biblisk
scroll rulle; snirkel; arabesk
scrub buskskog; skura, tvätta
scruple skrupler; tvekan; tveka
scrupulous noggrann
scrutiny granskning
scuffle tumult
sculptor bildhuggare
sculpture skulpt|ur; -era
scum skum(ma); avskrap
scurf skorv
scurvy skörbjugg; gemen
scuttle kolbox; rusa iväg; borra i sank
scythe lie; meja ned
sea hav, sjö(gång)
seagull mås
seal säl; sigill; försegla
sealing-wax (sigill)lack
seam söm(ma)
seaman sjöman
search forskande; (efter)spaning; genomsöka
searchlight strålkastare
seashore havsstrand
seasick sjösjuk
seaside kust(trakt); badort, kuststad
season årstid; säsong; vänja; härda, torka; krydda
seaworthy sjöduglig
seat stol, (sitt)plats; mandat; lantgods; sätta (sig); placera
seaweed sjögräs
secluded avskild, isolerad
second andra; sekund; sekundera; stödja; *every* ~ varannan; *come off* ~ *best* dra det kortaste strået; *on* ~ *thoughts* vid närmare eftertanke
secondary underordnad, härledd; ~ *education* högre skolväsen; ~ *school* läroverk

second-hand andra hand; antikvarisk, andrahands-
secret hemlig(het)
secretary sekreterare; sekretär; *S~ of State* statsråd
section avdelning, del
secure säker, trygg; befästa; erhålla, vinna
security säkerhet; värdepapper
sedate lugn, stadig
sedentary sittande
sediment bottensats
sedition uppvigling
seduce locka, förföra
see (be)se; erfara; besöka; träffa, inse; förstå
seed frö; säd; fröa sig
seek söka, eftersträva
seem synas, tyckas
seesaw gungbräda; gunga
seethe sjuda, koka
segregate avsöndra(s); avskilja
seize fatta, gripa; begripa; beslagtaga
seldom sällan
select utvald; utvälja
selection urval
self jag; egennytta; själv; **~-control** självbehärskning; ~ **-interest** egennytta; **-ish** självisk; ~ **-respect** självaktning; ~ **-service** snabbköp; ~ **-starter** självstart
sell sälja; *(S)* lura; bedrägeri; ~ *-off* realisera
seller försäljare; **best-**succébok
semicircle halvcirkel
send skicka, sända; ~ *in o.'s name* anmäla; ~ *for* skicka efter
sensation känsla; sinnesintryck; uppseende
sense sinne; känsla; förstånd; märka, känna; *common* ~ sunt förstånd, mening; *it makes no* ~ det ger ingen mening
sensible förståndig
sensitive känslig
sensual sinnlig, sensuell
sentence mening; dom; döma
sentiment känsla; uppfattning; grundtanke
sentry vaktpost
separate separat; skilja(s)
separation skiljande, skilsmässa
September september
sepulchre grav
sequel följd, fortsättning
sequence serie, rad, följd
sequester avskilja; isolera
serene fridfull, lugn
serial följetong; periodisk publikation; periodisk, serie-
series serie, rad
serious allvarlig
sermon predikan
serpent orm
serried tätt sluten
servant tjänare, hembiträde; betjänt
serve tjäna, expediera; gagna; servera
service tjänst; hjälp; gudstjänst; servering; servis
servile servil, krypande
session möte, sammanträde
set sats; aggregat; apparat; krets; styv; bestämd; sätta; ställa; gå; duka; sjunka; börja; ~ *free* befria, frige; ~ *right* justera; ~ *to work* skrida till verket; ~ *-back* bakslag; ~ *upon* anfalla
settee soffa
settle bänk; bestämma; bosätta sig; sätta i ordning; kolonisera; låta sjunka, klara
settlement avgörande, betalning; avtal; koloni
settler kolonist, nybyggare
sever avhugga, skilja
several enskild; åtskilliga

severe sträng; svår
sew sy; ~ **on** sy **i** (**fast**)
sewer kloak
sex kön; **the fair** ~ det täcka könet
sexton kyrkvaktare
shabby tarvlig; förfallen; snål
shade skugga; nyans; "smula"; ande; **skydd**; skymma; skugga; övergå
shadow skugg|a; -bild; skymt; (be)skugga
shaft stråle; skaft; axel (ledning); schakt
shaggy långhårig, buskig
shake stöt; *(S)* ögonblick; skaka; försvaga; *no great -s* 'inget vidare'; *shakedown* improviserad bädd
shall skall
shallow grund; flat; ytlig
sham sken; svindlare; sken-; falsk; simulera
shame skam; ~ *on you!* fy skäms!
shampoo schamponer|a; -ing(spulver)
shamrock vitklöver
shanty hydda, koja
shape form, fason, ordning; forma; avpassa
share del, aktie; dela, delta; ~ *even* dela jämnt
shareholder aktieägare
shark haj; svindlare
sharp skarp; bitter; rask; listig; precis; lura
sharper falskspelare
shatter splittra
shave rakning; skiva; raka; hyvla; snudda vid; *by a close* ~ med knapp nöd
shaving-brush rakborste
she hon
sheaf kärve; knippa
shear klippa (ull); beröva
shears (ull)sax
sheath slida, skida, balja, fodral
shed skjut, lider; fälla; sprida, kasta
sheep får
sheer ren; tvärbrant; rakt; gir(a); vika av
sheet lakan; skriva; ark, blad
shelf hylla; avsats; rev
shell skal; ärtbalja; mussla; granat; skala; bombardera; ~ **-fish** skaldjur
shelter skydd(srum); kiosk; skjul; barack; skydda
shelve lägga åt sidan; slutta
shepherd (fåra)herde
shield sköld; skydd(a)
shift ombyte; skift; medel; knep; byta om; flytta; *make* ~ reda sig så gott man kan
shifty listig; ostadig
shimmer glimt; glimma
shine skina, glänsa; putsa; glans; *(S)* bråk
shingle (tak)spån; shingla
ship skepp; inskeppa; **-wreck** skeppsbrott; förlisa
ship-owner skeppsredare
shipyard skeppsvarv
shirk skolka
shirt skjorta
shiver skärva, flisa; rysning; darra; skälva
shoal stim; massa; grund
shock skyl; stöt; nervchock; upp|röra; -skaka
shoddy sämre vara; oäkta
shoe sko; *that's another pair of -s* det är en helt annan sak
shoelace skoband
shoemaker skomakare
shoot skjuta
shooting-range skjutbana
shop butik, affär; verkstad; fackprat; handla; *the other* ~ konkurrenten
shore strand; stötta
short kort; ~ *cut* genvag; *anything* ~ *of* allt utom; *be* ~ *of* ha ont om; *run* ~ *of* **börja lida brist på;**

~ **-wave** (radio) kortvåg
shortage brist
shorthand stenografi
shortsighted närsynt
shot skott; kula
shoulder axel; bog; skuldra; *give the cold* ~ bemöta kyligt; knuffa; påtaga sig
shout rop; ropa, skrika
shove knuff(a); stöta ut
shovel skov|el; -la
show utställning; revy; sken; effekt; (före)visa, visa sig; ~ **-window** skyltfönster; ~ *off* briljera med
shower skur; strömma ned
shred stycke, trasa; riva sönder
shrew argbigga
shrewd skarpsinnig
shriek skrik(a); vrål(a)
shrill genomträngande
shrimp räka
shrink krympa ihop; rygga tillbaka
shrivel skrynkla ihop sig
shroud svepning; svepa
shrub buske
shrug rycka på axlarna
shudder rys|ning; -a; bäva; huttra
shuffle släpande rörelse; virrvarr; undanflykt; släpa; (kortsp.) blanda
shun söka undvika, fly
shunt omkastare; växla; skjuta undan
shut stänga, sluta; ~ *up* tysta ned
shutter fönsterlucka; slutare
shy blyg; skygg(a); rädd; kast; slänga
sick sjuk, illamående; ~ **-leave** sjukledighet
sickle skära
sickness sjukdom; kräkningar
side sida: kant; ståndpunkt: *(S)* överlägsenhet
sidelight sidoljus
sidewalk trottoar
sideways åt sidan; på sned
siege belägring
sieve såll(a), sikt(a)
sift sålla; pröva
sigh suck(a)
sight syn, åsyn; synhåll, sikte; skådespel; sevärdhet; sikta, observera; *by* ~ till utseendet; *catch* ~ *of* få syn på
sign tecken; märke; vink, skylt; teckna, underskriva
signature underskrift
signboard skylt
significance betydelse
significant betydelsefull
signpost vägvisare
silence tystnad; tysta
silencer ljuddämpare
silent tyst, stilla
silk silke; siden
sill fönsterbräde; tröskel
silly enfaldig, dum
silver silver; försilvra
similar dylik, lik
simmer småkoka
simple enkel, enfaldig
simply helt enkelt
simultaneous samtidig
sin synd(a)
since sedan; emedan; eftersom
sincere uppriktig; *Yours* ~ *-ly* Din (Eder) tillgivne
sing sjunga
singe sved|ning; -a
singing sång
single enda; enkel; ensam; ogift; ärlig
singular *(äv.)* ovanlig; framstående
sinister olycksbådande
sink sjunka; sänka; förfalla; avloppsrör; diskbänk
sinner syndare
sip smutta; liten klunk
sir min herre; **Sir** sir (adelstitel)
sire fader (om djur)
sirloin oxstek; njurstek
sister syster; ~ *-in-law* svägerska

sit sitta; ~ *on a p.* snäsa ngn
site plats, tomt; läge
sitting-room vardagsrum
situation läge; omständigheter; anställning
size storlek; format; sortera; ~ *up* bedöma, taxera
skate (åka) skridsko
skein docka, härva
skeleton skelett; benrangel
sketch utkast; skiss(era)
skid broms; slir|ning;
skill skicklighet, konst; **-ed** händig; yrkesutbildad
skim skumma; fara fram; genomögna
skin skinn; skal; flå; skala; lura; *with the ~ of o.'s teeth* med knapp nöd
skip hopp, skutt(a); försvinna
skipper skeppare
skirmish strid; skärmytsla
skirt kjol; skört; kant; kanta
skittish skygg; lekfull
skull huvudskål; skalle
sky himmel
slab platta; skriva; kaka
slack slö; långsam; **-s** byxor; vila; slappa
slacken minska; slakna
slam slam; slå igen
slander förtal; förtala
slang slang; skälla ut
slant lutning; slutta, luta; *on the ~* på sned
slap smäll(a); rakt
slash hugg, djup skåra; rista upp
slate skiffer; griffeltavla; läxa upp; *a clean ~* gott rykte
slaughter slakt|ning; -a
slave slav(inna)
sledge (åka) kälke
sleek slät, glänsande
sleep sömn; sova
sleeping car sovvagn
sleeping draught sömnmedel
sleet snöslask; slaska
sleeve ärm
sleigh släde, kälke; åka släde (kälke)
slender smärt, smal
slice skiva; smula; skära upp
slide glidande; isbana; jordskred; ljusbild; glida, halka, skrida; ~ **-rule** räknesticka
slight smärt; svag; lätt; ringakt|ning; -a
slim smal
slime dy, slam; slem
sling kast; slinga; bindel; slunga; kasta; hänga upp
slink smyga (sig)
slip glidning; fel; bit; glida; halka; undgå; ~ *of the pen* skrivfel
slipper toffel
slippery hal, glatt, slirig
slipshod slarvig
slit skåra; öppning; skära upp; klyvas
slogan slagord
slop slask; spilla; **-s** flytande föda; diskvatten
slop-basin sköljkopp
slope lutning; backe; luta; ~ *off (S)* ge s. i väg
slot spår; öppning; ränna; ~ **-machine** automat
slouch hopsjunken hållning; hasa; sloka
slovenly ovårdad, sluskig
slow långsam, trög; *be ~* gå efter; sakta sig
sluggish lat, orörlig
slumber slummer; slumra
slump prisfall; depression; (*om priser*) falla
slur suddigt tal; halka över; tala suddigt
slush dy, gyttja; känslopjunk
sly listig; klipsk; *on the ~* i hemlighet
smack bismak; smula; ~ *of* smaka av
smack smack; smäll; rakt, pladask; smacka, klatscha

small liten, ringa, små; skamsen; tunn, svag
small-pox smittkoppor
smart smärta; skarp, kraftig; flink; stilig; svida
smash krossande; krock; konkurs; rakt; krossa; ruinera; rusa; köra (mot)
smattering aning
smear fläck(a); smörja; sudda
smell lukt(sinne), doft; lukta; vädra; upptäcka
smile småleende; småle
smite slå
smith smed
smoke rök(a)
smoker rökare; rökkupé
smooth slät; smidig; mild; lugn; jämna, stryka; ~ *down* lugna
smother kväva; dölja
smoulder glöd; ryka, pyra
smudge smutsfläck; sudda ned; fläcka
smug självbelåten
smut sotfläck; sota ned; oanständigheter
snack matbit; andel
snag rotknöl; hake, hinder
snail (skal)snigel
snake orm
snap smäll; nafsande; knäpp; nafsa; bitas; snappa bort (upp)
snare snara, fälla; snara
snarl morra(nde); trassla
snatch hugg; bit; period; rycka till sig, stjäla
sneak lurifax; *(S)* skvallerbytta; smyga; smita ifrån; *(S)* skvallra; knycka
sneer hån(leende); håna, kallgrina
sneeze nys|ning; -a; *not to be -d at* inte att förakta
sniff snusning, vädring; vädra; snusa
snigger fnissa
snip klipp, remsa; klippa
snipe beckasin; -r krypskytt
snore snarkning; snarka
snort fnys|ning; -a
snout tryne, nos; pip
snow snö; snöa
snub avsnäsning; trubbnäsa; näsa
snuff snus
snug trygg, varm, trevlig
so så, till den grad, på detta sätt; därför, varför
soak blötning; hällregn; supning; blöta; genomdränka; ~ *in lye* luta (fisk)
soap såpa; tvål; smicker; såpa (tvåla) in; smickra
soar sväva högt
sob snyft|ning; -a
sober nykter; sansad; diskret; nyktra till; lugna
sociable sällskaplig
social samhälls-; sällskaps-; samkväm
society samhälle; societet; samfund; förening
sock (kort)strumpa; sula; *(S)* slå, kasta
socket ledhåla; ljuspipa; hylsa; väggkontakt
sod grästorv; jord
sodden genomblött
soft mjuk; enfaldig, vek, mild; *have a ~ spot* vara svag
soil jord; mark; pöl; smutsa(s); fläcka
solder lod; löda
soldier soldat
sole sula; sjötunga; enda, ensam
solemn högtidlig, allvarlig
solicit bedja om; anropa
solicitor advokat
solicitous ivrig; orolig
solid fast; kraftig; pålitlig; påtaglig; fast kropp
solitary enstaka, ensam; avskild; enda
solitude ensamhet; ödemark
solution lösning; lösande

solve lösa, tyda
solvent lösningsmedel; lösande; befriande
sombre dyster
some någon, somliga; en riktig; omkring
somebody någon; *a ~* en framstående person
somehow på något sätt; i alla fall
someone → somebody
somersault kullerbytta
something något; någonting; *that's ~ like!* det var inte illa
sometime någon gång; fordom; förutvarande
sometimes ibland, stundom
somewhat tämligen; något
somewhere någonstans; *~ else* någon annanstans; *~ about* ungefär
son son
song sång; visa; *for a ~* för en spottstyver
son-in-law svärson
soon snart
soot sot; sota ned
soothe lindra, lugna; trösta
sop doppad brödbit; tröst; mutor; vekling; doppa
sophisticated förkonstlad
sordid smutsig, tarvlig
sore (var)sår; öm; sorgsen; svår; *~ throat* ont i halsen
sorrow sorg; sörja
sorry ledsen; *I am ~* det var ledsamt! förlåt!
sort sort, slag; sätt; sortera, ordna; *of -s* blandad; ett slags; *out of -s* inte bra; *after (in) a ~* till en viss grad
soul själ
sound sund; frisk; felfri; klok; grundlig; loda; undersöka; ljud; klang, ton; ljud, ringa; *~ barrier* ljudvall; **the Sound** Öresund
soup soppa; *clear ~* buljong
sour sur; butter; göra sur; surna; förbittra
source källa; ursprung
south söder; södra
souvenir minne(sgåva)
sovereign monark; suverän; 1 pund; högst; oberoende; ofelbar
sow sugga; så; beså
space rymd, rum; vidd
spade spade; spader
Spain Spanien
span spann; kort tid; spänna
spangle paljett; glitter
Span|iard spanjor; **-ish** spansk; spanska (språket)
spanner skruvnyckel
spare reservdel; mager; ledig; extra; reserv-; undvara; skona; spara; *no time to ~* ingen tid över; *~ time* fritid
spark gnist|a; **-ra**
sparking-plug tändstift
sparkle gnista; sprittande liv; stråla; fräsa
spasm kramp; anfall
spasmodic krampaktig
spatter stänka, spruta
speak tala, säga, yttra
speaker talare; talman
spear spjut; genomborra
species art; slag, sort
specimen prov, exemplar; original, typ
speck fläck(a)
spectacle skådespel; anblick; **-s** glasögon
spectator åskådare
speech tal(förmåga); språk
speed fart; hastighet; rusa, ila; *~ limit* hastighetsbegränsning
spell period, stund; trollkraft; stava; betyda
spelling stavning
spend utgiva; förbruka, använda; tillbringa
spendthrift slösare
spent utmattad, förbrukad
sphere sfär; krets
spice krydda

spider spindel; ~ **-web** spindelväv
spike pigg; nagel; spika
spill fall; spilla(s); utgjuta; förlora
spin snurrande; tur; spinna; snurra; (flyg.) råka i spin
spinach spenat
spindle spindel; spole
spine ryggrad; ås; tagg
spinning-wheel spinnrock
spinster (jur.) ogift kvinna
spire (torn)spira; spets; skjuta upp
spirit ande; spöke; stämning; mod; sprit; ~ *away* smussla bort
spirited livlig, eldig
spiritual andlig sång; andlig, religiös
spit stekspett; fräsa; spott(a); regnstänk; småregna
spite agg, illvilja; förtreta; *in ~ of* trots
splash plask(a); *make a ~* väcka uppseende
splendid härlig; utmärkt
splendour prakt, härlighet
splinter skärva; splittra
split spricka; splittr|ing; -a; klyva; bli oense
splutter oväsen; sludder; spotta; sluddra
spoil byte; fördärva; skämma bort; plundra
spoke hjuleker; stegpinne; spak
spokesman talesman
sponge (tvätt)svamp; parasitera; torka bort; *throw up the ~* ge tappt
sponge-cake sockerkaka
sponsor borgensman; gynnare; fadder
spontaneous spontan
spool spole; spola
spoon sked; tok; *(S)* kurtisera; svärma
sport idrott, sport, jakt, lek; **-s** *(äv.)* idrottstävling; *athletic* **-s** (allmän) idrott; bra karl; skämt; leka, skämta
spot fläck; blemma; plats; droppe; fläcka; känna igen
spotlight strålkastare
spout droppränna; stråle; spruta ut; orera
sprain vrickning; vricka
sprawl kravla; breda ut sig; **-ing** ojämn
spray kvist; stänk; bespruta
spread sprida; breda ut; ~ *about* utströ; utbreda sig; sprida sig; ~ *the table* duka (bordet)
spree festande; upptåg
sprig kvist; ättling
sprightly glad, pigg
spring källa; vår; språng; spänstighet; fjäder; hoppa; rusa; sätta gång; spränga; *spring up* skjuta upp
spring-clean vårstäda
springtime vår
sprinkle stänk; stänka
sprout grodd, skott; gro; skjuta skott; spira upp; **Brussels -s** brysselkål
spruce gran
spry rask
spur sporre; eggelse; sporra; *on the ~ of the moment* utan betänkande
spurious falsk
spurn avvisa med förakt
spurt spurt(a)
spy spion, spejare; spionera; observera, granska
squabble gräl(a); kiv(as)
squad grupp; tropp
squalid smutsig, eländig
squall skrik(a); stormby
squander (för)slösa; öda
square kvarter; ruta; torg; kvadrat-; ärlig; klar; stadig; reglera; *(S)* betala; rakt; *get ~ with* bli kvitt
squash mos, saft; trängsel; krossa; mosas; undertrycka

squat nedhukad; kort och tjock; sitta på huk
squeak pip; (*S*) knipa; pipa; skvallra; *a narrow* ~ en knapp räddning
squeeze kramning; hård tryckning; krama, klämma; pressa
squint skela(nde); titt
squirm vrida sig
squirrel ekorre
squirt stråle; glop; spruta
stab dolkstöt; smärta; sticka; såra; stöta
stable stall; stadig
stack stack; hög; massa; stacka, stapla upp
staff stav, stöd; personal; stab
stage plattform; scen; uppföra; ~ **-fright** rampfeber; ~ **manager** regissör
stagger vackla; tveka; göra häpen
stagnant stillastående
staid stadig, lugn
stain fläck; färgämne; fläcka; betsa
stainless fläckfri, rostfri
stair trappsteg; **-s** trappa; *a flight of -s* en trappa; **-case** trappuppgång
stake stake; stolpe; insats; stödja; satsa; riskera; *be at* ~ stå på spel; **-s** penningpris; *perish at the* ~ dö på bålet
stale unken, fadd, dålig
stalemate göra patt
stalk stjälk; stolt gång; smyga sig på
stall bås; spilta; stånd; parkettplats; (motor)-stopp; köra fast; stanna
stalwart kraftig; trogen
stamina kraft
stammer stam|ning; -ma
stamp frimärke; stämpel; stämpla; stampa
stampede vild flykt
stand halt; ställning; stativ; disk; tribun; stå; stiga upp; vara belägen; hålla stånd; stå ut med
standard fana; normalmått; standard; kvalitet; ståndare; normal; normgivande
standstill stockning; stillastående
staple järnklampa; stapelvara; tråd; stapel-; huvudsaklig
star stjärna
starboard styrbord(s)
starch stärkelse; stelhet; styv, stel; stärka
stare stirra(nde)
start ryck; början; försprång; rycka; starta; börja; etablera; *by fits and -s* ryckvis
startled bestört; häpen
starve svälta; hungra
starvation svält
state (till)stånd; rang; ståt; stat; stats-; påstå; uppge; förklara
stately imponerande
statement uppgift; rapport
station station; plats; hållplats; rang; stationera; ~ **-master** stins
stationary orörlig, fast
stationery skrivmateriel
statue staty
status ställning; läge
statute lag, stadga
staunch trofast
stay stöd; vistelse; uthållighet; uppskjutande; stanna; vistas; hindra; stilla
steady stadig
steak stek(a)
steal stjäla; smyga sig
steam ånga; imma; ~ **-roller** ångvält
steamer ångare, ångfartyg
steel stål; härda; *stainless* ~ rostfritt stål
steep brant; orimlig; doppa; **-ed** nedsjunken i
steeple kyrktorn, tornspira

steeplechase hinderlöpning
steer stut; styra
stem stjälk; stam; skaft; förstäv; stämma; sträva emot
stench stank
step steg; åtgärd; trappsteg; stiga; ~ *by* ~ steg för steg; *in* ~ i takt
step- styv-; **-brother** styvbroder
sterling fullödig, äkta
stern akter; sträng; barsk
stevedore stuvare
stew stuvning; *(S)* ilska; stuva(s); *(S)* plugga
steward *(äv.)* förvaltare
stick käpp; pinne; tråkmåns; sticka; klistra; *(S)* tåla; lura; ~ *up for* försvara; ~ *up to* inte ge sig; ~ *to* hålla fast vid
sticky klibbig; motvillig
stiff styv; svår; seg; dyr
stifle kväva
still ännu; dock; likväl; stilla; tysta; lugna
sting gadd; stick(a)
stingy snål, karg
stink stank; stinka
stint spara på
stipend lön
stipulate föreskriva
stir buller; omröring; rörelse; *make a* ~ väcka uppseende; röra; flytta; uppröra; vara verksam
stirrup stigbygel
stitch stygn; stickning; smärta; sticka
stock lager; stam; stock; ras; förse; lagra; *take* ~ inventera; ~ *department* fondavdelning; ~ *exchange* fondbörs; **~-broker** börsmäklare
stock-breeding kreatursuppfödning
stocking strumpa
stodgy tung; tråkig
stoke elda
stokehold pannrum
stolid trög, slö, dum
stomach mage
stone sten; kärna; rensa
stool pall
stoop kutrygg; luta sig; gå krokig; förnedra sig
stop uppehåll, paus; stoppa; hejda; vistas; ~ *dead (short)* tvärstanna
stopper propp
stopping fyllning; plombering
stop-watch tidtagarur
storage lagring; magasinshyra
store lager; magasin; förse; magasinera; ackumulera; **-s** varuhus
store-keeper förrådsförvaltare
storey våning
storm storm(a)
story historia; osanning
stout porter; kraftig; tjock; käck
stove kamin, ugn, spis
stow stuva, packa
straggle driva omkring; ligga kringspridd
straight rak; klar; hederlig; ~ *off* genast; **-forward** rättfram
strain härkomst; drag; spänna; överanstränga; sila, överdriva
strainer sil
strait tvång; sträng; **-s** sund; trångmål
strange underlig, sällsam; främmande
stranger främling
strangle strypa
strap (läder)rem; spänna fast
straw strå, halm
strawberry jordgubbe
stray vilsekommen; enstaka; ströva; gå vilse
streak strimma; (karaktärs)drag; randa
stream ström(ma)
streamer vimpel
street gata; *one-way* ~ enkelriktad gata

strength styrka
strenuous ivrig, energisk
stress (efter)tryck; betoning; framhålla; betona
stretch sträckning; sträcka; *at a* ~ i sträck
stretcher sjukbår
strew strö
stricken sårad; drabbad
strict sträng, noga; *-ly speaking* strängt taget
stride långt steg; kliva
strident gäll, skarp
strife strid; tvist
strike slag; strejk; slå; stöta emot; hitta; strejka; ~ *a match* tända en tändsticka
string snöre; sträng(a); trä upp; *pull the -s* hålla i trådarna; **-band** stråkorkester
stringent sträng; skarp
strip remsa, bit; draga av, kläda av (sig), plundra
stripe strimma; galon
strive sträva; strida
stroke slag; stöt; streck; drag; stryka; smeka; ~ *of luck* tur; ~ *of lightning* blixt
stroll promen|ad; -era
strong stark; ~ **-room** kassavalv
stronghold fäste; bålverk
strop strigel; strigla
struggle kamp; stretande; kämpa; sträva; knoga
strut stoltsera; stötta, stödja
stubborn envis
stud stift; kragknapp; stuteri
study studium; arbetsrum; studera
stuff tyg; ämne; material; fylla, stoppa
stuffy kvav, instängd
stumble snava, fela
stumbling-block stötesten
stump stump; förbluffa
stun bedöva
stunt reklamtrick; hämma; återhålla; **-ed** förkrympt
stupendous ofantlig
stupid dum
sturdy kraftig
stutter stam|ning; -ma
sty svinstia; vagel
style stil
subconscious undermedveten
subdue undertrycka; dämpa, betvinga
subject undersåte; subjekt; ämne; patient; underdånig; lida; utsatt för; betvinga; utsätta
subjugate underkuva
submarine u-båt; undervattens-
submerge nedsänka; översvämma
submit underkasta sig; inkomma (med); föreslå
subordinate underordnad; lägre; underordna
subscribe bidraga med; instämma i; prenumerera
subscriber abonnent
subsequent följande
subside sjunka undan
subsidiary filial
subsidy understöd
subsist bestå; livnära sig
substance substans; huvudsak
substantial verklig; materiell
substantiate bekräfta
substitute ställföreträdare; surrogat; ersätta
subterfuge förevändning.
subtle subtil
subtract subtrahera
suburb förstad
subway underjordisk gång; tunnelbana
succeed lyckas, efterträda
succour hjälp(a)
succumb duka under
such dylik, sådan
suck sugning; suga; lura
suckle dia; amma
suction sugning
sudden plötslig; *all of a* ~ rätt som det är
sue (jur.) stämma; bedja
suffer lida, utstå, uthärda

sufficient tillräcklig, nog
suffocate kväva
suffrage röst(rätt)
sugar socker; *castor* ~ strösocker; *lump* ~ bitsocker
suggest föreslå
suggestion förslag; aning; suggestion
suicide (begå) självmord
suit dräkt, kostym; (kortsp.) färg; rättegång; passa
suitable passande, lämplig
suite svit; våning, följe
suitor friare
sulky vresig
sullen butter
sulphur svavel
sultry kvav
sum summa; räkneuppgift; ~ *up* sammanfatta
summary sammandrag; snabb; enkel
summer sommar
summit topp, höjd
summon sammankalla; instämma; **-s** kallelse; stämning
sumptuous praktfull
sun sol; **-beam** solstråle
sunburn solbränna
Sunday söndag
sundries diverse
sun-glasses solglasögon
sunlit solbelyst
sunrise soluppgång
sunset solnedgång
sun-shade parasoll
sunshine solsken
superannuated pensionerad
superb präktig; ståtlig
supercilious högdragen
superficial ytlig
superfluous överflödig
superintendent inspektör
superior förman; övre; överlägsen
supernatural övernaturlig
supersede ersätta
superstitious vidskeplig
supervise kontrollera
supper kvällsmat
supplant undantränga
supple smidig, mjuk, böjlig
supplicate bönfalla
supplier leverantör
supply tillgång; leverans; anskaffa; leverera; ~ *and demand* tillgång och efterfrågan
support bistånd; fot; stöd; stödja; försörja
supporter anhängare
suppose förmoda
supposition antagande
suppress undertrycka
supreme högst; överlägsen
sure säker; pålitlig
surf vågsvall
surface yta; yt-; polera
surge brottsjö; svalla; bölja; slira
surgeon kirurg
surgical kirurgisk
surly tvär, sur, butter
surmise förmoda(n)
surmount höja sig över; överstiga, övervinna
surname familjenamn
surpass övergå; överträffa
surplus överskott
surprise överraskning; överraska; förvåna
surrender överlämna(nde); uppge; avträda
surreptitious förstulen
surround om|ringa; -ge
survey överblick; besiktning; mätning; överblicka; besiktiga; mäta
survival överlevande; rest
survive överleva
susceptible mottaglig; lättrörd; ~ *of* i stånd till
suspect misstro; misstänkt
suspend hänga; avsätta; uppskjuta; upphäva
suspenders hängslen; strumphållare
suspense spänning; uppskov
suspicion misstanke; aning

sustain (upp)bära; stödja; uthärda; godkänna
sustenance levebröd; styrka
swagger struttande; överlägsenhet; stilig; stoltsera; skrämma
swallow svala; svalg; klunk; sluka; svälja; bemäktiga; återta
swamp kärr, moras; översvämma; dränka
swan svan
swarm svärm; vimmel; hop; svärma
swarthy svartaktig
swash stänka; (över)skölja; skramla; vågsvall
sway rörelse; makt; svänga; härska; vagga
swear svordom, ed; svärja; avlägga ed; svära; knorra
sweat svett; oro; svettas; *(S)* pungslå
Swede svensk; **-n** Sverige
Swedish svenska (språket); svensk
sweep svep; sopning; framfart; räckhåll; överblick; sotare; sopa; svepa; skrida fram; sota; härja; *make a clean ~ (of)* göra rent hus (med)
sweet söt; färsk; frisk; karamell; **-s** efterrätt
sweetheart fästman, fästmö, käresta, älskling
swell svällning; vågsvall; pamp; flott; svälla; svullna; öka; göra uppblåst; *-ed head* storhetsvansinne
swelter tryckande värme
swerve avvika; föra åt sidan; vridning
swift tornsvala; snabb; snar
swim simning; simma; svindla
swimming-pool simbassäng
swindle svindel; lura
swine svin
swing sväng; fart; gunga; svänga; *~ the lead* simulera; *at full ~* på vid gavel
Swiss schweizisk; schweizare
switch spö, käpp; (järnv.) växel; strömbrytare; piska; *~ on (off)* koppla på (av); bryta
Switzerland Schweiz
swoon svimning; svimma
swoop nedslag; slå ned
sword svärd
syllable stavelse
syllabus översikt; förteckning
sympathy sympati, deltagande, medkänsla
syringe (injektions)spruta
syrup sirap; saft

T

table bord; tabell; (sten)-tavla; **-spoon** matsked
tableland högplatå
taboo tabu; förbud
tacit tyst, underförstådd
tack nubb; (häft)stift; slag; kurs; bog; kryssa; träckla
tackle redskap; angripa; ta itu med
tact takt
tactics taktik
tadpole grodyngel
tag snörnål; adresslapp; stump; slagord; hänga, fästa på
tail svans; baksida (på mynt); bottensats; *~ away (off)* avtaga, försvinna; *turn ~* vända ryggen till; *heads or -s* krona eller klave
tailcoat frack
tailor skräddare; sy
taint fläck; fläcka, angripa; **-ed** skämd
take fångst; inkomst; fatta, ta, ta sig; gripa; äta; bära; ta emot; förmoda; *~ in* överblicka; bedraga; minska; *~ it out of* häm-

nas; ~ *to* trivas med; ~ *after* likna; ~ *off* lyfta; vara löstagbar
tale historia, berättelse; tal; *tell -s* skvallra
talent begåvning, anlag
talk samtal, prat; rykte; tala; ~ *big* skryta; ~ *at* pika; ~ *to* läxa upp; ~ *shop* prata affärer; ~ *into* övertala till; ~ *over* diskutera; övertala; ~ *round* övertala
tall lång, högväxt; orimlig
tallow talg; talga
tally (av)räkning; motstycke; motbok; markera; räkna; anpassa
tame tam; matt; tämja
tamper fingra på
tan garvarbark; gulbrun färg; solbränna; garva; bryna
tangible gripbar
tangle trassel; trassla
tankard dryckeskanna
tannery garveri
tantalize plåga
tantamount likvärdig
tap tapp; kran; tappa; avlocka; utnyttja
tape smalt band; målsnöre; telegramremsa; måttband; *red* ~ byråkratism; ~ **recorder** bandspelare
tapestry vävd tapet
tar tjära; sjöman
tardy senfärdig; trög
target måltavla
tariff (tull)taxa
tarnish glanslöshet; fläck; göra matt; fläcka
tarpaulin presenning
tarry tjärig; dröja, söla
tart fruktbakelse; sur; skarp; bitande
task uppgift; sysselsätta; anstränga; *take a p. to* ~ läxa upp någon
tassel tofs
taste smak(sinne); **fallen**het; avsmaka; erfara
tasty välsmakande; stilig
tattoo tapto; militärparad; slå; tatuera
taunt hån, smäd|else; -a
taut spänd
tavern krog
tawdry utstyrd, brokig
tawny brungul
tax avgift; börda; beskatta, taxera; anstränga; förebrå
taxation beskattning; värdering
tea te; *high (meat)* ~ tesupé, kvällsmat
teach undervisa, lära
teacher lärare; lärarinna
teaching undervisning; lära; lärar-
team spann; lag; spänna
team-work samarbete, samspel
tea-pot tekanna
tear tår; hål, sönderslitning; vild fart; sönderriva; slita; rusa
tease reta(s), förarga
tea-shop konditori
technical teknisk
technician tekniker
tedious tråkig
teenager tonåring
teetotal nykter(hets-)
tele|photo telegrambild; **-scope** kikare, teleskop
tell tala om; urskilja; ~ *a lie* ljuga; ~ *tales* skvallra; ~ *off* avdela
temper lynne; härdning; härda; mildra
temperance måttlighet; nykterhet
temperate tempererad; måttfull; nykter; mild
tempest storm
temporary temporär; extra
tempt fresta, locka
temptation frestelse
tenable hållbar
tenacious envis; seg; ihärdig
tenant arrendator; hyresgäst
tend syfta; sträva; tendera
tendency tendens, dragning, benägenhet, anlag

tender anbud; erbjuda; inlämna; mjuk, mör, spröd; öm; känslig
tenement arrendegård; hyrd bostad
tenor innehåll; riktning; tenor
tense tempus, tidsform; spänd, sträckt, stram
tensile tänjbar
tension spänning
tent tält(a); ~ **-peg** tältpinne
tentative försök; försöks-; trevande
tenterhooks *on* ~ på sträckbänken
tenure besittningsrätt; arrendetid, ämbetstid
tepid ljum
term term, uttryck; termin; gräns; benämna; **-s** ordalag; pris; överenskommelse; villkor; *come to -s* träffa en uppgörelse
terminate avsluta; begränsa; uppsäga
terrace terrass
terrible förfärlig
terrify förskräcka; skrämma
territory område
terror fasa; skräckvälde
terse koncis; kärnfull
test prov, prövning; mätning; prova; pröva; **~-tube** provrör
testify vittna
testimonial intyg
testimony vittnesbörd
tether tjuder; räckvidd; tjudra; *be at the end of o.'s* ~ vara på fallrepet
text-book lärobok
textile vävnad; textil-
texture väv; struktur
than än
thank tacka; skylla
thanks tacksägelse; tack; ~ *to* tack vare
thankful tacksam
that denne; den där; något visst; som; då; att
thatch halmtak; halmtäcka
thaw tö; töa; tina upp
the den, det, de; desto; ~ *more* ~ *better* ju mer desto bättre
theatre teater; skådeplats; **operating** ~ operationssal
thee *(åld.)* dig
theft stöld
their, theirs deras, sin, sitt
them dem, sig
theme tema, ämne
themselves de, dem, själva, sig (själva)
then då, sedan; alltså; dåvarande; *but* ~ men så; ~ *and there* genast
thence därifrån; därför
there där, däri; dit; det; *be all* ~ ha huvud på skaft; ~ *and back* fram och åter
thereabouts där omkring; ungefär
thereby därigenom; ungefär
therefore därför
these dessa
thesis tes; avhandling
they de; ~ *say* man säger
thick tätaste del; tjock, tät; oklar; hes; dum; *in the* ~ *of* mitt under; *through* ~ *and thin* i alla väder
thief tjuv
thigh lår
thimble fingerborg
thin tunn; mager; klen, svag; avtaga, magra; gallra
thing sak, ting; varelse; **-s** tillhörigheter; kläder; förhållanden; redskap
think tänka; anse; tro; ana; ~ *better of it* komma på andra tankar; ~ *of* hitta på; **komma ihåg**
third tredje; ~ *party insurance* ansvarsförsäkring
thirst törst; längtan; törsta

thirsty törstig
this denna, detta
thistle tistel
thong läderrem; snärt
thorn torn; törnbuske
thorough grundlig; fulländad; genomgående
thoroughfare genomfart, huvudgata
those de (där)
thou *(åld.)* du
though ehuru, fastän; men; emellertid; *as ~* som om
thought tanke; åsikt; *on second -s* vid närmare eftertanke; *a ~* en aning
thousand tusen
thrash tröska; besegra
thread tråd; strimma; gänga; träda på; slingra sig fram genom
threadbare luggsliten; utsliten
threat hot, hotelse
threaten hota
thrift sparsamhet
thrill rysning; genombäva; gripa; rysa; skälva
thrilling spännande
thrive trivas; blomstra; lyckas
throat hals, strupe; *have a sore ~* ha ont i halsen
throb dunk, slag; dunka; pulsera
throne tron; trona
throng trängsel, folkmassa; trängas, skocka sig
throttle hals; klaff; kväva
through genom; medelst; igenom; fullständigt; direkt; genomgående; *it fell ~* det misslyckades
throughout alltigenom; överallt
throw kasta (omkull); spruta; *~ up (äv.)* kräkas
thrush trast
thrust stöt; anfall; stöta; sticka (genom); tränga (sig)
thud duns(a)
thumb tumme; tumma; klinka på (piano)
thump smäll; stöt; slag; slå, dunka; hamra
thunder åska; dundra; *~* **-clap** åskskräll; *~* **-storm** åskväder
Thursday torsdag
thus sålunda; alltså
thwart korsa; hindra
tick tickande; prick; bock; ticka; markera; *fästing*
ticket biljett; (pris)lapp; (lott)sedel; etikett
tickle kittling; kittla; behaga, klia
tide tidvatten, ebb och flod; lopp; *~ over* övervinna; *~ a p. over* hjälpa någon över (svårighet)
tidings budskap
tidy ordentlig; snygg; ansenlig; städa
tie band; slips; oavgjord tävlan; binda; begränsa
tier bänk(rad); varv
tiff gräl; gnabb; träta
tight tät; trång; hård; fast; drucken; **-s** trikåer
tighten göra tät; spänna;
tile tegelpanna; tegeltäcka
till kassalåda; plöja; odla; till(s); *not ~* icke förrän
tiller rorpinne
tilt tältduk; presenning, lutning; tornering; luta; bryta lans; *run full ~ against a p.* rusa emot någon
timber timmer, trä
time tid: tidsålder; stund; tidpunkt; tillfälle; gång; takt; beräkna tiden för; ange takt; *at any ~* när som helst; *have the ~ of o.'s life* ha roligt som aldrig förr; *for the ~ being* för närvarande;

to ~ punktlig; **-honoured** hävdvunnen
timely lämplig; läglig
time-table schema, tidtabell
timid rädd, försagd
tin tenn; förtent; bleckburk; *(S)* pengar; förtenna; konservera
tinder fnöske
tinge skiftning; anstrykning; färga (lätt)
tingle susning; stickande känsla; ringa i öronen; klia
tinker kittelflickare; fuskare; lappa i hop; fuska
tinkle pinglande; pingla
tinsel glitter(guld); falskt sken; prålig; ytlig; smycka med glitter
tint färgton; färga; schattera
tin-tack häftstift
tiny liten; oansenlig
tip spets, tipp; dricks; vink; lätt slag; avlastningsplats; vippa; tömma; tippa; slå lätt; ge förhandsupplysningar; ge dricks
tipsy berusad
tiptop förstklassig
tire (bil)däck; cykeldäck; trötta; tröttna; *-d of* trött på
tiresome tröttsam; obehaglig
tissue fint tyg; vävnad; **-paper** silkespapper
titbit godbit
title titel; rättighet; benämna
titter fnitter; fnissa
to till; åt; i; på; mot; att; ~ *and fro* fram och tillbaka
toad padda
toast rostat bröd; skål; rosta; utbringa en skål
toastmaster ceremonimästare
tobacconist tobaksaffär
to-day i dag; nu för tiden; dagen
toddle tultande; tulta
toe tå; ~ *the line* följa partilinjerna
toffee kola; knäck
together tillsammans; samtidigt; å rad
toil knog; arbeta; knoga med
toilet toalett
token tecken; bevis; gåva; mynttecken
tolerably tämligen
tolerate fördraga, tåla
toll klämtning; klämta
tomato tomat
tomb grav(vård)
tomorrow morgondag(en); i morgon
tone ton; röst; nyans; stämma; moderera
tongue tunga; tal; språk
tonic grundton; stärkande medel; tonisk
to-night i kväll; i natt; kvällen, natten
tonsillitis halsfluss
too (allt)för; också, dessutom
tool verktyg; bearbeta
tooth (*pl.* **teeth**) tand; udd; aptit; tanda; *false* ~ tandprotes; ~ *and nail* med näbbar och klor; *in the teeth of* rakt emot
toothache tandvärk
tooth-brush tandborste
toothed tandad; ~ *wheel* kugghjul
tooth-paste tandkräm
top spets, topp; höjdpunkt; tak; lock; högst; bäst; avhugga; täcka; överträffa
topic tema, ämne
topical aktuell
topsy-turvy upp och ned
torch fackla; *electric* ~ ficklampa
torment plåga, tortyr;
torpedo torped(era)
torpid stel; slö
torrent ström; fors
tortoise sköldpadda
torture kval; tortera
toss kast(a); singla slant; rulla

total slutsumma; fullständig; belöpa sig till
totter stappla; vackla
touch beröring; känsel; känning; drag; röra, beröra; nå; skissera; *(S)* plocka; ~ *up* bättra på; *it was* ~ *and go* det hängde på ett hår
touching *(äv.)* bevekande
tough seg; envis; svår
tour (rund)resa; göra en rundresa, besöka
tournament tävlingar; tornering
tout fiska, fika (efter); ~ *for* värva
tow bogsering; släpa
towards emot; mot; till
towel handduk; torka
tower torn; borg; höja sig
town stad; stads-; ~ *hall* stadshus
toy leksak; bagatell; leka
trace spår; skiss; linje; upprita; spåra; upptäcka; leda tillbaka till
track spår; löparbana; kurs; spåra
tract område; broschyr
traction dragning; dragkraft
trade yrke, hantverk; handel; ~ *paper* facktidning; ~ *union* fackförening
trade mark fabriksmärke
trader köpman; handelsfartyg
tradesman minuthandlare
traffic trafik; geschäft; handla; köpslå
tragedy tragedi
trail släp; bihang; (jakt.) spår; släpa; (upp)spåra; slingra sig
train tåg; procession; gång; följe; släp; öva; träna; inrikta; utbilda sig
training utbildning, övning, träning, dressyr
trait drag
traitor förrädare
tram (åka) spårvagn
tramp vandring; luffare; fraktångare; trampa; vandra
trample nedtrampande; trampa
trance trans
tranquil lugn
transact genomdriva, slutföra
transactions förhandlingar
transfer förflyttning; avtryck; övergångsbiljett; överföra; överlåta
transform för|vandla; -ändra
transient övergående, tillfällig
transition övergång
transitory kortvarig
translate översätta; tolka; förflytta
transmission (radio) utsändning
transmit översända; fortplanta
transparent genomskinlig
transport transport; transportfartyg; hänförelse; transportera; deportera; hänföra
trap fälla; fall-lucka; kärra; knep; snara; pryda
trapper pälsjägare
trappings *(äv.)* grannlåt
trash skräp, smörja
trashy värdelös
travel resa; gå, vandra; -s resor
traverse tvärstycke; travers; passera; kryssa
tray bricka; fack
treacherous förrädisk; falsk
treachery förräderi
tread (fot)steg; träda; gå
treason (hög)förräderi
treasure skatt; bevara
treasurer skattmästare
treat traktering; nöje; behandla; anse; bjuda
treatise avhandling
treatment behandling
treaty avtal; fördrag

treble trefaldig; tredubbla; gäll; diskant
tree träd; skoblock; *up a* ~ i klämma; *Christmas-* ~ julgran
trefoil klöver
trellis galler(verk)
tremble skakning; darra; bäva; vibrera
tremendous väldig; hemsk
tremor darrning; rysning
trench dike; skyttegrav; gräva (upp)
trend tendens; tendera; böja sig
trespass intrång; fel; (lag)överträdelse; inkräkta; synda
trestle bock, ställning
trial rannsakning; rättegång; prov; hemsökelse; examen; *give a p. a fair* ~ låta någon försöka
tribe (folk)stam; skara
tribunal domstol, domarsäte
tributary bidragande; biflod
tribute tribut; hyllning
trick påhitt; knep; trick; spratt; lura; driva; *do the* ~ klara av det
trickle drypa; sippra ut
tried beprövad
trifle småsak; efterrättstårta; skämta; slå dank
trigger avtryckare
trim skick; dräkt; putsning; välordnad; nätt; pryda; klippa; trimma; anpassa; kompromissa; ~ *your sails according to the wind* vända kappan efter vinden
trip tur, resa; trippande; snubblande; misstag; krokben; trippa; snava; sätta krokben för; ertappa
triple trefaldig; tredubbla
tripper weekend-turist; söndagsfirare
trite nött, banal
triumph triumf, seger; triumfera
trivial värdelös; obetydlig
trolley kärra, vagn, dressin; ~ **-bus** trådbuss
troop trupp; skara; samla sig; *-s* krigsfolk
trophy segertecken
tropical tropisk
trot trav; trava; lunka; ~ *out* briljera med
trouble oro; svårighet; oroa, besvära; *ask (look) for* ~ själv dra över sig obehag; *run into* ~ stöta på patrull
troublesome besvärlig
trough tråg; vågdal
trousers byxor
trout forell
trowel (trädgårds)spade; (mur)slev
truant skolkare; *play the* ~ skolka
truce vapenvila; paus
truck blockvagn; öppen godsvagn; lastbil
truculent aggressiv
trudge vandring; traska
true verklig; sann; rätt; äkta; trogen; justera
truly sant; *Yours* ~ Högaktningsfullt
trump trumf; hedersknyffel; trumfa; ~ *up* hitta på
trumpet trumpet; hörlur; trumpeta
truncheon (polis)batong; kommandostav
trunk (träd)stam; bål; koffert; snabel
trust tillit, förtroende; förvissning; ansvar; vård; trust; lita på; tro
trustee förtroendeman
trustworthy pålitlig
truth sanning; verklighet; *home -s* beska sanningar
try försök; försöka; prova; plåga; döma; ~ *on* prova (t. ex. hatt)
trying ansträngande, påkostande
tub balja; badkar; bada
tube rör, tub; underjordisk järnväg

tubing rör(ledning); slang
tuck veck; *(S)* snask; vika; stoppa in; *(S)* stoppa i sig (mat)
Tuesday tisdag
tuft kvast; tuva
tug drag, ryck; kraftmätning; bogserare; släpa; bogsera; ~ *of war* dragkamp
tuition undervisning
tulip tulpan
tumble fall; röra; ramla omkull; snava; kasta sig; ~ *to* begripa
tumbler dricksglas
tumour svulst, tumör
tune melodi; stämning; lynne; stämma; anpassa; ~ *up* justera; ~ *in* (radio) ställa in på viss våglängd
tunny tonfisk
turbot piggvar
turbulent upprörd; stormig
turf torva; hästsport
Turk turk; **-ey** Turkiet; **-ish** turkiska (språket); turkisk
turkey kalkon
turmoil jäkt, oro; tumult
turn vändning; sväng; vändpunkt; tur; tjänst; chock, anlag; vända; gestalta; styra; förvandla; bli; *by -s* turvis; ~ *to account* utnyttja; *not ~ a hair* vara fullkomligt lugn; ~ *to* börja; ~ *of the tide* vändpunkt; ~ *pale* bli blek, blekna
turning vändning; gathörn; roterande; ~ **-point** vändpunkt
turnip rova
turnover omsättning
turn-table vändskiva
turret torn
turtle havssköldpadda; *turn ~ (S)* kantra
tusk bete, rovtand
tussle strid; kämpa
tutor informator
twang dallrande ton; klang; brytning; dallra; knäppa på; uttala med näston
tweezers tång, pincett
twice två gånger
twig kvist, spö
twilight skymning; gryning; dunkel
twin tvilling
twine tråd; snöre; garn; ringling; tvinna; vinda; slingra sig
twinge nyp, styng; nypa; göra ont; svida
twinkle blinkning, glimt; tindra; utstråla; blinka
twirl snurrning; krumelur; snurra, svänga, vrida
twist vridning; snodd; egenhet; (sport.) skruv; vrida, spinna; fläta; förvrida; *(S)* lura
twitch ryck; nyp; smärta; rycka i; knäppa på
twitter kvitter; oro; kvittra
type typ; symbol; tryck; maskinskriva
typewriter skrivmaskin
typical typisk
typist maskinskriv|are, -erska
tyrant tyrann
tyre (bil)däck; cykeldäck

U

ubiquitous allestädes närvarande
udder juver
ugly ful; otrevlig
ulcer rötsår; böld
ulterior avlägsnare; ytterligare; bakomliggande
ultimate slutlig; ursprunglig
umbrella paraply
umpire skiljedomare; (sport.) domare
unable oförmögen, ur stånd
unaffected okonstlad; oberörd

unaided utan hjälp; ensam
unanimous enhällig
unarmed obeväpnad
unasked objuden
unassuming anspråkslös
unattended utan följe, ensam
unavailing fruktlös
unavoidable oundviklig
unaware omedveten
unbearable odräglig
unbecoming opassande
unbelief otro; tvivel
unbend mildra; bli mera tillgänglig
unbiassed fördomsfri; opartisk
unbind lösa upp; lossa; befria
unbroken obruten; oavbruten; oinriden
unbutton knäppa upp
uncalled okallad; onödig
uncanny mystisk; kuslig
unceasing oupphörlig
uncertain osäker
unchecked ohämmad
uncivil ohövlig
unclasp spänna upp; öppna
uncle farbror, morbror
unclean oren
uncomely obehaglig; ful
uncomfortable obekväm; orolig
uncommon ovanlig
uncompromising orubblig
unconcern likgiltighet
unconditional ovillkorlig
unconscious omedveten; medvetslös
uncork korka upp
uncouth ödslig; klumpig
uncover avtäcka; blotta
undamaged oskadad
undaunted oförskräckt
undecided oavgjord
undeniable obestridlig
under under; nedanför; lägre
underclothing underkläder
underdone för litet kokt (stekt)
undergo undergå; utstå
undergraduate student
underground tunnelbana; underjordisk
undergrowth underskog
underhand hemlig(t)
underline understryka
undermine underminera
underneath under, nedanför; lägre
undersign underteckna
undersized under medelstorlek
understand förstå, begripa; veta; ta för givet
understate ange för låg(t)
undertake företa; åta sig
undertaker begravningsentreprenör
undervalue underskatta
underwear underkläder
undesirable ovälkommen
undignified ovärdig
undisputed obestridd
undivided odelad
undo lösa; göra ogjort; förgöra; förstöra
undoubted otvivelaktig
undress klä av (sig)
undue otillbörlig
unduly otillbörligt; orimligt
undying oförgänglig
unearth gräva upp; upptäcka
unearthly överjordisk; övernaturlig; orimlig
uneasy orolig; obekväm
unemployed oanvänd; arbetslös
unending ändlös; evig
unequal olika; ojämn; omaka; udda; ~ *to* ej vuxen
unerring ofelbar, osviklig
uneven ojämn
uneventful händelselös
unexpected oväntad
unfair orättvis; ~ *competition* illojal konkurrens
unfaithful otrogen
unfamiliar obekant
unfasten lossa, upplösa
unfavourable ogynnsam
unfinished ofullbordad
unfit olämplig; oduglig
unflagging outtröttlig

unfold öppna sig; breda ut; slå ut i blom
unforeseen oförutsedd
unfortunate olycklig
unfriended utan vänner, ensam
unfurl utbreda
ungainly klumpig(t)
ungovernable ostyrig, vild
ungrateful otacksam
ungrudging generös
unguent salva
unhappy olycklig, ledsen
unhealthy ohälsosam; klen
unhurt oskadd
uniform likformig
unify förena
unimpaired oförminskad
unimportant obetydlig
uninhabited obebodd
uninitiated oinvigd
uninjured oskadd
uninvited oinbjuden
union förening; äktenskap; fackförening
unique enastående; säregen
unit(y) enhet, enighet
unite förena, samla
universe universum
university universitet
unjust orättvis
unkempt okammad; ovårdad
unkind ovänlig
unknown obekant
unlawful olaglig
unless om ej; utan att
unlike olik
unlimited obegränsad
unload lasta av; befria; (mil.) göra "patron ur"
unlock låsa upp
unlucky olycklig, utan tur
unmarried ogift
unmask avslöja (sig)
unmindful oaktsam
unmistakable omisskännlig
unmoved orörd
unnatural onaturlig
unnecessary onödig
unnerve försvaga; göra modlös
unnoticed obemärkt
unobtrusive tillbakadragen
unoccupied ledig; ouppagen
unpack packa upp
unpaid obetalad
unpleasant oangenäm
unprecedented exempellös
unprepared oförberedd
unprincipled samvetslös
unprofitable gagnlös
unprotected obeskyddad
unpublished outgiven
unquenchable osläcklig; okuvlig
unravel klargöra, reda ut
unquestionable obestridlig, otvivelaktig
unready oberedd; ovillig
unreasonable oförnuftig
unrelenting oböjlig
unreliable opålitlig
unremitting oavlåtlig
unrest oro
unripe omogen
unroll rulla upp
unruly motspänstig
unsafe osäker
unseemly otillbörlig
unseen osedd
unselfish osjälvisk
unshrinkable krympfri
unskilful oskicklig
unsold osåld
unsolicited frivillig
unsound osund; svag; oriktig
unspeakable obeskrivlig; avskyvärd
unsteady ostadig
unsuitable oduglig; ej passande
unthinkable otänkbar
untidy oordentlig; slarvig
untie lösa upp
until till (dess att); *not* ~ inte förrän, först
untold osagd; oräknelig
untried oprövad; oerfaren
untrue osann
unusual ovanlig
unwary oförsiktig

unwell illamående
unwilling ovillig
unwise oklok
unwitting omedveten; oavsiktlig
unworthy ovärdig
up upp; uppe; slut; uppför; *not ~ to much* inte mycket bevänt med; *be ~ to time* passa tiden; *go ~ to town* resa in till stan; *he is hard ~* han har ont om pengar; *the street is ~* gatan är uppriven
upbringing uppfostran
upheaval omvälvning
uphill uppför (backen)
uphold hålla uppe, stödja
upholster stoppa, kläda (möbler)
upkeep underhåll
uplift upplyfta
upon på
upper övre
upright uppriktig; upprättstående; stolpe
uproar larm, upphetsning
upset slå omkull; såra; oroa
upshot resultat
upside-down upp och ned
upstairs uppför trappan
upstart uppkomling
uptake uppfattning
upward uppåtvänd
upwards uppåt
urchin gatpojke
urge drift; driva på; sporra; mana till
urgent trängande; ivrig
us oss
usage bruk, sed, vana
use användning; bruk; nytta; använda; *directions for ~* bruksanvisning; *it is no ~* det tjänar ingenting till
used begagnad; *~ to* van vid
useful nyttig
useless onyttig; fruktlös
usher dörrvakt; införa
usual vanlig
usury ocker
utensil redskap
utility nyttighet
utilize utnyttja
utmost ytterst
utter fullständig; uttala; uppgiva (ljud)
utterance yttrande

V

vacancy ledig plats; fritid; lucka
vacant ledig; tom; slö
vacation ferier; utrymmande
vacillate vackla
vacuum tomrum; *~ cleaner* dammsugare
vagrant lösdrivare; vandrande
vague obestämd, oviss
vain fåfäng; värdelös; *in ~* förgäves
valedictory avskeds-
valet kammartjänare
valiant modig
valid gällande; giltig
valley dal
valour tapperhet
valuable värdefull
valuation värdering; värde
value värde; valuta; valör; värdera
valve ventil
vamp förförerska; locka
van transportvagn; lastbil; avantgarde
vanilla vanilj
vanish försvinna
vanity fåfänglighet; inbilskhet
vanquish besegra
vapour ånga; dunst
variety mångfald; omväxling; sortering
various olika; åtskilliga
varnish fernissa; glans
vary ändra; växla; skifta
vase vas
vast omfattande; ofantlig
vat kar, fat
vault valv; grotta; hopp; hoppa (över); *pole-~* stavhopp

veal kalvkött
veer ändra riktning
vegetable köksväxt; växt-; **-s** grönsaker
vehement våldsam, häftig
vehicle åkdon, fordon
veil slöja; beslöja
vein ven; ådra; lynne; drag; marmorera
velocity hastighet
velvet sammet
venal mutbar
vendor säljare
veneer faner; polityr
venerable vördnadsvärd
venerate ära
venereal venerisk
Venetian venetiansk; *~ blind* persienn
vengeance hämnd; *with a ~* i högsta grad
venial förlåtlig
venison hjortkött
venom gift; bitterhet
vent öppning; utlopp; ge fritt lopp åt
ventilate ventilera
ventriloquism buktaleri
venture vågstycke; risk; försök; våga; riskera; *at a ~* på måfå
veracity sannfärdighet
verbal muntlig; ordagrann
verbatim ord för ord
verbose ordrik, mångordig
verdict utslag; mening
verge rand; gräns
verify bekräfta
vermin skadedjur; ohyra
vernacular modersmål, landsmål; inhemsk; folklig
versatile mångsidig
version tolkning; (bibel)-översättning
vertical lodrät
very mycket, riktig; allra; själv(a); redan; alldeles; *the ~ king* själve kungen; *the ~ next day* redan följande dag
vespers aftonsång
vessel kärl; fartyg
vest undertröja; väst
vestige spår
veterinary veterinär
veto förbud
vex förarga; uppröra
vexation bekymmer
viands livsmedel
vibrate vibrera, dallra
vicar kyrkoherde
vicarage prästgård
vice last; fel; oart; skruvstäd
vicinity närhet
vicious lastbar; elak
victim offer
victor segrare; segerrik
victory seger
victuals livsmedel
view syn; sikte; blick; utsikt; åsikt; mål; betrakta; *in ~* i sikte; *in ~ of* med hänsyn till; *with a ~ to* med tanke på; **~ -finder** (foto) sökare
view-point synpunkt
vigil vaka, nattvak
vigilance vaksamhet
vigour kraft, vigör
vile vidrig, usel
village by
villain bov, skurk
vindicate försvara; förfäkta
vindictive hämndgirig
vine vinstock
vinegar ättika
vineyard vingård
violate begå våld mot; inkräkta; våldtaga
violent våldsam
violet viol
violin violin, fiol
virgin jungfru
virile manlig
virtual egentlig
virtue dygd; värde; kraft; *in ~ of* på grund av
virtuous dygdig, kraftig
visage ansikte
viscous tjockflytande, seg
visibility sikt
visible synbar; tydlig
vision synsinne; vision; drömbild; frammana
visit besök; besöka
visual syn-

vital väsentlig; levande; livs-
vivacious pigg; livlig
vivid livlig, levande
viz förkort. av *videlicet* läses vanl. *namely* nämligen
vocabulary ordlista; ordförråd
vocal röst-; muntlig; ljudande
vocation kallelse; yrke
vociferous högröstad
voice röst; ljud; uttryck; talan; uttala
void lucka; tom(rum); ledig; ogiltig; annullera
volcano vukan
voltage (el)spänning
voluble pratsjuk; mångordig
volume volym, bok; omfång
voluntary frivillig, frivilligt bidrag
volunteer frivillig; frivilligt erbjuda
voluptuous vällustig; sinnlig; yppig
vomit kräkning; kräkas
voracious glupsk
vortex virvel(vind); cyklon
vote (val)röst; valsedel; rösträtt; votum; rösta; föreslå
vouch bekräfta; ansvara för
voucher borgen; vittne; intyg
vouchsafe bevärdiga med; nedlåta sig till
vow (högtidligt) löfte; trohetsed; lova, svärja
vowel vokal
voyage (sjö)resa; färd; resa
vulgar folklig; vanlig; tarvlig
vulnerable sårbar, ömtålig

W

wad sudd; vadd; stoppning; vaddera; stoppa
waddle vagg|ande; -a
wade vad|ning; -a; *-rs* sjöstövlar
wag vagga; vifta
wage lön; *living* ~ existensminimum; ~ *war* föra krig
wager (slå) vad
waggon lastvagn; godsvagn
waist midja; **-coat** väst
wait vänta(n); dröja; avvakta
waiter uppassare; kypare; **head-** hovmästare
waiting väntande, uppvaktning
waitress uppasserska
wake vakna
waken väcka; vakna
walk gång; promenad; livsföring; gå; *-ing stick* (promenad)käpp
wall vägg; **-paper** tapet
wallet plånbok
wallow vältra sig
walnut valnöt
waltz vals
wan blek; dyster
wand spira; spö; stav
wander vandra; gå vilse; yra
wane avtaga(nde)
wangle *(S)* fuska med
want brist; behov; armod; sakna; behöva; vilja
wanton lättsinnig person; lekfull; vild; sinnlig; hänsynslös; leka; växa vilt
war (föra) krig
warble kvitter; drilla
ward kvarter; rum i sjukhus; förmyndarskap; myndling; bevaka; avvärja
warder fångvaktare
wardrobe klädskåp; garderob
ware(s) varor

warehouse upplag; varuhus; magasinera
warfare krigföring
warm varm; hjärtlig; ivrig; våldsam; erotisk; värma
warn varna; råda
warning varning, uppsägning
warp varp; skevhet; kröka; vrida; förvilla
warrant garanti; bevis; fullmakt; häktningsorder; garantera; berättiga; bevisa
warrior krigare
warship krigsskepp
wart vårta
wary varsam
was var, blev
wash tvätt; tinktur; tvätta, spola; ~ *up* diska
washerwoman tvätterska
washing tvätt; spolning; tvätt-; tvättbar
wash-leather tvättskinn
wasp geting
waste slöseri; ödslande; avfall; öken; ödslig; avfalls-; ödelägga; slösa; avtaga; *lay* ~ ödelägga
waste-paper makulatur
watch vakt; ur; klocka; vaka; spana; ge akt på
watchmaker urmakare
watchword lösen
water vatten; vattna; *in low* ~ i svårigheter
waterfall vattenfall
watermark vattenmärke
waterproof vattentät
wave våg; vågform; vink; ondulering; gå i vågor; fladdra; vinka; ondulera
waver vackla; sväva
wax vax; lack; skomakarbeck; *(S)* ilska; vaxa; bona; tilltaga; bli
waxwork vaxfigur
way väg; sträcka; vis, sätt; hållning; gebit; tillstånd; *pay o.'s* ~ betala för sig; *see o.'s* ~ se en lösning; *by the* ~ i förbigående; *by* ~ *of* som, till; *have it all o.'s own* ~ få sin vilja fram; *in any* ~ på vilket sätt som helst; *the other* ~ *about* tvärtom; *in the family* ~ i grossess; *have* ~ *on* ha god fart; *-s and means* utvägar; möjligheter
wayfarer vägfarande
waylay lura på; överfalla
wayward egensinnig
we vi
weak svag, klen
wealth rikedom, förmögenhet
wealthy förmögen
wean avvänja
weapon vapen
wear bära, vara klädd i; slita, nöta; lida
weary trött; trötta; plåga
weasel vessla
weather väder; lufta; uthärda; ~ **-forecast** väderleksutsikter
weave vävning; väva
web väv; spindelväv; inväva
wed gifta sig; förena
wedding bröllop; bröllops-
wedding-dress brudklänning
wedge kil; kila; *the thin end of the* ~ en ringa början
Wednesday onsdag
wee mycket liten
weed ogräs; rensa
week vecka
weekday vardag
weep gråta
weigh väga; värdera; lyfta
weight vikt; tryck; betydelse; belasta
weir vattendamm
weird hemsk, kuslig; egendomlig
welcome välkommen
weld svets|ning; -a
welfare välgång; ~ *work* socialt välfärdsarbete; *child* ~ barnavård

well brunn; schakt; bläckhorn; välla; bra; väl; frisk; nåväl; *be ~ off (~ to do)* vara välbärgad
well-behaved väluppfostrad
well-being välbefinnande
well-known välkänd
well-off välsituerad
Welsh walesisk; *~ rabbit* grillad ostsmörgås
wench jänta, tös
went imp. av **go**
were var, voro; blev(o)
west väst(er); västlig
wet väta; våt; regnig; väta; *~ paint!* Nymålat!
whale val
wharf lastkaj, skeppsbro
what vad, hurudan, vilken; *~'s up?* vad står på?; *know ~'s ~* veta besked
whatever vad som än; som helst, allt vad
wheat vete
wheedle locka; smickra
wheel hjul; svängning; svänga; dreja; åka
wheelbarrow skottkärra
wheeze flåsa(nde)
when när; då
whence varifrån
whenever närhelst
where var; vart; där
whereabouts (ungefärlig) vistelseort
whereas varemot, medan
whereby varigenom
wherefore varför
whereupon varpå
wherever var helst
whet vässa
whether huruvida, om; *~ . . . or* vare sig . . . eller; *~ or no* i vilket fall som helst
which vilken; som
whichever vilkendera
whiff pust; lukt; bloss; pusta; vädra
while stund; medan; så länge; *once in a ~* då och då; *quite a ~* en god stund; *worth ~* lönande; *~ away* fördriva
whilst medan
whim infall, nyck
whimper gnäll; gnälla
whimsical nyckfull
whine gnäll; jämra sig
whip piska; slö; inpiskare; piska; vispa
whir surra
whirl virvel; virvla; snurra
whirlwind virvelvind
whisk visp; dammviska; knippe; drag; förflytta; vispa; fara
wisker *(S)* polisonger
whisper viskning; sus; rykte; viska; susa
whistle vissling; visselpipa; *(S)* hals; vissla
Whit Monday annandag pingst
Whit Sunday pingstdagen
white vit; vit färg; vitöga
whitewash vitlimning; vitlimma; rentvå
whiting vitling
Whitsuntide pingst
who vem, vilka; som, vilken
whoever vem än; vilka än
whole helhet, helt; hel; *on the ~* överhuvud
wholesale grosshandel; grosshandels-, *~ dealer* grosshandlare
wholesom hälsosam
wholly helt, fullständigt
whooping cough kikhosta
whose vars, vems
why varför? hur så?; orsak
wick veke
wicked ond; elak; vidrig
wicker flätverk; vide-
wide bred, vid; felriktad; vitt, vida
widow änka; änke-
width vidd; omfång
wife hustru
wig peruk; storgubbe; läxa upp
wild vild; öde; rasande; förryckt; på måfå
wilful uppsåtlig

wilderness vildmark
will vilja; skall, ämnar; vill; bruka; vilja; testamentera; *at* ~ efter behag
willingly gärna
willow pil, vide
wily illistig
win vinst; seger; vinna; nå
wince ryck|ning; -a
wind vind; luft; andning; väderkorn; vädra; pusta ut; veva; vrida; *contrary* ~ motvind; *get* ~ *of* få reda på; ~ *up (watch)* dra upp (klocka)
windfall fallfrukt; skänk; vindfälle
windmill väderkvarn
window fönster; öppning; ~ **-dressing** fönsterskyltning
windpipe luftrör; luftstrupe
windscreen vindruta
windy blåsig; bombastisk;
wine vin
wing vinge; sidodel; (flygv.) eskader; ~ **-commander** (flygv.) flottiljchef
wink blink; blund; titt; blinka; ~ *at* se genom fingrarna med
winner segrare
winter vinter; övervintra
wipe torkning; *(S)* slag; torka; befria; *(S)* klå upp
wire metalltråd; telegram; binda med ståltråd; förse med elektrisk ledning; telegrafera; *barbed* ~ taggtråd
wireless radio; radiotelegram; trådlös; telegrafera trådlöst
wise vis, förståndig
wish önskan; lust; önska, vilja
wisp tapp; kvast; bit
wistful längtansfull
wit förstånd, vett; kvickhet; spirituell person
witch (för)häxa
with med, jämte; hos; av
withdraw dra (sig) tillbaka; upphäva; avlägsna
wither förtorka; vissna; försvagas
withhold återhålla; hindra; undanhålla
within inuti, invändigt, inom; *anything* ~ *reason* allt som rimligtvis kan begäras
without utanför; utan; *it goes* ~ *saying* det säger sig självt; ~ *fail* ofelbart
withstand motstå; motarbeta
witness vittnesbörd; vittne; vittna; bevittna
witty kvick
wives pl. av **wife**
wizard trollkarl
wizened skrynklig
wobble vackla(n)
woe ve, olycka, sorg
wolf varg; sluka
woman kvinna; kvinnlig
wonder under; häpnad; undra
wonderful underbar
woo fria till; sträva efter
wood skog; trä; ved; ~ *anemone* vitsippa
woodcut träsnitt
wood-pulp trämassa
woodwork träverk; slöjd
wool ull; ylle; ullgarn; ~ **-gathering** tankspridd
word ord; yttrande; *the last* ~ sista skriket; **-s** ordalag; text; *(äv.)* gräl
wording form, lydelse
work arbete; uppgift; verk; arbeta; plugga; utveckla sig; behandla; forma; hantera; köra; *I have my* ~ *cut out for me* jag har ett styvt arbete framför mig; **-s** mekanism; fabrik; bruk

working arbetande, verksamhet; drift; räkning; arbets-; användbar; aktiv
workman industriarbetare; kroppsarbetare
workmanlike skicklig
workmanship yrkesskicklighet; utförande
workshop verkstad
world värld; societet, jord
world-wide världsomfattande; ~ **fame** världsrykte
worm mask; stackare
worry oro; plåga; besvär; jäkta; oroa; plåga; pina
worse värre; *to make matters* ~ till råga på olyckan
worship gudstjänst; dyrka(n); avguda
worst värst; det värsta
worsted kamull, kamgarn; kamulls-
worth värde, värd
worth-while lönande
worthy värdig
would skulle; ville; torde
wound sår, kränkning; såra, kränka
wrangle gräl(a)
wrap svepa; slå in
wrapper omslag; korsband
wrath vrede
wreath krans; snirkel
wreck skeppsbrott; vrak; undergång; göra till vrak
wrench ryck; skruvnyckel; rycka, vrida
wrestle brottas
wretch stackare, kräk
wretched olycklig; gemen; usel
wriggle vridning; slingra sig
wring vridning; handtryckning; vrida (ur); krama
wrinkle rynka, veck; råd; rynka; vecka; bli rynkig
wrist handled; ~ **-watch** armbandsur
writ skrivelse; stämning
write (be)skriva, dikta, författa; **-r** författare
writhe vrida (sig) (av smärta); förvrida
wrong orätt, oriktig; vilse
wrongdoer felande
wry sned; skev; *make a* ~ *face* göra en sur min

X

Xmas (= **Christmas**) jul
X-ray röntgen

Y

yap gläfs(a)
yard (ban)gård; inhägnad; längdmått (= 0,914 m)
yarn garn; *spin a* ~ berätta en (skeppar)historia
yawn gäspning; avgrund; gapa
year år(gång)
yearly årlig(en)
yearn längta
yeast jäst
yell tjut; tjuta, skrika
yellow gul; gulna; äggula
yelp gläfs, skall; skälla
yes ja; jo
yesterday gårdagen; igår
yet ännu; hittills; redan; nu; dock; men; likväl
yield avkastning; vinst; eftergift; inbringa; ge; lämna; avkasta; avstå från; medge; ge efter; foga sig

yoke ok; par, spann; boja; lägga ok på
yolk äggula
you du, ni, er
young ung(dom)
youngster unge; pojke
your din; er; sin
yours din, ditt, dina, eder, er; hälsningar
yourself (dig, er) själv
youth ungdom(stid)

Z

zeal iver
zebra sebra; ~ *crossing* vägövergång
zenith höjdpunkt; zenit
zephyr sefir, bris
zero noll(punkt); **frys-**punkt
zest smak; iver
zipfastener blixtlås
zigzag sicksack
zodiac djurkrets
zone område; bälte
zoo zoologisk trädgård

ANTECKNINGAR

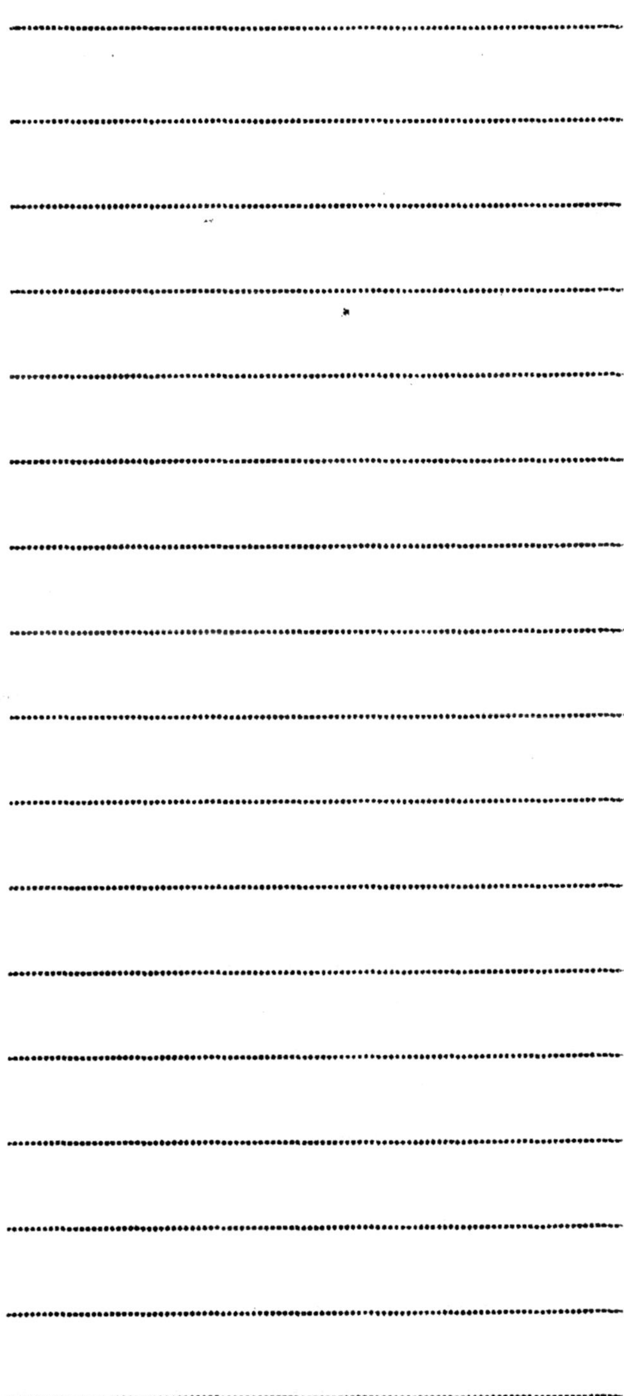

JAN-FÖRLAG · STOCKHOLM

JANS

Dictionnaire de Poche

Français-Suédois
Suédois-Français

Fransk-Svensk
Svensk-Fransk

Fickordbok

JANS

Dizionario Tascabile

Italiano-Svedese
Svedese-Italiano

Italiensk-Svensk
Svensk-Italiensk

Fickordbok

JANS

Dicionário de Algibeira

Sueco-Português
Português-Sueco

Svensk-Portugisisk
Portugisisk-Svensk

Fickordbok

JANS

Rysk-Svensk
Svensk-Rysk

Fickordbok

РУССКО-ШВЕДСКИЙ

ШВЕДСКО-РУССКИЙ

КАРМАННЫЙ СЛОВАРЬ

Lightning Source UK Ltd.
Milton Keynes UK
03 October 2009

144522UK00001B/18/P